Eva und Peter Brand
(Herausgeber)

Die Zeitung in der Primarstufe

hv
Hahner
Verlagsgesellschaft

Aachen-Hahn
1. Auflage
Lektorat: Markus Moog, Gerd Schiefer
Druck und Einband: Bercker, Graphischer Betrieb, Kevelaer

Die Deutsche Bibliothek – CIP-Einheitsaufnahme

Die Zeitung in der Primarstufe/ Eva und Peter Brand (Hrsg.)
1. Auflage
- Aachen-Hahn: Hahner Verl.-Ges. 2007

NE: Brand, Eva [Hrsg.]; Brand, Peter [Hrsg.]
ISBN 978-3-89294-351-8

Inhalt

Vorwort 9

EINFÜHRUNG. Zeitung in der Grund- und Primarstufe 11

ERFAHRUNGSBERICHTE UND UNTERRICHTSIDEEN 23

AUF BREITEN SCHULTERN. Die Einbeziehung der Eltern 25

Christina Steidel
Vor dem Projekt: Beispiel eines Elternbriefs 27

Regina Herrmann
Während des Projekts: Unterstützung durch die Eltern 29

Andrea Rahne
Zum Abschluss des Projekts: Vorstellen der Ergebnisse bei einem Elternabend 33

EINSTIEGE. Erste Annäherung an die Zeitung 37

Christina Steidel
Spielerische Begegnung mit der Zeitung zum „Warmwerden" 39

Nicole Mikolajczak
Gestaltung eines individuellen Projekthefters 47

Regina Herrmann
Zeitungshefter als Strukturhilfe und Grundlage für den Unterricht 51

IZOP-Institut
Fotografien als erster Zugang zur Zeitung 53

SPIELE. Übungen zur Orientierung in der Zeitung 57

Michaela Matz
Schlagzeilensuche 59

Michaela Matz
Stationenlernen 61

Michaela Matz
Zeitungsrallye 65

Lesen. Tägliche Zeitungslektüre im Unterricht 69

Nicole Mikolajczak
Schmökerstunde – Ein Element des Projekts 71

Regina Herrmann
Blättern und Stöbern – Die Strukturierung des freien Lesens 75

Michaela Matz
Tagesquiz. Ein Anreiz zur täglichen Zeitungslektüre 79

Lernen. Zeitung als Lernmedium für die verschiedenen Unterrichtsbereiche 83

Hans-Joachim Fischer
Zeitungen im fächerübergreifenden Unterricht – grundsätzliche Überlegungen 85

Hans-Joachim Fischer
Zeitungen im fächerübergreifenden Unterricht - Unterrichtsideen 93

Andrea Rahne
Wochenpläne im Zeitungsprojekt 101

Silvia Rötheli
Jeden Tag ein neues Fremdwort 119

Doris Elzer
Das Thema Herbst im fächerübergreifenden Unterricht mit der Zeitung 123

Silke Czach
Englischanfangsunterricht mit einer deutschsprachigen Tageszeitung 139

Markus Moog
Zeitungswissen für das Internet nutzen. Überlegungen zu einem Unterricht mit Zeitung und Internet 157

LANGZEITARBEITEN. Informationen sammeln und aufbereiten 167

IZOP-Institut
Langzeitarbeiten – individuell und für die ganze Klasse 169

Regina Herrmann
Langzeitarbeiten – individuell, interessengebunden und weitsichtig 173

Christina Steidel
Langzeitarbeiten – sachliche Ergebnisse und Erfahrungsberichte 179

Nicole Mikolajczak
Langzeitarbeiten – in der Gruppe erstellt 185

Michaela Matz
Langzeitarbeiten – mit Expertenrunden 189

Bruno Dütsch
Präsentation von Langzeitprojekten 193

SCHREIBEN. Kinder verfassen Texte für die Zeitung 201

Regina Herrmann
Tierheim und Friedrichstadtpalast. Eine dritte und vierte Klasse schreibt für die Zeitung 203

Michaela Matz:
Schokoladenmuseum. Eine vierte Klasse schreibt für die Zeitung 207

Bruno Dütsch
Interview mit der Bildungsdirektorin. Eine sechste Klasse schreibt für die Zeitung 213

GESTALTEN. Künstlerische Verarbeitung von Zeitungen 225

Silke Iser
Unterrichtsideen für Künstlerisches Gestalten und Visuelle Kommunikation 227

Andrea Rahne
Mobile aus den Namen der Zeitungssparten und -rubriken 245
Collagen aus Zeitungspapier 247

Björna
Von einem Zeitungsschnipsel zum Kantenhocker 253

ZEITUNG IN ALLEN KLASSEN. Erlebnisse und Ergebnisse aus der Grundschule Sechsmorgen in Zweibrücken 255
Ideen für den Unterricht im ersten Schuljahr (Protokoll einer Ideenbörse) 257
Ideen für den Unterricht im zweiten Schuljahr (Protokoll einer Ideenbörse) 261
Ein Bild in der Zeitung und seine Folgen – Die Klasse 4 b tauscht sich mit einem Maler aus 263

ZEITUNG IN DER GRUNDSCHULE. Berichte aus Projektredaktionen 271

Sabine Kroy
Artikel, Geschichten und Bilder. Erfahrungen bei der Projektbegleitung 273

Barbara Weber-Ruppli
Zeitung in der Schule ist nicht Schule in der Zeitung 279

Susanne Streit
Aus der Sicht eines Haargummis. Tipps für die Schreibwerkstatt 293

ANHANG 303

Vorwort

Wer sich heutzutage entschließt, in der Primarstufe mit der Zeitung zu arbeiten, muss keine Pionierarbeit mehr leisten. Die Zeitung hat sich in den Grund- und Primarschulen inzwischen als Lerngegenstand und Lernmittel etabliert. Denn gerade der Primarschulpädagogik eröffnet das Printmedium vielfältige Perspektiven. Auf das vorliegende Handbuch können Lehrerinnen und Lehrer bei einer kindgerechten Arbeit mit der Zeitung zurückgreifen.

Wie bereits die Vorgängerpublikation „Die Zeitung in der Grundschule“ bietet es in erster Linie Erfahrungsberichte und erprobte Unterrichtsideen, die aus der Praxis erwachsen sind. Bewährtes wurde bei der Überarbeitung also beibehalten. Neu ist, dass Beiträge aufgenommen wurden, die sich auf die Arbeit mit Schweizer Zeitungen an Schweizer Schulen beziehen. Dies ist auch an der Berücksichtigung nationaler orthographischer Besonderheiten erkennbar. Außerdem finden sich neue Beiträge zum fächerübergreifenden Unterricht mit der Zeitung. Darüber hinaus trägt die Veröffentlichung der wachsenden Bedeutung des Internets Rechnung. Ein Beitrag stellt Überlegungen zur Diskussion, wie Kinder ihre Kenntnisse zum Thema „Zeitung“ auch bei der Informationsgewinnung im Internet nutzen können.

EINFÜHRUNG

Zeitung in der Grund- und Primarstufe

Können Kinder eine ausgewachsene Tageszeitung sinnvoll nutzen? Die hier abgedruckten Erfahrungsberichte und Unterrichtsideen zeigen: Sie können eine Tageszeitung mit Gewinn lesen, auswerten und im Unterricht verwenden, wenn sie auf eine kindgemäße Weise herangeführt und didaktisch klug unterstützt werden. Dann entfaltet sich die Zeitung vor ihren neugierigen Augen als eine Welt, die dem Wissensdrang und der Gestaltungsfreude reichlich Nahrung bietet. Und das jeden Tag aufs Neue.

Warum „Zeitung in der Grund- und Primarschule“?

Zeitung als Lernmedium

Was lernen die Schülerinnen und Schüler konkret mit der Zeitung? Zunächst einmal werden sie durch die regionale Tagespresse, besser als durch jedes andere Medium, mit ihrer unmittelbaren Umgebung vertraut gemacht. Die Text- und Bildbeiträge von Zeitungen stellen Material für den Unterricht zur Verfügung, das auch dem besten Schulbuch nicht zu entnehmen ist: Denn mit Blick auf die Aktualität muss das Buch per se hinter dem Lokalteil zurückstehen. In der regionalen Berichterstattung kommt die Lebenswirklichkeit, der die Kinder tagtäglich begegnen, ohne Zeitverzögerung zur Darstellung. Dies ist einer der Gründe, warum Lehrerinnen und Lehrer, die am Projekt teilgenommen haben, in der Regel nicht mehr auf die Zeitung als Lernmittel verzichten wollen und sie weiter in ihre pädagogische Arbeit einbeziehen.

Die Universalität des Mediums, die eine Beschränkung auf bestimmte Ausschnitte der Wirklichkeit nicht zulässt, macht es darüber hinaus möglich, zu den verschiedensten Themen Zeitungsartikel heranzuziehen und sich bei der Auswahl an den jeweiligen Interessen der Schülerinnen und Schüler oder an den Erfordernissen des Unterrichts zu orientieren. Das periodisches Erscheinen stellt sicher, dass einmal aufgegriffene Fragestellungen in der Zeitung wie im Unterricht auch weiterverfolgt werden können.

Von den sachkundlichen Themen ausgehend lassen sich mühelos Brücken zu anderen Lernbereichen schlagen. Oft bietet bereits ein einzelner Beitrag Zahlenmaterial für den Mathematik-, Lesestoff für den Deutsch- und Bildmaterial für den Kunstunterricht. Die Zeitung eignet sich also schon deswegen als Lernmedium für die Primarstufen-Pädagogik, weil sie einer fächerübergreifenden Unterrichtsgestaltung entgegenkommt.

Bedenken, dass bei einer medienkundlichen Projektarbeit die lehrplanmäßigen Inhalte vernachlässigt würden, sind also nicht nur unbegründet, sondern sie verkennen die Potentiale einer schulischen Zeitungslektüre in ihren Grundzügen. Im Mathematikunterricht bieten Statistiken, Anzeigenteil und Werbebeilagen Anlässe zu einem Rechnen, das Zahlen aus der alltäglichen Realität der Kinder aufgreift. Gleichzeitig ist es möglich, ihnen Zahlenwissen über ihre Umgebung – beispielsweise Mieten und Preise - nahezubringen. Aber auch Wissenswertes über die Zeitung selbst lässt sich errechnen: Wie viele Zeitungen kommen auf wie viele Einwohner unserer Stadt? Welche Fläche ergibt sich, wenn die ganze Zeitung auseinandergefaltet und ausgebreitet wird?

Im Kunstunterricht können sowohl das Bildmaterial als auch die Textseiten für die Erstellung von Collagen genutzt werden. Das Basteln und Kleben mit Zeitungsmaterial ist eine andere, nämlich künstlerische Form des Recyclings. Die Kinder schulen dabei sowohl ihre Feinmotorik als auch ihre Fähigkeit zum Gestalten. Beim Erstellen von Collagen gewinnen sie nicht zuletzt Einblicke in die Manipulierbarkeit von Dokumentarmaterial.

Auf die skizzierte Weise stehen sich die verschiedenen Lerngebiete nicht unverbunden gegenüber, sondern greifen ineinander. Bei einem fächerübergreifenden Unterricht wird die Zeitung als Massenmedium erfahren und zugleich als ein Lernmedium genutzt, das gegenüber Lehrbüchern den Vorteil bietet, die regionale Umwelt der Kinder auf dem neusten Stand zu spiegeln.

Leseförderung

Die Einbeziehung der Zeitung in den Unterricht erlaubt aber nicht nur, den Kindern Hilfestellung bei der Erschließung ihrer Lebenswirklichkeit zu geben. Schwerpunktmäßig werden auch die Kompetenzen im Bereich Sprache gefördert. Vor allem lässt sich ein zentrales Ziel der Primarstufen-Pädagogik auf eine ebenso attraktive wie sinnvolle Weise verfolgen: die Leseförderung.

Die Zeitung ist für Kinder zwar eine schwierige Lektüre, verfehlt wäre es allerdings, sie als insgesamt nicht altersgerecht zu betrachten. Viele ihrer Angebote finden das Interesse der Kinder und bieten ihnen Leseanlässe. Unbekannte Wörter können sie aus dem Zusammenhang erschließen oder in Wörterbüchern nachschlagen. Damit üben sie eine Lesemethode, auf die auch Erwachsene angewiesen bleiben. Darüber hinaus ist es bei einem Zeitungsbeitrag möglich, Nichtverstandenes noch einmal zu lesen, Verständnisfragen zu stellen und die Informationsaufnahme gemäß der eigenen Geschwindigkeit zu steuern. Dadurch kommt das Printmedium dem Entwicklungsstand der Kinder in stärkerem Maße entgegen als das Fernsehen, dessen Programmablauf nicht gestoppt werden kann und das für Verständnishilfen keinen Raum lässt.

Neben den rein technischen Voraussetzungen, der Synthese von Buchstaben zu Wörtern, von Wortteilen zu Wortkombinationen und von Wörtern zu Sinneinheiten, gilt es, beim Lesen lernen die Fähigkeit zum Textverständnis zu schulen. Gerade das stille Lesen konzentriert sich ganz auf die Bedeutungsebene des Textes. Dabei ist die Anwendung von bestimmten Lesestrategien erforderlich, und eben solche Strategien lassen sich im Umgang mit dem Medium Zeitung erwerben.

Die Technik des selektiven Lesens ist eine zentrale Voraussetzung jeder Zeitungslektüre. Die Kinder können aber auch ihre Fähigkeit zur Antizipation entwickeln, wenn sie von der Schlagzeile auf den Inhalt des Artikels zu schließen versuchen oder sich bemühen, den Fortgang eines Textes nach dem ersten Satz oder Absatz zu erahnen. Sie lernen, den Inhalt eines Textes zu rekapitulieren und werden auf diese Weise zugleich mit einer Methode vertraut, sich eines adäquaten Verständnisses zu versichern. In Diskussionen über Zeitungsartikel üben sie, ihre eigene Meinung auf einen Text zu beziehen.

Auch wenn die Lesestrategien, die sich im Rahmen des Zeitungslesens erwerben lassen, von großer Wichtigkeit sind, so bleibt doch die Lesemotivation der Schlüssel zur Leseförderung. Gerade die Lektüre der Zeitung erlaubt es, das kindliche Neugierverhalten lesedidaktisch zu nutzen. Zeitungsbilder führen in einer von audiovisuellen Medien geprägten Welt vom Bild zum Text. Der Wunsch, mehr über das als attraktiv empfundene Bild zu erfahren, wird zum Anreiz, sich dem Text zuzuwenden. Das Interesse an bestimmten Themen, über die die Kinder auf dem Laufenden sein möchten, motiviert sie dazu, die Mühe auf sich zu nehmen, die ihnen das Lesen noch bereitet.

Die Einbeziehung der Zeitung in den Unterricht gewährleistet eine Abwechslung des Lesestoffs, die sich im Rahmen der Leseförderung empfiehlt. So werden die vielfältigen Interessen der Kinder abgedeckt. Die Wahrscheinlichkeit, dass für jede und jeden eine ansprechende Lektüre dabei ist, erhöht sich. Die Zeitung erweitert das Spektrum der behandelten Textsorten über Schul- und Kinderbuch hinaus, indem auch nichtfiktionale aktuelle Texte als Lesefutter angeboten werden.

Damit dauerhafte Lesegewohnheiten entstehen, ist es nicht zuletzt wichtig, dass die verwendeten Texte sich zur Schul- wie zur Freizeitlektüre eignen. Auch dieses Kriterium erfüllt die Zeitung. Nach Projektabschluss können die Schülerinnen und Schüler an die gemachten Erfahrungen anknüpfen und nun die elterliche Zeitung weiternutzen.

Medienkompetenz

Ihre zentrale Funktion innerhalb der Medienlandschaft wird die Lesekultur nicht verlieren. Schon indem die schulische Arbeit mit der Zeitung einen Beitrag zur Leseförderung leistet, leitet sie also zu einem mündigen Mediengebrauch an.

Unbestritten zählt es zu den Aufgaben der Schule, Kindern und Jugendlichen die Fähigkeit zu vermitteln, sich in einer von Massenmedien geprägten Welt zurechtzufinden und von deren vielfältigen Angeboten kritisch und aktiv Gebrauch zu machen. Dass Schule Medienkompetenz vermitteln soll, ist ein Anspruch, der zu Recht erhoben wird. Unangemessen ist es, die Zeitung bei der eingeforderten Medienerziehung unbeachtet zu lassen. Denn nach wie vor ist sie als aktuelle und kontinuierliche Informationsquelle unverzichtbar.

Kinder, Jugendliche und junge Erwachsene nehmen jedoch in der Regel gegenüber dem Printmedium eine distanzierte Haltung ein. Fernsehen und multimediale Computeranwendungen müssen ihnen kaum nahegebracht werden. Allein von deren technischen Möglichkeiten geht eine faszinierende Wirkung aus.

Anders verhält es sich bei der Zeitung, die, verglichen mit der bunten Welt audiovisueller Informations- und Kommunikationsmittel, zunächst wenig attraktiv erscheint. Es ist also erforderlich, den Heranwachsenden die Stärken des Mediums vor Augen zu führen. Es gilt, Schwellenängste und Vorurteile gegenüber den vermeintlichen Bleiwüsten abzubauen und deutlich zu machen, dass Zeitunglesen eine ebenso unterhaltsame wie sinnvolle Art des Informationserwerbs ist, denn wer auf die Lektüre der Tagespresse verzichtet, muss Informationslücken in Kauf nehmen.

Damit eine solche Heranführung an die Zeitung gelingen kann, ist es sinnvoll, bereits in der Primarstufe anzusetzen. Denn schon Kinder sind dazu in der Lage, die Angebote der Zeitung zu altersgemäßen Zwecken zu nutzen. Einmal mit dem Medium vertraut gemacht, schwinden die Berührungsängste; und früh übt sich, wer eine Zeitungsleserin oder ein Zeitungsleser werden möchte.

Wird die Zeitung bereits in der Primarstufe in den Unterricht einbezogen, so ermöglicht dies nicht zuletzt Folgendes: schon Kinder können anhand des Printmediums Maßstäbe entwickeln, die sie auch beim Umgang mit anderen Medien aus der Rolle unkritischer Konsumenten und Konsumentinnen befreit. Indem eine Beschäftigung mit der Zeitung den Blick von der (technischen) Verpackung stärker auf die Inhalte lenkt, werden zumindest Grundsteine für einen mündigen Mediengebrauch gelegt. Vor dem Hintergrund der Erfahrungen mit der Zeitung eröffnet sich den Kindern die Möglichkeit, auch die neuen Medien in einem größeren Maße zu anderen als zu reinen Unterhaltungszwecken zu nutzen. So können sie an ihre Erfahrungen mit der Zeitung anknüpfen, wenn sie im Internet nach Informationen suchen. Die Beschäftigung mit Zeitung und Internet lässt sich auch bei der konkreten Projektarbeit sinnvoll verbinden. Zeitung und Internet werden so als sich ergänzende Informationsquellen erfahren, sei es bei der Erstellung von Materialsammlungen zu bestimmten Themen (Langzeitarbeiten), sei es bei der Recherche für einen eigenen Zeitungsartikel.

Vor dem Hintergrund dieser Überlegungen hat das Aachener IZOP-Institut zur Objektivierung von Lern- und Prüfungsverfahren sein seit 1979 erprobtes Unterrichtsprojekt "Zeitung in der Schule" an die spezifischen Bedingungen und Bedürfnisse der Primarstufe angepasst. Im Weiteren sollen die grundlegenden Elemente dieses Projekts, das seit 1992 in Deutschland und seit 2004 in der Schweiz durchgeführt wird, erläutert werden.

Was ist „Zeitung in der Grund- und Primarschule"?

Zeitungslieferung im Klassensatz

Den Informations- und Unterhaltungswert der Tageszeitung erfährt man nur, wenn man sie kontinuierlich nutzt. Erst vor dem Hintergrund einer "Zeit mit der Zeitung" bekommen die Schülerinnen und Schüler eine Vorstellung davon, was ihnen ohne deren regelmäßige Lektüre fehlt. Die Zeitung wird ihnen also nicht nahegebracht, wenn sie nur vereinzelt mit ausgewählten Artikeln in Berührung kommen. Vielmehr ist es erforderlich, dass sie über einen längeren Zeitraum Tag für Tag mit ihr umgehen.

Daher erhalten die am Projekt teilnehmenden Klassen klassensatzweise die jeweilige Projektzeitung in die Schule geliefert. So verfügen alle Kinder über ein eigenes Exemplar. Sie sollen in ihrer Zeitung lesen, ohne etwa auf die Ausgabe der Eltern angewiesen zu sein. Eine eigene Zeitung können sie auch selbstbestimmt in der Freizeit nutzen. Nur wenn sie während des Projektverlaufs wie Abonnentinnen und Abonnenten die Zeitung beziehen, gewinnen sie einen authentischen Eindruck des Mediums. Als zeitlicher Rahmen, innerhalb dessen sich ein Gewöhnungseffekt einstellt, hat sich eine Laufzeit von zwölf Wochen bewährt.

Vornehmlich nehmen Schulklassen der Jahrgangsstufen 3 und 4, in der Schweiz auch der Jahrgangsstufen 5 und 6, am Projekt teil. Bei den Projektzeitungen handelt es sich um regionale Tageszeitungen, die aufgrund ihrer lokalen Berichterstattung besonders geeignet sind, die Kinder mit ihrem aktuellen regionalen Umfeld vertraut zu machen.

Fortbildung und Unterrichtshilfen für Lehrerinnen und Lehrer

Ein Projekt, das über einen längeren Zeitraum die Zeitung zum zentralen Lerngegenstand und Lernmittel macht, stellt Lehrerinnen und Lehrer vor ungewohnte Aufgaben. Es gilt, den Kindern ein komplexes Medium nahezubringen. Ziel ist nicht allein zu verdeutlichen, was die Zeitung ist, sondern zu zeigen, wie man eine Zeitung liest. Den Schülerinnen und Schülern sollte deutlich werden, dass sie der regionalen Tagespresse Informationen entnehmen können, die ihnen eine bessere Orientierung im Alltag ermöglichen.

Daher müssen die Lehrpersonen selbst mit der Zeitung intensiv vertraut sein und über pädagogische Konzepte verfügen, um deren Angebote, dem Entwicklungsstand der Kinder entsprechend, im Rahmen der verschiedenen Lernbereiche zu nutzen.

Darüber hinaus verlangt der Aktualitätsbezug des Mediums eine Form der Unterrichtsgestaltung, die im herkömmlichen Schulalltag so nicht gefordert ist. Sollen das Erlebnis regelmäßiger Zeitungslektüre erfahrbar und seine spezifischen Qualitäten als Lernmedium ausgeschöpft werden, so muss man mit Material arbeiten, das im Gegensatz zu Schulbüchern und anderen Unterrichtsmaterialien nicht didaktisch aufbereitet ist. Anregungen und Unterrichtsideen sind hierbei hilfreich.

In einer vorbereitenden Seminarveranstaltung wird den Lehrerinnen und Lehrern daher Gelegenheit gegeben, sich mit Blick auf ihre neue ungewohnte Rolle fortzubilden. Des weiteren erhalten sie vom IZOP-Institut entwickelte Unterrichtsempfehlungen für die verschiedenen Unterrichtsbereiche. Arbeitsbögen, die sich bei der Unterrichtsgestaltung einsetzen lassen, ergänzen diese Vorschläge und Konzepte für die pädagogische Arbeit mit der Zeitung.

Langzeitarbeiten

Mit den Langzeitarbeiten wird der kindliche Spaß am Sammeln aufgegriffen und für eine Heranführung an das Medium genutzt. Die Kinder verfolgen in der Projektzeitung ein bestimmtes, in der Regel selbst gewähltes Thema über einen längeren Zeitraum und sammeln die Zeitungsbeiträge, die während dieses Zeitraums zu ihrem Thema erscheinen. So beschäftigen sie sich beispielsweise mit der Berichterstattung über Unfälle, sie werten Kontaktanzeigen aus oder überprüfen die Wettervorhersage an der Realität. Die Kinder nähern sich auf diese Weise dem selektiven Leseverhalten von Abonnenten an, da sie die Zeitung mit Blick auf ihr Thema hin lesen. Darüber hinaus werden sie zu einer kontinuierlichen Zeitungslektüre veranlasst und entwickeln erste Lesegewohnheiten.

Gegebenenfalls können die Kinder ihre Sammlungen durch eine Recherche auf geeigneten Internetseiten erweitern. Mit Hilfe von speziellen Suchmaschinen für Kinder oder auch durch die Direktanwahl von kindgerechten Internetangeboten lässt sich zusätzliches Informationsmaterial zusammentragen. Die Kinder erleben so Zeitung und Internet als einander ergänzende Medien.

Die Bearbeitung von Langzeitaufträgen über mehrere Wochen kann individuell oder in Kleingruppen erfolgen. Auch die Methode der Bearbeitung wählen die Kinder je nach Art des Auftrags und ihren jeweiligen Möglichkeiten selbst.

Ergebnis ist zunächst eine Sammlung von Zeitungsausschnitten, gegebenenfalls ergänzt durch weiteres Informationsmaterial beispielsweise aus dem Internet. Die Schülerinnen und Schüler üben zunächst, systematisch zu sichten und zu sammeln sowie planvoll und selbstständig zu arbeiten.

Sie sollten aber auch die Gelegenheit erhalten, ihre Arbeitsergebnisse in einer angemessenen Art und Weise zusammenzufassen. Wenn sie sich ihre Ergebnisse gegenseitig vorstellen, so lernen sie ihre verschiedenen Interessensgebiete kennen und entdecken möglicherweise neue Angebote der Zeitung, die sie für sich nutzen möchten.

Wesentlich ist, dass die Kinder an eine kompetente Mediennutzung herangeführt werden und sich in Hinblick auf eine bestimmte Fragestellung fortbilden. Durch die Bearbeitung von Langzeitaufgaben erfahren sie den Wert von kontinuierlicher und gegebenenfalls auch durch andere Medien wie das Internet ergänzte Informationsbeschaffung. Die Schülerinnen und Schüler gehen damit einen wichtigen Schritt auf dem Weg zu kompetenten Mediennutzerinnen und Mediennutzern.

Recherchieren und Schreiben für die Zeitung

In der Regel verfassen die Kinder während der Projekts selbst einen Artikel für die jeweilige Projektzeitung. Dies gibt ihnen Gelegenheit, die Zeitung nicht nur als ein Medium kennen zu lernen, das rezeptiv genutzt wird, sondern auch als ein Forum, auf dem sie ihre Erlebnisse, Meinungen und Interessen öffentlich machen können: die Tageszeitung berichtet nicht nur über die Welt der Erwachsenen, sondern auch über ihre eigene.

Dabei lernen die Kinder, dass Recherchen vor Ort gründlich vorbereitet werden müssen, etwa durch Vorrecherchen in Zeitung, Sachbuch oder Internet. Das IZOP-Institut bietet für die Lehr- und Lernveranstaltung außerhalb der Schule einen umfangreichen Katalog an, aus dem die Kinder auswählen dürfen. Mögliche Themen solcher Erkundungen sind etwa: „Feuerwehr", „Mit dem Förster unterwegs", „Polizei", „Bauernhof", „Wasserversorgung", „Einkaufen-Supermarkt", „Museum", usw. Bei ihrer ersten journalistischen Tätigkeit werden die Kinder von einer eigens zu diesem Zweck eingerichteten Projektredaktion betreut.

Die Schülerinnen und Schüler lernen, sich gezielt Informationen zu verschaffen, und üben sich beim Verfassen von Texten darin, ihr potentielles Lesepublikum im Auge zu behalten. Die Zusammenarbeit von Schule und Zeitung wird zu einem gegenseitigen Geben und Nehmen. Denn was die Kinder zu bestimmten Themen denken, ist auch für die Zeitungsleserinnen und -leser von Interesse, und gerade die unbefangene Herangehensweise von Kindern kann ungewohnte Perspektiven eröffnen.

MARKUS MOOG

Erfahrungsberichte und Unterrichtsideen

Auf breiten Schultern

Die Einbeziehung der Eltern

Möchte man Schülerinnen und Schüler frühzeitig an die Zeitung heranführen, so empfiehlt sich eine möglichst enge Zusammenarbeit mit den Eltern. Wenn ein dauerhaftes Interesse am Zeitunglesen grundgelegt werden soll, dann darf die Begegnung mit dem Printmedium nicht auf die Schule beschränkt bleiben. Es gilt also, neben den Kindern auch die Eltern zu begeistern.

Eltern können bei der medienpädagogischen Aufgabenstellung zumindest auf dreierlei Weise unterstützend wirken:

- durch ihr grundsätzliches Interesse für die (erste) Annäherung ihres Kindes an die Zeitung, das etwa durch einen Elternbrief geweckt werden kann,
- durch konkrete Hilfestellungen bei der Durchführung von Arbeitsaufträgen und der täglichen Zeitungslektüre,
- als Publikum für die Präsentation von Arbeitsergebnissen im Rahmen eines Elternabends.

Über diese konkrete Unterstützung hinausgehend ermöglicht die Einbeziehung der Eltern aber vor allem folgendes: bei der Projektarbeit mit der Zeitung können Kinder, Elternhäuser und Schule in einen Prozess des Austauschs und der Kooperation eintreten.

Christina Steidel

Vor dem Projekt: Beispiel eines Elternbriefs

Liebe Familie ... !
Es freut mich, Ihnen mitzuteilen, dass Ihre Kinder und ich an einem Projekt teilnehmen können, das sich „Zeitung in der Grundschule“ nennt. Unterstützt und wissenschaftlich begleitet wird es vom IZOP-Institut zur Objektivierung von Lern- und Prüfungsverfahren in Aachen, das seit 1979 solche Projekte organisiert und pädagogisch betreut.

Was heißt dies nun konkret für Ihr Kind? Die Schülerinnen und Schüler sollen an das Medium Zeitung herangeführt werden, besonders im Fach Deutsch. Das in der Zeitung enthaltene lebensnahe Zahlenmaterial kann aber auch im Mathematikunterricht genutzt werden; denken Sie etwa an Statistiken, den Anzeigenteil oder den Wetterbericht. Im Fach Kunst dient die Zeitung zur Gestaltung von Collagen und zum Basteln. Im Sachunterricht können verschiedenste Themen der aktuellen Berichterstattung aufgegriffen werden. Der Lokalteil macht die Kinder mit ihrer unmittelbaren Umgebung vertraut.

Alle Schülerinnen und Schüler erhalten während des Projektzeitraums kostenlos täglich ein eigenes Exemplar der <Projektzeitung>. Die Zeitung wird von Montag bis Freitag im und vor dem Unterricht gelesen. Anleitung erhalten Ihre Kinder durch mich.

In einer Langzeitarbeit werden sie Zeitungsbeiträge zu einem bestimmten Thema sammeln, Ausarbeitungen zu ihren Sammlungen erstellen und ihre Ergebnisse zusammenfassen. Ziel ist es, ihre Lesefähigkeit zu verbessern. Das Thema für die Langzeitarbeit kann nach der jeweiligen Interessenlage selbst gewählt werden. Ich halte aber auch für diejenigen, die wenig entscheidungsfreudig sind, einen Themenkatalog bereit.

Während der Projektphase geht die Klasse darüber hinaus auf Recherche und schreibt einen Artikel für die <Projektzeitung>, der abgedruckt wird. Die Schülerinnen und Schüler können Ort und Recherchegegenstand dieses Unterrichtstags außerhalb der Schule aus einem umfangreichen Aktionskatalog auswählen. Er wird vom IZOP-Institut organisiert.

Das Projekt startet am <Projektbeginn> und endet am <Projektende>.

In der Hoffnung, dass das Projekt auch Ihre Aufmerksamkeit findet, erwarte ich arbeitsreiche und lehrreiche Projekttage für Ihre Kinder und mich.

Mit freundlichen Grüßen
Christina Steidel
(Leiterin des Projekts)

Regina Herrmann

Während des Projekts: Unterstützung durch die Eltern

Wenn Lehrerinnen und Lehrer meinen, sie könnten ihre pädagogische Aufgabe ganz aus eigener Kraft erfüllen, ohne die Eltern in ihre Arbeit einzubeziehen, so ist dies in zweierlei Hinsicht problematisch. Eine solche Einstellung überschätzt einerseits die eigenen Einflussmöglichkeiten und führt andererseits dazu, auf ein gezieltes Hineinwirken in die Familien zu verzichten.

Gerade in der Grundschule sind wir auf die Kooperation mit möglichst vielen Elternhäusern angewiesen. Dies gilt im Besonderen, wenn Grundschulkinder an das Medium Zeitung herangeführt werden sollen.

Den Lehrpersonen allein kann es nämlich nicht gelingen, ihren Schülerinnen und Schülern zu vermitteln, dass Zeitunglesen Freude macht und eine ebenso nützliche wie sinnvolle Form des Informationserwerbs ist. Wenn die Eltern diesem Anliegen uninteressiert oder gar ablehnend gegenüberstehen, so wird kaum ein dauerhaftes Interesse an der Zeitung geweckt. Des Weiteren ist es oft nicht möglich, den Kindern bei jedem Problem, das sich im Rahmen der Zeitungslektüre ergibt, direkt zu helfen. Hier können die Eltern wichtige Aufgaben erfüllen.

Ihre Einbindung erlaubt aber auch, ein persönliches Miteinander von Eltern und Kindern im Rahmen eines gemeinsamen Projekts in Gang zu setzen. Diese Möglichkeit, innerhalb der Familien einen Prozess des Austauschs und der Unterstützung anzuregen, sollte von Lehrerinnen und Lehrern nicht vertan werden.

Ich habe das Projekt mit der gleichen Klasse zweimal durchgeführt, zunächst im dritten und dann im vierten Schuljahr. Am Beginn stand jeweils die Information der Eltern. Ich wollte auf den Elternversammlungen nicht nur den organisatorischen Ablauf erläutern, sondern auch deutlich machen, welchen Lernzuwachs und welche Persönlichkeitsentwicklung der Schülerinnen und Schüler ich mir von dem Projekt versprach. Die Eltern sollten neugierig werden, wie ihre Kinder ein solches Vorhaben meistern.

Im dritten Schuljahr suchte ich für die noch nicht festgelegten Langzeitarbeiten die Unterstützung von vier Eltern. Sie sollten möglichst gleichzeitig alle vierzehn Tage vormittags an Treffen mit einer Schülergruppe teilnehmen. Ihre Aufgabe war die Leitung der Teams, die sich gemeinsam jeweils mit einer Langzeitarbeit beschäftigten. Drei Väter und eine Mutter, die aufgrund ihrer flexiblen Arbeitszeiten dazu in der Lage waren, fanden sich bereit. Meine Rolle sollte lediglich die einer Koordinatorin und Helferin bei inhaltlichen oder terminlichen Problemen sein.

Nach einer ersten abendlichen Besprechung trennten wir uns mit je drei möglichen Themen für die Langzeitarbeiten. Die Eltern entschieden sich dann gemeinsam mit den Kindern für ein Thema und gaben ihnen überschaubare Aufgaben, die sich anfangs auf ein einfaches Sammeln entsprechender Zeitungsbeiträge beschränkten. Diese Teamarbeit wurde acht Wochen lang durchgeführt und fand in einer Dokumentation der Ergebnisse auf vier Schautafeln ihren Abschluss.

Alle Eltern hatten bei der folgenden Elternversammlung die Gelegenheit, die Resultate der Langzeitarbeiten zu sehen und sich über die Erfahrungen zu informieren, die wir bei deren Erstellung gemacht hatten.

Nach meiner Einschätzung ist die beschriebene Vorgehensweise empfehlenswert. Es lohnt sich, den zeitlichen Aufwand einer Zusammenarbeit mit den Eltern in Kauf zu nehmen. Nicht unerwähnt soll an dieser Stelle deren Aufatmen nach Beendigung des Projekts bleiben. In einer rückblickenden Auswertung bemerkten sie selbstkritisch, dass die eigenen Erwartungen anfangs zu hoch gewesen seien. Auch die pädagogisch-didaktische Umsetzung der behandelten Themen wurde als anstrengend empfunden. Insgesamt aber überwog der Stolz auf die gemeinsam geleistete Arbeit.

Im vierten Schuljahr, die Kinder hatten sich 20:1 für die Wiederholung des Projektes „Zeitung in der Grundschule" entschieden, informierte ich die Eltern erneut in der vorherigen Elternversammlung über den organisatorischen Ablauf, die geplanten Unterrichtsinhalte und die Langzeitarbeiten. Diesmal bat ich nur um ihre indirekte Mitarbeit, wiederum vor allem bei den Langzeitarbeiten. Die Kinder sollten aber selbst die Initiative ergreifen und gegebenenfalls elterliche Hilfe anfordern.

Die Kinder erhielten eine Liste möglicher Arbeitsaufträge und konnten sie mit nach Hause nehmen. Ihr erster Schritt bestand darin, sich nach eigenen Überlegungen mit ihren Eltern über die Themen-Wahl zu beraten. Zu diesem Zeitpunkt waren die ersten Eltern bereits „infiziert" und, worauf ich besonderen Wert lege, sie hatten ihr Kind ernst genommen und mit ihm ein Gespräch geführt. So war auch diesmal die Arbeit auf „breite Schultern" verteilt.

Eine Woche vor dem offiziellen Projektende luden wir die Eltern am Abend in die Schule ein, um ihnen zu danken und mit ihnen eine Party zu feiern. Nach einem teils vorgelesenen, teils szenisch gestalteten Exkurs über Johannes Gutenberg und einem dichterischen Lob des gedruckten Wortes wurden die Ergebnisse der Langzeitarbeiten unter Beifall vorgestellt. Stolz und erleichtert konnten wir das gemeinsame Essen und die Disco beginnen.

Andrea Rahne

Zum Abschluss des Projekts: Vorstellen der Ergebnisse bei einem Elternabend

Die Kinder hatten sich mehrere Wochen mit ihren Langzeitarbeiten beschäftigt. Eifrig wurden die Zeitungen studiert und Zeitungsausschnitte gesammelt. Als passender Abschluss des Projekts war ein Elternabend geplant.

Auf diese Weise sollte zum einen die Arbeit der Kinder gewürdigt werden, auf die sie zur Recht stolz waren. Zum anderen gab eine Präsentation den Schülerinnen und Schülern die Gelegenheit, sich im freien Sprechen zu üben. Sie wussten schon während der Beschäftigung mit ihren Langzeitarbeiten, dass sie die Ergebnisse den Eltern vorstellen durften. Das wirkte sich positiv auf ihre Motivation aus: sie sammelten fleißig und waren um Sauberkeit in ihren Ordnern bemüht. Nicht zuletzt konnten sich die Eltern von folgendem überzeugen: das Projekt „Zeitung in der Grundschule" war gewinnbringend und es lohnt sich, den Kindern auch außerhalb der Schule die Nutzung dieses Mediums zu ermöglichen und sie beim Zeitunglesen zu unterstützen.

Gegen Ende des Projekt hieß es also: der count-down läuft. Etwa zwei Wochen vor der „Zeitungsschau", so nannten wir unseren Elternabend, machten sich die Kinder Gedanken über die

Auswertung und Präsentation ihrer Langzeitarbeit. Gemeinsam besprachen wir verschiedene Möglichkeiten, und einzeln entschieden sie, was sie vorbereiten wollten. Entscheidungsunsichere Schülerinnen und Schüler holten sich bei mir Rat.

Etwa eine Woche vor dem Elternabend bastelten wir Einladungen mit Eintrittskarten und legten den Ablauf sowie Organisatorisches fest. Für den Abend planten wir eine kleine Ausstellung mit Arbeitsergebnissen, die sich die Eltern vor Beginn anschauen konnten. Einige Kinder kümmerten sich um den Aufbau und die Betreuung der Ausstellung und sollten für Fragen zur Verfügung stehen, andere übernahmen Einlass- und Umräumdienste. Alle erhielten eine kleine Aufgabe.

Ein Schüler war dafür zuständig, durchs Programm zu führen. Er schrieb hierfür kleine Texte. Zunächst begrüßte er die Eltern und kündigte als ersten Beitrag ein eigenes Gedicht an. Den zweiten Programmpunkt bildete die Präsentation von Kurznachrichten, die die Kinder während des Projekts verfasst hatten.

Schließlich stellten alle ihre Langzeitarbeiten vor. Sie hatten Plakate, Bilder und Diagramme vorbereitet, so dass ihre Beiträge anschaulich, abwechslungsreich und kurzweilig waren. Interessiert verfolgten die Eltern, mit welch unterschiedlichen Themen sich ihre Kinder auseinander gesetzt hatten. Und die Kinder freuten sich über den anerkennenden Applaus.

Doch die Zeitung dient nicht nur der Information, sondern auch der Unterhaltung. Daher konnten wir den Projektabschluss nicht allein mit der Vorstellung der Arbeitsergebnisse begehen. Für den folgenden Tag war als letzter Akt ein Zeitungsfest angesetzt. Hierbei stand das Feiern mit Spielen und Disco im Vordergrund. Wir gestalteten den Raum mit Zeitungsgirlanden. Neben Eistee,

Knabbereien und Tanz machten vor allem die Zeitungsspiele den Nachmittag zu einem vollen Erfolg:

Zeitungstanzen
Die Paare tanzen auf einer Zeitungsdoppelseite und dürfen den Fußboden nicht berühren. Auf ein Zeichen (die Musik setzt kurz aus) wird die Zeitung in der Mitte gefaltet, so dass nur noch die Hälfte des Platzes zur Verfügung steht. Mit jedem Aussetzen der Musik wird das Tanzen schwieriger, denn ausscheiden müssen die Paare, die den Boden berühren. Das Paar, das als letztes übrigbleibt, hat gewonnen.

Heiße Zeitung
Etwa 15 Kinder stellen sich im Kreis auf. Eine Zeitung muß möglichst schnell weitergegeben werden: sie ist nämlich glühend heiß! Stoppt die Musik, so scheidet aus, wer die Zeitung gerade in der Hand hält. Das übriggebliebene Kind gewinnt das Spiel.

Zeitungsschlange
Jedes Kind erhält die Doppelseite einer Zeitung. Die Aufgabe besteht darin, eine möglichst lange Papierschlange zu reißen. Wer die längste Schlange reißt, gewinnt.

Blick über die Schulter der Ordnungshüter

Zu Gast in der Polizeistation in Leck / Hand- und Fußschellen, Helme und Westen angelegt

Leck – „Wir sind rund um die Uhr im Einsatz. Wir retten, sichern, schützen und helfen — die Aufgaben der Polizei sind mehr als Büroarbeit", berichten uns Rüdiger Petersen und Wilfried Christiansen von der Polizeistation in Leck. Der Berufsalltag für Polizistinnen und Polizisten ist sicher nicht langweilig. Sie sind für die Sicherheit großer Veranstaltungen sowie für die Aufnahme und Bearbeitung von Straftaten wie Diebstählen, Verkehrsunfällen und für allgemeine Hilfestellungen zuständig. Streits schlichten, sich um Umweltsünden kümmern und Leistung von vorbeugender Arbeit, damit erst keine Straftaten entstehen, gehören ebenfalls zu ihren Aufgaben. Zwei Beamten sind tagsüber im Dienst, zwei übernehmen die Nachtschicht in Leck. Außerdem muss man viel lesen und immer wieder neue Gesetze auswendig lernen. Auch müssen sie oft trainieren, um sich fit zu halten.

Die Polizeistation in dem Ort ist zuständig für den gesamten Bereich des Amtes Karrharde. Das heißt, sie sorgen für die Sicherheit von 15 000 Bürgerinnen und Bürger.

In der Polizeistation arbeiten elf Polizisten und eine Polizistin. Eine Ausbildung zu diesem Beruf dauert zweieinhalb Jahre. Das erste Jahr besteht aus viel Theorie, die restlichen eineinhalb sind dazu da, die vielfältige Praxis eines Polizisten zu erlernen. Die Polizeischule Schleswig-Holsteins liegt in Eutin. Man kann aber auch, so wie Rüdiger Petersen es gemacht hat, in Hamburg ausgebildet werden und in Schleswig-Holstein Dienst machen. In Leck gibt es zwei gut ausgestattete Polizeiautos — einen Bus und einen Funkstreifenwagen. In den Autos befindet sich alles, was für einen Einsatz gebraucht wird, zum Beispiel Funkgeräte, Sirene mit Blaulicht, ein Messgerät zum Aufnehmen von Unfällen, ein Megaphon und jeweils eine Kelle. Zu einer Ausrüstung eines Polizisten gehört eine ordnungsgemäße, saubere Uniform, festes und sicheres Schuhwerk, Handschellen, gegebenenfalls ein Taschenmesser und Pfefferspray sowie eine Pistole, welche bei einem der Polizisten bisher einmal für einen Warnschuss benutzt

Der Streifenwagen weckt das Interesse der Schüler. Fotos: hn

wurde. Es gibt auch einen Spürhund in Süderlügum, den die Polizei bei der Drogenfahndung oder bei vermissten Personen einsetzt.

Für einen Polizeieinsatz, wie zum Beispiel bei Demonstrationen, sind Sicherheitshelm, Schutzschild, schuss- und stichsichere Weste sowie ein Abwehrstock notwendig. Einiges davon durften wir auspro-

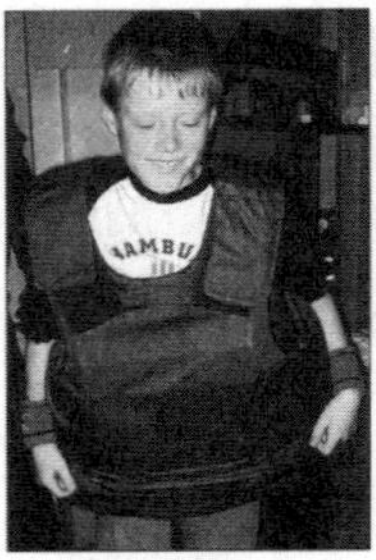

Anprobe der Schutzweste.

bieren. So konnten wir feststellen, dass die schuss- und stichfeste Weste unheimlich schwer ist. Wir konnten auch einen Sicherheitshelm tragen, Hand- und Fußschellen anlegen. Auch die Fingerabdrücke einer Schülerin wurden abgenommen.

Die neue Uniformfarbe, die die Europäische Union eingeführt hat, gefällt den Polizisten eigentlich gut — leider hebt sie sich nun nicht mehr so sehr von anderen Uniformen ab, wie zum Beispiel von der der Wach- und Schließgesellschaft.

Polizist Rüdiger Petersen, seit 25 Jahren im Dienst, ist in Leck hauptsächlich als Jugendsachbearbeiter tätig. Des weiteren betreut er die Praktikanten und ist für Prävention von Straftaten oder Sachbeschädigungen verantwortlich. Eine Arrestzelle gibt es in Leck nicht. Muss ein Verbrecher vorübergehend eingesperrt werden, bringt man ihn nach Niebüll. Dort ist der Sitz der Kriminalpolizei, die eine Zelle besitzt.

Die häufigsten Verbrechen sind Diebstähle. Im Jahr gibt es um die 500 bis 600 Strafanzeigen. „Der größte Einsatz war bisher für mich die Suche nach Seike Sörensen gewesen", so Rüdiger Petersen. Für Wilfried Christiansen waren es die Maikrawalle in Berlin. Für alle war es ein spannender Vormittag.

Klasse 3 der Grundschule Stadum

EINSTIEGE

Erste Annäherung an die Zeitung

Die Zeitung ist für Schülerinnen und Schüler der Primarstufe zunächst ein unvertrautes Medium. Wenn sie schon manchen Erwachsenen als Bleiwüste erscheint, wie muss sie erst auf Kinder wirken? Mit Schwellenängsten ist zu rechnen, doch kann ihnen gezielt begegnet werden.

- Zeitungen sind nicht nur Lesestoff, sondern können auch zum künstlerischen Gestalten genutzt werden. Außerdem darf mit den Wort- und Buchstabenvorräten, die sie enthalten, durchaus gespielt werden. Ein solch spielerischer Umgang mit der Zeitung baut nicht nur Berührungsängste ab, er schult darüber hinaus die Feinmotorik und eröffnet attraktive Zugänge zu grammatischen Themen.
- Ein Zeitungsordner, der sich im Verlauf des Projekts mit Artikeln, Aufgabenblättern und den übrigen Arbeitsergebnissen füllt, ist bei einer systematischen Heranführung an die Zeitung hilfreich. Er kann aber auch nach Projektabschluss für den Unterricht verwendet werden. Die Gestaltung eines Deckblatts erlaubt eine weitere Annäherung an das Medium Zeitung.
- Es gibt viele Bilder in der Zeitung. In einer durch das Fernsehen und multimediale Computeranwendungen geprägten Kultur können gerade die Zeitungsfotos zum Printmedium hinführen. Ein Konzept, das vom Bild zum Text leitet, eröffnet innerhalb der angesprochenen gesellschaftlichen Rahmenbedingungen Möglichkeiten einer effektiven Leseförderung.

Christina Steidel

Spielerische Begegnung mit der Zeitung zum „Warmwerden“

Die meisten Schülerinnen und Schüler meiner Klasse dachten beim Wort „Zeitung“ an schwarzgedruckte Texte, die kein Ende nehmen. Aber bald spürten sie: Wie vieles im Leben ist auch das Zeitunglesen erlernbar. Über einen Zeitraum von etwa zwei Wochen näherte sich die Klasse dem für sie neuen Medium zunächst auf spielerische Weise. So kann man am besten die Berührungsängste überwinden, denn für viele Kinder gehörte das Zeitunglesen vorerst nicht zu den beliebtesten Beschäftigungen.

Zeitungsordner
Zuerst legte jedes Kind für das Projekt einen Ordner an, in dem alle Materialien der dreimonatigen Projektzeit gesammelt werden sollten. Schere und Kleber waren ab sofort ständige Begleiter unserer Arbeit. Das Titelblatt gestalteten sie, indem sie die Umrisse der eigenen Hände aus Zeitungspapier ausschnitten, aufklebten und Vor- und Nachnamen auf die ihre Zeitungshände schrieben.

Klebebilder
1. Die Kinder brachten von zu Hause Abbildungen von Blumen mit. Mit Hilfe von Schablonen wurden aus Zeitungspapier Schmetterlinge ausgeschnitten und auf die Blumen geklebt. Vari-

ante für den Herbst: Bilder von Bäumen werden mit ausgeschnittenen Zeitungspapier-Früchten dekoriert.
2. Die Schülerinnen und Schüler durchstöberten die Zeitung nach Bildern von Möbeln und Tieren, wobei in erster Linie die Werbebeilagen vielfältiges Material boten. Unter dem Thema „Ungewöhnlicher Besuch" platzierten sie Tiere so auf den Möbeln, dass lustige Klebebilder entstanden.

Wörter zusammensetzen

Für diese Übung eigneten sich ebenfalls vor allem die Werbeseiten. Die Aufgabenstellung lautete: Schneide Bilder von Dingen aus, die mit einem einzelnen Substantiv bezeichnet werden können. In einem nächsten Schritt sollten die Kinder jeweils zwei dieser Bilder so miteinander kombinieren, dass man aus den einzelnen Bezeichnungen ein neues sinnvolles Substantiv bilden konnte. Auf diese Weise entstanden kleine Bilderrätsel: ein Schuh und eine Hand stellten zusammengeklebt einen Handschuh dar, ein Baum und ein Haus waren ein Baumhaus. Mit dieser Übung arbeiteten wir, scheinbar mühelos, an der Grammatik und niemand zeigte Abwehr, wie es sonst des öfteren bei grammatischen Betrachtungen üblich ist.

Wörter bilden

Aus den Buchstaben des Titels der Zeitung „Berliner" und „Zeitung" sollten so viele Wörter wie möglich gebildet werden. Dabei waren alle Wortarten, auch Namen, erlaubt, die Reihenfolge der Buchstaben konnte verändert werden. Die Kinder staunten, wie viele Wörter entstanden: 273 wurden gefunden. Große Reiseveranstalter wie TUI und LTU, innere Organe wie Leber, Lunge,

Niere, gut klingende Wörter wie Eltern, Liebe, Berliner, Berlinerin, Engel, Vornamen wie Lutz, Nele, Tiere wie Igel, Eule, Tiger, aber auch Verben wie lernen und erleben ließen sich bilden.

Reimwörter
Aus der Zeitung wurden Wörter ausgeschnitten, deren zweiter Buchstabe ein Vokal ist. Darunter sollten möglichst viele neue sinnvolle Wörter mit anderem Anfangsbuchstaben geklebt werden. Die Wörter durften auch aus Einzelbuchstaben zusammengesetzt werden.

Zeitungsfest
Die Schülerinnen und Schüler fanden sich mit ihren Gästen zu einem bunten Programm mit eigenen Texten und Liedern rund um die Zeitung zusammen. Vor einem „papierbehuteten" Publikum tanzten Kinder und erwachsene Gäste den Zeitungstanz.

Durch diese vierzehntägige Begegnungszeit verschwanden bei den Schülerinnen und Schülern schnell die skeptischen Mienen. Die Zeitung gehörte plötzlich zum Schulalltag, das Wühlen im Blätterwald fanden die Kinder interessant und spannend. Sie waren nach diesen ersten Projektwochen überrascht, was man mit Zeitung so alles machen kann. Ihre Meinung, Zeitungslektüre sei trocken und nur etwas für Große, hatte sich schnell geändert. Sie waren jetzt bereit, sich schwierigeren Aufgabenstellungen zuzuwenden und die nächsten Schritte auf ihrer Entdeckungsreise durch die Zeitung zu machen.

esjährigen Ausstell
ditionsreichen Gebä
atjuschin und die
achten im Mai den
tivismus, Walter D
lhauer Jörn Kause
sen Teil der Aus
der nächsten
Schlußpunkt
Neusel setzen. –
wurde von der Bre
tellt und bereits
Wuppertal, im
dische Kunstverein ist nu
der Wanderausstellung.
Walter Dexel, der Konst
kunsthistorisch
nach Jena, in
rer Bauhaus
ein Ausstel

Berliner
0 Prozent
auf
Von Hans-He
er Berliner einen heftigen Hang
eimen hat, wissen wir aus der
arbung („Paech-Brot-Schnit-
loch emsiger aber erweisen sich
auptstädter in der Disziplin
piel. „Volksauge sei wachsam"
„Glasnost und nicht Süßmost"
auf den Transparenten bei der
emo auf dem Alex am 4. No-
r 1989. Die Witzischkeit kannte
Grenzen mehr.

100
HUNDERT DEUTSCHE MARK
20
ZWANZIG DEUTSCHE MARK
500
FÜNFHUNDERT DEUTSCHE MARK
200
ZWEIHUNDERT DEUTSCHE MARK
Geldnote

COROLLA
Autoreifen

AVENSIS
Autobahn

Reim
HEiM
LEIM
KEiM

Nicole Mikolajczak

Gestaltung eines individuellen Projekthefters

Die Anregung, den Projekthefter künstlerisch zu gestalten, ging von den Kindern selbst aus: Sie äußerten den Wunsch, die Pappmappe, in der jede Schülerin und jeder Schüler die Ergebnisse unserer Arbeit dokumentieren sollte, auch sichtbar als etwas Besonderes, nämlich als Zeitungsmappe, kenntlich zu machen.

In der Diskussion mit den Kindern wurde auch festgelegt, welche Gestaltungstechnik wir anwenden wollten. Wir entschieden uns für Collagen. Die Kinder hatten in den vorangegangenen Schuljahren bereits vielfältige Erfahrungen mit dieser Gestaltungstechnik sammeln können. Collagen zu den Themengebieten „Ferien", „Frieden", „Gesundheit" waren entstanden. Sie begründeten ihre Wahl daher vor dem Hintergrund eines bereits erworbenen fachlichen Wissens folgendermaßen: Weil in einer Collage immer zu einer bestimmten Sache Bilder, Wörter, Texte oder alles, was dazugehört, zusammengeklebt wird, ist sie genau richtig, um unsere Zeitungsmappe zu gestalten. In der Mappe wird dann alles gesammelt, was wir hier zu unserem Thema bearbeiten.

Bei der Arbeit an diesen Collagen konnten die Kinder ihre bisherigen Erfahrungen mit der Zeitung einbeziehen und gleichzeitig mit dem Medium vertrauter werden. Sie wurden darüber hinaus darauf aufmerksam, dass Dokumentarmaterial veränderbar ist, ein Schritt zum Erziehungsziel „Medienkompetenz". Handwerkliche

Fertigkeiten und ästhetische Überlegungen waren beim Anfertigen der Bilder ebenfalls von Bedeutung: die Kinder mussten aus der Zeitung bestimmte Wörter, Artikel, Pressefotos oder anderes ausschneiden und die so gewonnenen Elemente inhaltlich sinnvoll in einer ansprechenden Form anordnen und aufkleben.

Die Aufgabe „Stelle eine Collage zum Thema 'Zeitung' her!", hatte ich bewusst offen formuliert. So konnten die Schülerinnen und Schüler das, was sie in der Zeitung für besonders wesentlich hielten, in ihre Collage aufnehmen. Dadurch entstanden individuell unterschiedliche Bilder mit jeweils eigenem Charakter. Die Kinder mussten sich darüber klar werden, welchen Bestandteilen ihrer Meinung nach ein hoher Stellenwert innerhalb der Zeitung zukommt oder sich deutlich machen, was täglich in ihr zu finden ist. Wesentliche Voraussetzungen hierfür wurden in den vorangegangenen Stunden geschaffen. Dort hatten die Kinder im ersten Umgang mit der Zeitung und während des ausgiebigen „Schmökerns" bereits Erfahrungen mit dem Medium gesammelt.

Die anfängliche Scheu, ihre Zeitung zu zerschneiden, verging schnell, und sie machten sich motiviert und engagiert an die Arbeit. Zum Stundenabschluss hatten alle die Gelegenheit, zunächst in Kleingruppen ihre Arbeiten vorzustellen. Dies war insofern sinnvoll, als das Arbeitstempo stark variierte. Einige Kinder wurden in diesen Gesprächen sogar darauf aufmerksam, dass sie den einen oder anderen Aspekt, der ihnen wichtig war, in ihrer Collage vergessen hatten und konnten Ergänzungen einfügen.

Sehr effektiv war die Besprechung einzelner Bilder im Klassenverband. Die Kinder waren bereits während ihrer Arbeit darauf aufmerksam geworden, dass jedes Kind andere Schwerpunkte gesetzt hatte. Zum Teil wurde dies auch in der Kleingruppenbesprechung thematisiert. Im abschließenden Gesprächskreis konnten wir beim Vergleich dreier Collagen deutlich sehen, wie unterschiedlich die Sichtweisen der Zeitung waren.

Für eine Schülerin gehörte der Zeitungsroman unbedingt in die Collage hinein, während ihr Nachbar diesen bisher noch nicht gelesen hatte und somit auch nicht einarbeiten wollte. Für ihn war vielmehr besonders interessant, wo welcher Unfall geschehen war. Somit musste seine Collage einen großen Artikel mit spektakulärem Foto zu einem Verkehrsunfall enthalten. Viele benutzten aber auch die Spartenüberschriften, um Inhalte der Zeitung in ihrem Bild zu repräsentieren. Dies wurde natürlich bemerkt und angesprochen, wobei den Kindern der Begriff „Sparte" noch nicht bekannt war. Ihre Beobachtung konnte jedoch direkt in der folgenden Unterrichtseinheit zum Aufbau einer Zeitung aufgegriffen werden und bildete damit eine willkommene Überleitung.

Hauswart auf dem Dach

INTERVIEW Die 5.-Klässler aus Bremgarten besuchten Menschen in der Stadt.

FLURINA, NICOLAS, SHIRIN

Der 44-jährige Bremgarter Bruno Oggenfuss sorgt dafür, dass der Betrieb in unserem Schulhaus Promenade funktioniert. Das macht er gut. Er ist auch meistens sehr nett. Nur wenn viel Abfall herumliegt, verschwindet seine gute Laune.

Fit und gut gelaunt: Gelegentlich will Bruno Oggenfuss hoch hinaus. ZVG

Herr Oggenfuss, wie lange arbeiten Sie schon als Schulhauswart?

Bruno Oggenfuss: Ich arbeite seit dem 3. Mai 2003 als Schulhauswart, also seit vier Jahren. Den Abschluss zum eidgenössisch diplomierten Schulhauswart machte ich aber erst im Herbst 2005.

Wie gefällt Ihnen die Arbeit?

Oggenfuss: Die Arbeit gefällt mir ausgezeichnet. Sie ist sehr abwechslungsreich. Kein Arbeitstag ist gleich wie der andere.

Was ist das Unschönste an Ihrer Tätigkeit?

Oggenfuss: Am schlimmsten ist es, den Müll auf dem Pausenplatz wegzuräumen. Manchmal ist das sehr mühsam und ärgerlich.

Herr Oggenfuss, was wollten Sie als Kind werden?

Oggenfuss: Als Bub wollte ich Profi-Fussballer werden. Diesen Wunsch haben ja viele Buben. Leider klappt es nur bei sehr wenigen.

Welchen Beruf übten Sie aus, bevor Sie Schulhauswart geworden sind?

Oggenfuss: Ich arbeitete in meinem erlernten Beruf als Modellschreiner. Da musste ich vor allem Holzmodelle für Betonabgüsse bauen. Handwerkliches Geschick braucht man auch als Schulhauswart.

Was haben Sie für Hobbys? Was machen Sie in der Freizeit?

Oggenfuss: Meine Hobbys sind Biken, Musik, Sport allgemein, die Familie, das Turnen und die Männerriege Bremgarten.

Was würden Sie als tollstes Erlebnis bezeichnen?

Oggenfuss: Da gibt es mehrere. Meine tollsten Erlebnisse waren der Aufstieg mit der Fussballmanschaft in die 1. Liga, meine Heirat und die Geburt unserer beiden Kinder Jasmin und Patrick.

Regina Herrmann

Zeitungshefter als Strukturhilfe und Grundlage für den Unterricht

Wenn es stimmt, dass nur ein Genie das Chaos beherrscht, kann Chaos nicht die Grundlage eines sinnvollen Unterrichts sein. Denn es werden kaum alle Schülerinnen und Schüler einer Klasse der seltenen Spezies „Genie“ zuzurechnen sein. Aber selbst dem Genie bietet ein Raster die Möglichkeit, sich selbst zu kontrollieren, einzuschätzen, abzuhaken und Ruhe zu finden. Die Führung eines persönlichen Hefters halte ich daher in jedem Fall für angebracht.

Seine Notwendigkeit muss sich im Verlauf des Projekts allerdings auch erweisen, etwa indem auf bestimmte Artikel zurückgegriffen oder ihm nach Abschluss des Projekts für eine neue Unterrichtsreihe Material entnommen wird. Die dreimonatige Arbeit mit der Zeitung sollte nämlich nicht abrupt abbrechen. Sonst könnte bei den Kindern leicht der Eindruck entstehen, die Zeitung sei durchaus verzichtbar. Sinnvoll ist es vielmehr, dass Lehrerinnen und Lehrer vorausschauend Artikel ausschneiden lassen, die zu einem späteren Zeitpunkt des laufenden Schuljahres im Zusammenhang einer anderen Thematik (z. B. Sachkunde oder Mathematik) aufgegriffen werden können.

Zur Verdeutlichung sei ein Beispiel angeführt: Ein Langzeitauftrag an alle Schülerinnen und Schüler lautete: „Schneide Diagramme aus und notiere, welche Inhalte hier grafisch dargestellt werden!“ Drei Wochen nach Projektschluss konnte im Mathematikunterricht auf dieses in den Heftern gesammelte Material zurückgegriffen werden. Unter Heranziehung der Diagramme waren mündliche und schriftliche Übungen zu ganz verschiedenen Aspekten der Diagramme möglich. Ein Arbeitsauftrag, bei dem die Kinder üben konnten, die grafische Darstellung statistischer Sachverhalte zu versprachlichen, lautete: „Wähle ein Diagramm und fasse die Aussagen zu einem Sachtext zusammen!“

Das Deckblatt des Hefters zeigte den Namen der Kinder, den sie aus Zeitungsbuchstaben zusammengesetzt und mit Bildmaterial umrahmt hatten. Es folgte eine Übersicht aller Seitenüberschriften der Tageszeitung, die sich fortlaufend vervollständigte. Daran schloss sich ein Blatt mit allen Themen der Langzeitarbeiten an, auf dem das jeweils eigene Thema markiert war. Schließlich folgten alle gemeinsam bearbeiteten Artikel. Die Eintragungen ins Inhaltsverzeichnis nahmen wir im Unterricht vor, und der jeweilige Artikel wurde in der Regel sofort aufgeklebt und nummeriert. So konnten die Schülerinnen und Schüler vor meiner Kontrolle der Hefter deren Vollständigkeit überprüfen, und das Auffinden von Material für späteres Arbeiten war erleichtert. Persönliche Abweichungen in der Nummerierung akzeptierte ich aber, wenn der Wert des Inhaltsverzeichnisses erfasst und eine eigene Ordnung gefunden wurde.

IZOP-Institut

Fotografien als erster Zugang zur Zeitung

Über Zeitungsfotos sprechen, zu Zeitungsfotos schreiben
Wenn Kinder sich auch nicht spontan zum Lesen der Zeitung angeregt fühlen, so werden sie doch Interesse an den Fotos finden. Ein Arbeitsauftrag könnte lauten: „Blättere die heutige Zeitung durch und achte auf die Fotos! Fällt dir ein Bild besonders auf? Beschreibe es in ein paar Worten und erkläre, warum es dir aufgefallen ist!“

Die Kinder müssen den anderen zunächst Auskunft darüber geben, wo das ausgewählte Foto zu finden ist („im ersten Bündel“, „die Seite auf der oben ‚Vermischtes‘ steht“). Das verschafft einen ersten Einblick in die Gliederung der Zeitung.

Um den anderen zu vermitteln, was das Besondere an diesem Bild ist, muss sich das Kind stärker in das Bild vertiefen, als man es beim ersten Anschauen tut. Es wird auf bestimmte Bildelemente aufmerksam machen, seinen Eindruck von der abgebildeten Situation wiedergeben und Vermutungen über das Ereignis aussprechen, das zu dem Foto Anlass gab. Das führt von selbst zum Lesen der Bildunterschrift oder sogar des dazugehörigen Artikels hin.

Selbstverständlich können die Kinder solche Erklärungen zu Bildern auch schriftlich, etwa als Hausaufgabe, erstellen. Viele Varianten sind möglich. Einige Vorschläge:

- Die Kinder können ein Foto, auf dem eine oder mehrere Personen zu sehen sind, mit Sprechblasen versehen, die dem Bild einen anderen, beispielsweise lustigen Sinn geben.
- In ähnlicher Weise können sie das Bild durch eine selbstverfasste Bildunterschrift umdeuten.
- Bei einem geeigneten Zeitungsfoto wird die Bildunterschrift abgeschnitten. Die Schülerinnen und Schüler erfinden eine Geschichte zum Foto. (Es sollte nicht aus der Zeitung des Tages stammen, damit sie nicht nachsehen können und ihre Geschichte unbeeinflusst vom tatsächlichen Sachverhalt, den das Bild illustriert, schreiben.)
- Dies ist schon recht schwierig: Die Kinder erhalten wiederum ein Zeitungsfoto (auch diesmal nicht aus der Zeitung des Tages) ihre Aufgabe ist es, eine Bildunterschrift zu schreiben, wie sie tatsächlich in der Zeitung stehen könnte. Dazu sind einige Informationen nötig; deshalb sollte der Artikel mitgeliefert werden. Falls es ein langer Zeitungsbeitrag ist, genügt eine gekürzte Fassung, denn der Überschrift und den ersten Sätzen ist in der Regel das Wichtigste zu entnehmen.

Fotos aus der Stadt sammeln, Motive lokalisieren

Mitunter zeigt ein Zeitungsfoto etwas, das alle kennen. Schwierigkeiten ergeben sich aber, wenn das Dargestellte auf dem Stadtplan lokalisiert werden soll. Auch die Frage: „Wie kommt man dahin?“ ist nicht mehr so leicht zu beantworten.

Am Beispiel eines Fotos, auf dem etwas zu sehen ist, das alle kennen (ein bekanntes Gebäude eignet sich hierfür), kann begonnen werden. Die Kinder erhalten den Arbeitauftrag: „Weißt du, wo das ist und wie du dahin kommst? Kannst du es auf dem Stadtplan finden? Was weißt du über dieses Bauwerk?“

Die meisten Stadtansichten werden dagegen Unbekanntes zeigen und den Kindern damit die Möglichkeit bieten, die verschiedensten Gesichter ihrer Stadt kennenzulernen.

An einigen Beispielen kann die Vorgehensweise gemeinsam geübt werden: Das Bildmotiv wird auf dem Stadtplan aufgesucht. Für gewöhnlich ist in Bildunterschrift oder Artikel Straße und Stadtteil genannt. Bei Ansichten, die jede und jeder kennt, wird in der Regel auf die vollständige Angabe verzichtet. Nachdem die Lokalisierung auf dem Stadtplan, etwa mit Hilfe des Straßenregisters, erfolgt ist, wird geklärt, wie man zu Fuß oder mit öffentlichen Verkehrsmitteln dorthin kommt. Meist illustriert ein Foto einen längeren Artikel. Ihm kann Näheres über das dargestellte Motiv entnommen werden. Wenn man anhand geeigneter Beispiele bespricht, dass es sinnvoll sein kann, in einem Stadtführer nachzuschlagen, müssten die Kinder eigentlich dafür gerüstet sein, selbstständig weiterzuarbeiten.

Ein Arbeitsauftrag ließe sich folgendermaßen formulieren: „Sammle Fotos aus der näheren Umgebung! Schreibe dazu, was du über das weißt, was du im Bild siehst. Schreibe auch, wo es ist und wie man dahin kommt. Versuche noch mehr zu erfahren!“

Eine solche Sammlung könnte von allen gemeinsam erstellt werden. Wer eine geeignete Stadtansicht in der Zeitung findet, macht im Unterricht darauf aufmerksam. Das Bild wird ausgeschnitten und auf ein DIN-A4-Blatt geklebt. Die Informationen dazu werden zunächst noch gemeinsam ermittelt und von einer Schülerin oder einem Schüler auf das Blatt geschrieben. Danach übernimmt jedesmal ein anderes Kind das Suchen der Informationen. Bei Interesse können Kinder auch selbstständig solche Blätter anfertigen. Alle Blätter kommen in eine Ordner. Sie können nummeriert werden. Fähnchen oder Klebepunkte mit der entsprechenden Nummer markieren den Ort auf einem im Klassenzimmer hängenden Stadtplan.

Ein so entstandenes „Bilderbuch“ wäre ein schönes Arbeitsergebnis der Projektzeit, auf das die Kinder stolz sein werden, in dem sie immer wieder blättern können und auf das auch im Unterricht immer wieder zurückgegriffen werden kann.

SPIELE

Übungen zur Orientierung in der Zeitung

Kinder erleben die Zeitung zunächst als eine Ansammlung von Text- und Bildbeiträgen, deren Ordnungsprinzipien sie nicht überblicken. So fühlen sie sich bei ihrer ersten Begegnung mit dem Medium meist durch die Fülle der Angebote überfordert. Kenntnisse über die Ordnungsstrukturen der Zeitung ermöglichen ihnen, sich bei der Lektüre zu orientieren und jene Artikel ohne größeren Zeitaufwand zu finden, denen sie Interesse entgegenbringen. Die Unterteilung der Zeitung in Sparten und Rubriken muss den Kindern aber nicht durch theoretische Erläuterungen nahegebracht werden. Kindgerechter ist es, einen spielerischen Ansatz zu wählen, um den anfänglichen Orientierungsschwierigkeiten zu begegnen.

- Wenn man die Kinder Schlagzeilen suchen und die jeweiligen Fundorte notieren lässt, so lernen sie auf eine handlungsorientierte Weise den Aufbau der Projektzeitung kennen.
- Im Rahmen eines Stationenbetriebes können die Kinder ihr Wissen über die Struktur der Zeitung vertiefen. Darüber hinaus machen sie sich mit dem Aufbau von Artikeln vertraut. Auch ein Vergleich der Projektzeitung mit der Boulevardpresse lässt sich in das Stationenlernen einbeziehen.
- Eine Zeitungsrallye, die mit einem Besuch aus der Projektredaktion verbunden werden kann, hilft das im vorangegangenen Unterricht erworbene Wissen zu festigen.

Michaela Matz

SCHLAGZEILENSUCHE

Wie können Grundschulkinder altersgerecht mit dem Aufbau einer Zeitung vertraut gemacht werden? Ich entschied mich, sie auf Schlagzeilensuche zu schicken. Dieses Suchspiel gibt Gelegenheit, auf spielerische Weise die Unterteilung der Tageszeitung in verschiedene Sparten kennenzulernen. Die Kinder erfahren, dass ihnen Kenntnisse über den Aufbau der Projektzeitung die zunächst kaum überschaubare Fülle an Text- und Bildangeboten übersichtlicher machen.

Als Einstieg schrieb ich eine Schlagzeile aus der aktuellen Ausgabe der Tageszeitung an die Tafel. Im Gespräch kamen die Kinder schnell darauf, dass es sich um eine Schlagzeile handelte. Gemeinsam entwickelten wir folgende Begriffsbestimmung: „Eine Schlagzeile ist eine auffallend gestaltete Überschrift zu einem Textbeitrag, die das Leseinteresse weckt."

Anschließend ließ ich die Kinder die an der Tafel stehende Schlagzeile in der Zeitung suchen. Sie sollten die Fundstelle notieren. Ich machte keine Vorgaben, wie die Arbeitsergebnisse festzuhalten waren. Das gab ihnen die Chance, Sparten und Seitenzahlen als Orientierungshilfen selber zu entdecken. Es empfiehlt sich, das Suchspiel in Zweiergruppen durchzuführen, denn die gegenseitige Unterstützung schafft mehr Sicherheit im Umgang mit dem noch fremden Medium.

Nachdem die Kinder die Schlagzeile gefunden hatten, händigte ich ihnen weitere Schlagzeilen aus, die sie suchen sollten. Bei deren Auswahl achtete ich darauf, dass alle wichtigen Sparten der Zeitung vertreten waren.

Im Anschluss an diese Arbeitsphase setzten wir uns in einem Kreis zusammen. Die Paare brachten ihre Notizzettel mit, und in der Mitte lag die Tageszeitung. Ich gab den Kindern zunächst die Möglichkeit, über ihre Erfahrungen zu sprechen, um ihre selbstentwickelten Ideen und Notationsstrategien zu würdigen.

Anschließend suchten wir die Schlagzeilen noch einmal gemeinsam in der Zeitung auf. Dabei stellte ich die Sparten als Ordnungskriterium der Tageszeitung heraus und zeigte, in welche Sparten sich die von uns benutzte Projektzeitung gliedert. Wichtig war es hierbei, keine bloßen Worterklärungen zu geben, sondern deutlich zu machen, welche Art von Informationen in der jeweiligen Sparte zu erwarten ist und dies durch Beispiele zu belegen.

Michaela Matz

Stationenlernen

Beim Stationenlernen stellt man den Kindern Aufgaben, an denen sie selbstständig und in beliebiger Abfolge arbeiten. Das selbstständige Arbeiten kommt verstärkt zur Geltung, wenn sie an den einzelnen Stationen ihre Ergebnisse eigenständig kontrollieren können, indem sie z.B. auf Lösungsblättern in Briefumschlägen nachschauen.

Für die Projektarbeit mit der Zeitung schien mir ein Stationenbetrieb angebracht, der über ein reines Übungslernen hinausgeht. Neben Stationen, die das Wissen über den Aufbau der Tageszeitung vertiefen sollten (Nachrichtenpuzzle, Welche Nachricht gehört zu welcher Überschrift?) konzipierte ich auch Stationen, an denen sich die Kinder kritisch mit Texten auseinander setzen mussten (Wo ist die Schlagzeile geblieben?, <Projektzeitung> und <Boulevardzeitung>).

Die jeweiligen Arbeitsanweisungen hatte ich auf farbiges Tonpapier geklebt, so dass sie wie Tischkarten aufgestellt werden konnten. Die Arbeitsmaterialien (Arbeitsblätter, Zeitungen, Zeitungsausschnitte, Textmarker, Lösungsblätter) lagen bereit. Eine Kennzeichnung der einzelnen Stationen durch Ziffern half bei der Orientierung, und auf einem Laufzettel war der jeweils aktuelle Bearbeitungsstand abzulesen. Die Arbeitsgruppen sollten nicht mehr als drei Kinder umfassen, da ansonsten eine intensive Zusammenarbeit nicht mehr gewährleistet ist. Als Zeitrahmen hatte ich einschließlich der Reflexionsphase ungefähr drei Schulstunden angesetzt.

Im folgenden stelle ich die einzelnen Stationen mit ihrer jeweiligen Aufgabenstellung vor.

Sechsmal in der Woche kommt die <Projektzeitung>
Die Kinder finden heraus, in welche Sparten die Zeitung gegliedert ist.
Aufgabe: Hier siehst du Ausgaben der <Projektzeitung> von Montag bis Samstag. Blättere die einzelnen Ausgaben der Reihe nach durch und finde heraus, welche Seitenüberschriften jeden Tag in der Zeitung vorkommen und welche nur an bestimmten Tagen!
Auf einem Arbeitsblatt sollten die Kinder eine Tabelle ausfüllen, in der sie die gefunden Spartenbezeichnungen eintragen und die Wochentage, an denen sie in der Zeitung zu finden sind, ankreuzen konnten.

Welche Nachricht gehört zu welcher Überschrift?
Die Kinder ordnen bestimmten Spartenüberschriften die entsprechenden Zeitungsartikel zu.
Aufgabe: Lege die einzelnen Spartenüberschriften auf den Tisch! Ordne ihnen die einzelnen Nachrichten zu!

Hier stimmt doch etwas nicht!
Die Kinder suchen formale Fehler auf einer verfremdeten Titelseite.
Aufgabe: Kreuze auf dieser Titelseite an, was dir sonderbar vorkommt! Wenn du fertig bist, vergleiche die „sonderbare“ Titelseite mit der Originalseite in dem Lösungsumschlag!
Auf der Titelseite waren getilgt: Farbleiste, Datum, Preis, Untertitel des Aufmachers, Orte am Beginn zweier Artikel, Hinweis

„Kommentar auf Seite 2“; ein Artikel war in falscher Schrift und Schriftgröße nachgesetzt, aber an der richtigen Stelle eingefügt.

Wo ist die Schlagzeile geblieben?
Die Kinder formulieren eine Schlagzeile für einen vorgegebenen Zeitungsartikel.
Aufgabe a: Hier siehst du zwei Nachrichten, denen die Schlagzeile fehlt. Wähle einen Text aus und formuliere selbst eine Schlagzeile für die Nachricht!
Du findest die Nachricht in der hier liegenden Ausgabe der <Projektzeitung>. Vergleiche deine Schlagzeile mit der Originalschlagzeile!
Aufgabe b: Kannst du dir jetzt denken, warum die Schlagzeile Schlagzeile heißt und was sie bei Zeitungsleserinnen und Zeitungslesern bewirken soll? Schreibe deine Vermutung auf!
Aufgabe c: Schau dir die Nachricht gut an! Einige dieser Nachrichten haben zusätzlich zur Schlagzeile noch einen Untertitel. Warum? Schreibe deine Vermutung auf!

Nachrichtenpuzzle
Die Kinder setzen Nachrichtenteile zu einer sinnvollen Zeitungsnachricht zusammen.
Aufgabe: Hier siehst du viele Teile von Zeitungsnachrichten. Nur bestimmte von ihnen lassen sich zu einer sinnvollen Nachricht zusammensetzen – und genau das ist deine Aufgabe.
Die gesuchte Nachricht besteht aus:
- Schlagzeile
- Untertitel
- Haupttext
- Bild

<Projektzeitung> und <Boulevardzeitung>
Die Kinder vergleichen die Titelseiten der beiden Zeitungen vom gleichen Tag.
Aufgabe: Hier siehst du die Titelseite der <Projektzeitung> und die Titelseite der <Boulevardzeitung> vom selben Tag. Vergleiche diese beiden Seiten miteinander! Was fällt dir auf? Schreibe deine Beobachtungen auf!

Forscheraufträge für Zeitungsexperten
Die Kinder finden heraus, welchen Umfang die verschiedenen Sparten an verschiedenen Tagen haben.
Aufgabe a: Schau dir den Sportteil am Montag an und vergleiche ihn mit dem Sportteil an einem anderen Wochentag! Was stellst du fest? Schreibe es auf und notiere eine Erklärung!
Aufgabe b: Schau dir die Zeitung von Samstag genauer an! Warum ist sie gerade an diesem Tag und nicht an einem anderen Tag der Woche so dick? Schreibe deine Erklärung auf!
Im Anschluss an das Stationenlernen fanden wir uns in einem Sitzkreis zusammen. Zunächst gab ich den Kindern Gelegenheit, die Erfahrungen zu äußern, die sie beim Stationenbetrieb gemacht hatten. Das Gespräch über die einzelnen Stationen ließ sich gut strukturieren, indem jeweils das entsprechende Stationenkärtchen in die Mitte des Kreises gelegt wurde.

Im Mittelpunkt der Reflexion standen vor allem diejenigen Stationen, bei denen keine Selbstkontrolle möglich war (Wo ist die Schlagzeile geblieben?, <Projektzeitung> und <Boulevardzeitung>, Forscheraufträge für Zeitungsexperten). Diese Arbeitsaufträge warfen die meisten Fragen auf.

Michaela Matz

Zeitungsrallye

Zum Abschluss unserer Beschäftigung mit der Zeitung veranstalteten wir eine Zeitungsrallye, bei der die Kinder das im bisherigen Unterrichtsverlauf erworbene Wissen anwenden konnten. Die Rallye bestand aus 12 Aufgaben, die Knobelcharakter hatten und einfach Spaß machen sollten. Unsere abschließende Doppelstunde war mit einem Besuch der Projektredakteure verbunden. Sie konnten den Kindern nicht nur Tipps bei der Lösung der Aufgaben geben, sondern auch nach der Rallye in einer Gesprächsrunde Frage und Antwort stehen.

Nachdem die Zeitungsleute sich kurz vorgestellt hatten, bildeten wir Zweiergruppen. Die Aufgaben lagen durchnummeriert in zwölf Ablagekörben, die ich auf der Fensterbank platziert hatte. Erst nachdem eine Aufgabe gemeinsam gelöst war, durften sich die Gruppen die nächste vornehmen. Auf diese Weise waren die Kinder immer nur mit einer Fragestellung konfrontiert und konnten sich ganz auf sie konzentrieren. Ich wollte verhindern, dass sie, um schneller fertig zu werden, Aufgabenteilung betreiben, denn sie sollten wirklich zusammenarbeiten. Zum Schluss sammelte ich die Arbeitsergebnisse ein und wertete sie aus. Die Bekanntgabe der Ergebnisse gestaltete ich in Form einer kleinen Siegerehrung.

Im Weiteren werden die einzelnen Aufgaben, die ich bei der von mir veranstaltete Rallye verwendet habe, kurz vorgestellt:

Aufgabe 1: Suche die Schlagzeile „...“ in der Zeitung! Unter welcher Sparte steht sie? Formuliere eine Quizfrage zu dem Artikel!
Aufgabe 2: Auf acht Striche hatte ich jeweils einen Spartennamen (z.B. Sport) aus der Projektzeitung geschrieben. Die Kinder sollten die genannten Sparten nach der Reihenfolge nummerieren, in der sie in der Zeitung zu finden sind.
Aufgabe 3: Ich schrieb eine Schlagzeile so auf, dass die einzelnen Wörter rückwärts gelesen werden mussten. Da dies ansonsten zu einfach zu erkennen gewesen wäre, verwendete ich Großbuchstaben (MI LLATLEW DNIS HCON ENRETS IERF heißt: Im Weltall sind noch Sterne frei). Schwieriger wird diese Aufgabe, wenn die Reihenfolge der einzelnen Wörter zusätzlich vertauscht wird. Die Kinder sollten herausfinden, wie die Schlagzeile wirklich lautet und wo sie in der Zeitung zu finden ist.
Aufgabe 4: An der Tafel standen die Namen der beiden Projektredakteure. Die Kinder sollten herausfinden, wer von ihnen für die aktuelle Ausgabe einen Artikel geschrieben hatte.
Aufgabe 5: Ich schrieb den Anfang eines Werbespruchs aus der Zeitung auf ein Blatt. Die Kinder sollten ihn vervollständigen und folgende Frage beantworten: Wie viele Nomen kommen in der Anzeige vor?
Aufgabe 6: Ich formulierte eine Frage zu einem Artikel aus der Zeitung, die die Kinder beantworten mussten.
Aufgabe 7: Um wieviel Uhr geht heute die Sonne unter? Um wieviel Uhr geht heute der Mond auf?
Aufgabe 8: Ich schrieb auf ein Blatt den Namen der Tageszeitung. Die Kinder sollten alle Wörter herausfinden, die in dem Namen der Tageszeitung stecken, wobei die Buchstaben in ihrer Reihenfolge nicht vertauscht werden durften.

Aufgabe 9: Wie heißt der Fortsetzungsroman in der Tageszeitung? Falls es in der Projektzeitung keinen Fortsetzungsroman gibt, kann man auch nach einer anderen regelmäßigen Einrichtung der Zeitung fragen (z.B. Comic-Reihe).
Aufgabe 10: Auf einer Seite der Tageszeitung findest du das Impressum. Es informiert dich über die Mitarbeiterinnen und Mitarbeiter und den Herausgeber der Zeitung. Im Impressum findest du auch die Telefonnummer, unter der die Anzeigen aufgenommen werden. Nenne diese Telefonnummer!
Aufgabe 11: Wieviel hätten die Zeitungen in der Zeit vom ... bis zum ... gekostet, wenn du sie jeden Tag selber gekauft hättest? Beachte dabei, dass die Zeitungen für Samstag/Sonntag mehr kosten als die Zeitungen von Montag bis Freitag!
Aufgabe 12: Zerschneide Schlagzeilen und setze sie zu einer witzigen Schlagzeile zusammen!

Lehrerin als Hunde-Leckerbissen

Vierbeiner werden acht Wochen lang ausgebildet

Die Klasse 4 b von der Grundschule Thesdorf verfasste den folgenden Bericht über einen Besuch bei der Polizeihundestaffel Eutin.

„Welche eurer Lehrerinnen soll gebissen werden?" Die Frage von Sören Lott, einem Ausbilder der Polizeihundestaffel in Eutin, löst schallendes Gelächter aus. Beide! Oder vielleicht doch nur eine? Bevor alle den Ernst der Frage erkannt haben, ist die Wahl auf die Deutschlehrerin gefallen. Plötzlich stürmt ein belgischer Schäferhund auf sie zu. Auch das angstverzerrte Gesicht unserer Lehrerin hält den Hund nicht auf. Ratsch, die säbelartigen Zähne des Polizeihundes Jago versenken sich tief im Arm unserer Deutschlehrerin. Jago zerrt auf der einen, Herr Lott auf der anderen Seite. Ansonsten hätte der kräftige Hund Frau Korte umgerissen. Der Aus-Ruf des Diensthundebesitzers beendet den Kampf

„Puh!", bis auf zwei blaue Flecken Vorstellung lebend überstanden. Die rettende Ursache ist eine dicke und schwere Schutzjacke gewesen, die die Lehrerin anziehen durfte und die Jago anschließend als Belohnung zum Spielen bekommt. Jago ist einer von zehn Diensthunden, die zurzeit zusammen mit ihren Führern in Eutin acht Wochen lang ausgebildet werden. Aber auch Bonzo, Enzo, Pecko, Oskar, Klipp, Bodi, Raski, Bred und Tigur eignen sich auf Grund ihrer Ausdauer, Schnelligkeit und Stärke als Schutzhunde.

Bevor sie ausgewählt werden, müssen die Hunde zum Arzt. Dort werden zum Beispiel Augen, Ohren, Pfoten, Hüfte, Wirbelsäule und Zähne überprüft. Immerhin wird für einen geeigneten Polizeihund 2000 bis 3000 Mark gezahlt. Geeignet sind die Hunde nur, wenn sie zusätzlich selbstbewusst, schussfest (angstfrei bei einem Schuss) und umweltsicher (Standfestigkeit auf jeder Bodenart) sind sowie einen ausgeprägten Spieltrieb besitzen und ein gutes Wesen haben. Einige Hunde, bei denen Spieltrieb und Ausdauer besonders ausgeprägt sind, werden später weiter als Rauschgift-, Sprengstoff-, Leichen- und Fährtenhunde ausgebildet.

Welcher Hund aber kann alle diese Kriterien erfüllen? Es gibt tatsächlich nur neun Gebrauchshunderassen, die in Frage kommen. Der Rottweiler scheidet allerdings aus, weil er zu aggressiv und im Sommer mit seinen 50 bis 70 Kilo zu träge ist. Bleiben also noch Riesenschnauzer, Dobermann, Boxer, Airedale-Terrier, Bouvier, Hovawart, Belgischer und besonders der Deutsche Schäferhund übrig.

Der Diensthundeführer darf sich seinen Hund nicht selbst aussuchen. Obwohl der Hund mit in seiner Familie lebt, bekommt er ihn zugeteilt und ist von da an für ihm verantwortlich. Insgesamt gibt es in Schleswig-Holstein 140 solcher Diensthunde.

Tägliche Zeitungslektüre im Unterricht

Die Zeitung kann Schülerinnen und Schülern nur nahegebracht werden, wenn die Kinder selbst Gelegenheit erhalten, über einen längeren Zeitraum regelmäßig in der Zeitung zu lesen. Sie sollten zumindest ansatzweise lernen, das Medium täglich als Informationsquelle, aber auch zu ihrer Unterhaltung zu nutzen.

- Freiräume für eine an den eigenen Vorlieben orientierte Lektüre ermöglicht den Kindern zunächst einmal, die rein manuelle Handhabung der für sie großen Zeitung zu üben. Sie steigern aber vor allem mit der Lesemotivation die Lesefähigkeit. Die lesefreudigen Kinder wirken hierbei mit der Zeit auf die anderen ansteckend. Erst wenn die Kinder wissen, dass es weder sinnvoll noch nötig ist, die Zeitung vollständig zu studieren, können sie die Technik des selektiven Lesens erlernen.
- Die Kinder sollten jedoch die Möglichkeit haben, ihre Leseerlebnisse zu verbalisieren. Daher empfiehlt es sich, beim Schmökern zumindest einen Pflichtartikel festzulegen, der gemeinsam besprochen wird. Ihr Textverständnis können die Kinder aber auch anhand von Arbeitsblättern unter Beweis stellen. Wichtig ist es in jedem Fall, die Interessen und den Entwicklungsstand der Schülerinnen und Schüler zu berücksichtigen. Ein regelmäßig veranstaltetes Quiz ist ein spielerischer Anlass, kontinuierlich in der Zeitung zu lesen. Erfolgserlebnisse ermutigen zu einem täglichen Umgang mit dem Medium.

Nicole Mikolajczak

Schmökerstunde – Ein Element des Projekts

Zeitunglesen lernt man, indem man Zeitung liest. Gemäß dieser Überzeugung habe ich der Schmökerstunde, in der die Schülerinnen und Schüler sich selbstverantwortlich mit der Zeitung beschäftigen durften, eine hohen Stellenwert eingeräumt.

Während des Projektverlaufs erhielten die Kinder jeden Tag die Möglichkeit, ungefähr 20 Minuten in ihrer Zeitung zu lesen. Dies konnte am normalen Arbeitsplatz oder auf einer Decke, auf Teppichfliesen am Boden oder im Flurgang an Arbeitstischen geschehen. Jedes Kind durfte sich seinen eigenen Lieblingsplatz aussuchen.

Es stand jeweils ein von mir ausgewählter Artikel im Vordergrund, der verbindlich für alle zu lesen war. Bei meiner Auswahl war ich bemüht, Artikel zu finden, deren Themen für Kinder interessant und ansprechend waren. Auch ihr Umfang und ihre inhaltliche Komplexität sollte dem Entwicklungsstand der Kinder entsprechen. Der jeweilige Zeitungsausschnitt wurde an eine Litfaßsäule geklebt, die wir im Vorfeld des Projekts gebastelt hatten. Alle durften Meinungen oder Kommentare zum entsprechenden Artikel auf einen Zettel schreiben und anonym an die Litfaßsäule heften. Über seinen Inhalt und die veröffentlichten Meinungen sprachen wir am Ende der Schmökerstunde. Dabei kam es gelegentlich zu lebhaften Diskussionen.

Darüber hinaus sollten sich die Kinder während der Schmökerstunde selbstständig und kontinuierlich mit ihren Langzeitarbeiten beschäftigen.

Was konnten die Kinder in der Schmökerstunde lernen?

Zunächst dürfen die rein technischen Aspekte des Zeitunglesens nicht übersehen werden, da die Handhabung einer Tageszeitung für Grundschulkinder schwierig und erst durch Übung zu erlernen ist. Eigene Lesepositionen müssen gefunden werden. Daher ist es wenig sinnvoll, feste Vorgaben zu machen. Vielmehr empfiehlt es sich, den Kindern Raum zum Ausprobieren zu geben, damit sie zu eigenen Lösungen kommen können.

So saßen einige zu Beginn des Projekts auf dem Boden, wo ihnen Decken zur Verfügung standen, wahrscheinlich, weil ein hoher Aufforderungscharakter von den Decken ausging und solche Sitzweise im normalen Unterricht nicht erlaubt ist. Doch nach ein paar Tagen empfanden sie diese Leseposition als unbequem und setzten sich wieder zurück an die Arbeitstische. Andere saßen während des gesamten Projekts zu den Lesezeiten im Schneidersitz auf den Decken, immer am gleichen Platz, und konnten nur so die Zeitung lesen. Ein Schüler suchte lange nach seiner individuellen Leseposition, jeden Tag wurde sie variiert. Nach zwei Wochen schließlich fand er sie im Flurgang vor dem Fenster sitzend.

Wichtiger ist jedoch, dass die Schülerinnen und Schüler in der Schmökerstunde üben, die für sie zunächst unübersichtlichen und vielfältigen Angebote der Zeitung sinnvoll und nach eigenen Kriterien zu nutzen.

Während der Schmökerzeiten zu Projektbeginn hatten einige Kinder Probleme bei der Auswahl der Artikel, die sie lesen wollten. Sie fühlten sich durch die Textfülle überfordert, da es unmöglich war, die gesamte Zeitung zu lesen. Im Klassenverband wurde diese Schwierigkeit thematisiert. Wir stellten heraus, dass Zeitungsleserinnen und -leser selektiv lesen, d.h. die Schlagzeilen überfliegen und nur die Beiträge intensiv zur Kenntnis nehmen, die sie wirklich interessieren oder in denen sie Informationen vermuten, die für sie von Bedeutung sind. Somit gehen alle mit anderen Erwartungen und Interessen an die Zeitung heran.

Erst nachdem wir das selektive Lesen im Unterricht thematisiert hatten, waren die Kinder beruhigt. Sie wussten nun, dass nicht alle Artikel gelesen werden müssen. Vor diesem Hintergrund konnten sie die Technik des selektiven Lesens täglich üben und damit wichtige Fortschritte in ihrem Leseverhalten machen. Alle Kinder haben so gelernt, die Zeitung mit Blick auf ihre spezifischen Interessen besser für sich zu nutzen. Sie konnten darüber hinaus im Rahmen der Langzeitarbeiten neue Interessen für sich erschließen. So liest eine leistungsschwache Schülerin mittlerweile gern den Lokalteil, obwohl sie ihn zu Beginn des Projekts gemieden hatte.

Dadurch, dass den Kindern Freiraum gegeben wurde, neben dem Pflichtartikel auch die Artikel zu lesen, die ihren Interessen entsprachen, verbesserte sich ihre Lesemotivation und -fähigkeit deutlich. Damit ging eine Förderung des Textverständnisses einher.

Die tägliche Lektüre fand ihren Niederschlag aber auch in der mündlichen Ausdrucksfähigkeit. Die Erweiterung der Sprachkompetenz wurde mir besonders während der Arbeit an eigenen Artikeln deutlich. Die Kinder benutzten Wendungen wie „zur Diskussion stellen“, „von BSE-kranken Rindern übertragen“, „Meldung verfolgt", ganz natürlich. Schnell orientierten sie sich an der Zeitungssprache und erweiterten so ihren Wortschatz. Wenn beim Nachschlagen im Duden und in anderen Wörterbüchern die Bedeutung eines neuen Wortes herausgefunden werden konnte, wurde es besonders gerne im Gespräch mit anderen verwendet. So profitierten die übrigen Kinder von den jeweiligen Entdeckungen.

Auch bei der Arbeit mit der Litfaßsäule konnte ich eine Entwicklung der Ausdrucksfähigkeit beobachten. Zunächst waren die verschriftlichten Kommentare sehr einfach strukturiert. Meist beschränkten sie sich auf „das finde ich gut" oder „das ist doof". Im Rahmen des Gesprächskreises zum Abschluss der Schmökerstunde kam es nach einigen Tagen zu ersten Unmutsäußerungen. Eine Schülerin beschwerte sich, dass immer nur das gleiche geschrieben und die Meinungen nicht begründet würden. In der Diskussion sahen alle Schülerinnen und Schüler ein, dass ein wesentliches Merkmal von kritischen Meinungsäußerungen deren Begründung ist. Sie nahmen sich vor, daran zu arbeiten. Bereits am nächsten Tag konnte eine Verbesserung beobachtet werden. Dies wurde im anschließenden Gespräch auch von mehreren Kindern positiv angemerkt.

Regina Herrmann

Blättern und Stöbern – Die Strukturierung des freien Lesens

Die Zeitung ist für Grundschulkinder ein ungewohnt umfangreiches und, im wörtlichen wie übertragenen Sinn, vielseitiges Lesematerial. Bei der Arbeit mit der Zeitung in der Grundschule sind Lehrerinnen und Lehrer besonders gefordert, altersspezifische Inhalte zu wählen, die nach ihrer Erfahrung die Leselust der Kinder anregen und fördern können. Mit den verschiedenen Interessen innerhalb der Klasse ist allerdings schon eine thematische Bandbreite gegeben, die bewusst für das gegenseitige Kennenlernen und das Respektieren der Mitschülerinnen und -schüler genutzt werden sollte.

Die einfachste Art, tägliches Zeitunglesen in den Unterricht zu integrieren, wäre zu sagen: „So, ihr habt jetzt 15 Minuten Zeit zum Lesen." Was passiert? Schülerinnen und Schüler, die beispielsweise ein ausgeprägtes Interesse für Sport haben, schlagen sofort die Sportseite auf. Diejenigen, die ziellos blättern, vertiefen sich selten, schauen meist Bilder an. Was wurde erreicht? Einige Kinder sind zufrieden, sie sind auf dem aktuellen Stand und stolz. Die anderen haben die Lesezeit hinter sich gebracht, und der reguläre Unterricht kann weitergehen. Mittel- und langfristig aber wirken die Lesefreudigen als Vorbild. Auch die anderen werden im Laufe der Zeit Zutrauen gewinnen, bei einem Bild zu verweilen und den dazugehörigen Text zu lesen. Schwierig ist es jedoch, nach diesem vollständig freien Lesen ein sinnvolles Unterrichtsgespräch zu führen. Vieles von dem, was die Kinder gelesen haben, müsste unausgesprochen bleiben, und dies kann gerade anfangs entmutigen.

Eine andere Variante, ich habe sie „Alle können Stopp sagen!" getauft, verfährt folgendermaßen: Gemeinsam wird Seite für Seite aufgeschlagen, und wenn jemand einen Leseanlass gefunden hat, darf er oder sie darauf aufmerksam machen und das Weiterblättern stoppen. Je nach Lesefertigkeit, Inhalt und Umfang übernimmt das jeweilige Kind oder die Lehrperson das Vorlesen oder alle überfliegen leise den Text. Danach werden sachbezogene Äußerungen sofort möglich, und es kann zum nächsten Stopp übergegangen werden.

Eine weitere Möglichkeit besteht darin, Texte im Vorfeld zu wählen, Fragen zu entwickeln und die Schülerinnen und Schüler zunehmend selbstständig arbeiten zu lassen. Auch hier sind Thema, Angemessenheit und Umfang der Texte von entscheidender Bedeutung. Lehrerinnen und Lehrer haben genügend Zeit zur Vorbereitung, wenn sie Artikel aus der Wochenendzeitung wählen, die den Schülerinnen und Schülern am Montag zur Verfügung steht.

Bei ersten Übungen halte ich es für angebracht, von sehr kurzen Texten mit mündlichen Fragen und Antworten auszugehen. Die Kinder sollen den Text in ihren Zeitungen suchen. Er wird gemeinsam laut oder leise gelesen, und direkt anschließend stellt die Lehrerin oder der Lehrer einige Fragen.

Die späteren Leseanlässe können mit schriftlichen, aber gemeinsam gelesenen Aufgabenstellungen verbunden sein. Man lässt die Kinder einen Artikel in ihrer Zeitung suchen, ausschneiden und aufkleben. Fragen dazu werden an der Tafel oder auf einer Folie präsentiert. Sie lesen den Text und markieren anschließend mit Textmarkern in selbstständiger Arbeit die gesuchten Antworten. Sie werden dann in der Klasse besprochen.

Eine weitere Möglichkeit besteht darin, Arbeitsblätter einzusetzen. Diesen entnehmen die Schülerinnen und Schüler jeweils die Überschrift des zu bearbeitenden Artikels sowie die dazugehörigen Fragen. Nun müssen sie durch eigene schriftliche Darlegungen unter Beweis stellen, dass sie den Sinn des Textes erfasst haben. Als Zwischenschritt, vor der schriftlichen Beantwortung der Fragen, können die betreffenden Stellen in dem Artikel wiederum markiert werden.

Die Arbeitsschritte sind den Schülerinnen und Schülern zu diesem Zeitpunkt bereits bekannt, können aber noch einmal als „Fahrplan" an der Tafel zur Verfügung gestellt werden:

1. Artikel suchen
2. Artikel ausschneiden
3. Fragen lesen
4. Text lesen
5. Antworten markieren
6. Antworten schreiben

Mit dieser Vorgehensweise habe ich sowohl im dritten als auch im vierten Schuljahr gute Erfahrungen gemacht.

Franzi
Name

Seite 6 Gesundheitsminister wollen Alkoholwerbung eingrenzen

- Wie viele Bundesländer gibt es? 16
- Wo trafen sich am vergangenen Freitag die Gesundheitsminister dieser Länder?
  Saarbrücken
- Wie viel Millionen Deutscher sind zur Zeit nach deren Meinung alkoholabhängig?
  2,5 Millionen
- Ist die Zahl der Alkoholabhängigen höher als die der Drogenabhängigen? Ja
- Was hältst du persönlich von einer Einschränkung der Alkoholwerbung?
  Ich finde es gut, weil man soll doch nicht für Sachen Werbung machen, die schädlich sind für uns.

Seite 19 Brandenburg zahlt 31 Millionen

- Wie viel Brandenburger Schüler lernen mehr in Berlin, als Berliner im Nachbarland? (Aufgabe und Lösung)!

  5676
  − 1617
  4059

- Wie viel Geld zahlt Brandenburg dafür 1998 10.000 000 DM
  1999 7.000 000 DM
  2000 7.000 000 DM
  2001 7.000 000 DM
- Berlin verlangte eingangs mehr, war dann aber doch einverstanden. Das lag an einem Rechenfehler.
  Wie hoch waren die geplanten Bewirtungskosten im SEZ? 450 000 DM
  Wie hoch waren die tatsächlichen Kosten? 4.500 000 DM
  Wie viel Geld nahm der Senat folglich mehr ein? 4.050 000 DM

Seite 24 Das CHI-Fohlen heißt Lusanta

- Wer gab dem Fohlen seinen Namen? Anna Glodde
- Wo finden die Taufe und Versteigerung von Lusanta statt? Velodrom
- Welche Namen waren noch im Gespräch? Lady Diana, Lady Di, Lilly, Lollipop

Michaela Matz

Tagesquiz. Ein Anreiz zur täglichen Zeitungslektüre

Eine Möglichkeit, den Kindern die kontinuierliche Zeitungslektüre schmackhaft zu machen, besteht darin, ein Tagesquiz zu veranstalten. Diese feste Einrichtung gibt ihnen einen spielerischen Anlass, regelmäßig in die Zeitung zu schauen. Routine im Umgang mit dem Medium stellt sich dabei wie von selbst ein, und Erfolgserlebnisse tragen dazu bei, dass die Kinder Zeitunglesen mit positiven emotionalen Erfahrungen verbinden.

Beim Tagesquiz werden eine oder mehrere Fragen zu einem Artikel in der aktuellen Ausgabe der Tageszeitung gestellt, z.B.:
1) Wo wurden Nymphensittiche aus einer Erftstädter Zucht zu den schönsten der Welt gekürt?
2) Ein sehr alter Mann aus Schottland erhielt einen Herzschrittmacher. Frage a: Wie alt ist dieser Schotte? Frage b: Wie erklärt er, dass er so alt geworden ist?

Die Fragen können an der Tafel notiert werden. Die Aufgabe der Kinder besteht darin, den entsprechenden Artikel in der Tageszeitung zu finden, ihn zu lesen und anschließend die Antwort auf einen Zettel zu schreiben. Den Zettel werfen sie in einen Briefkasten, der in der Klasse hängt. Am nächsten Tag können die Gewinner und Gewinnerinnen – beispielsweise durch einen Aushang – bekannt gegeben werden. Je nach Leistungsstärke der Klasse ist es sinnvoll, die Beantwortung der Frage(n) auch in Zweiergruppen durchführen zu lassen.

Die Quizaufgaben sollten so formuliert sein, dass die Schlagzeile nicht genannt wird. Besser ist es, in der Fragestellung einen Hinweis auf die Sparte zu geben, in welcher der betreffende Artikel abgedruckt ist. So enthielt die Ortsangabe „Erftstadt“, Beispiel 1, einen Fingerzeig, dass unter der Sparte „Erftkreis“ nachzuschlagen war. Aber auch die Thematik signalisiert in den meisten Fällen, wo gesucht werden muss. Nachrichten aus aller Welt wie Beispiel 2 gehörten in unserer Projektzeitung in die Sparte „Panorama“.

Im Laufe der Zeit kann der Schwierigkeitsgrad der Fragen gesteigert werden. Damit die Kinder anfänglich schnell zum Erfolg kommen, sollte die Antwort zunächst bereits nach der Lektüre des Artikelanfangs ersichtlich sein. Später ist es möglich, längere und komplexere Artikel auszuwählen. Die Thematik muss allerdings für die gesamte Klasse verständlich und möglichst interessant sein.

Um einen routinierten Umgang mit der Zeitung zu fördern, empfiehlt es sich, das Tagesquiz mindestens dreimal in der Woche durchzuführen. Es hat sich bewährt, einen Zeitpunkt vorzugeben, bis zu dem die Antwortzettel in den Briefkasten eingeworfen werden müssen. Ich habe ihn immer nach der zweiten großen Pause geleert. So war es den Kindern möglich, die Quizfragen auch noch zwischendurch, in Freiarbeitsphasen oder in der Pause, zu beantworten.

Eine anspruchsvollere Variante des Tagesquiz besteht darin, die Kinder selber Quizfragen formulieren zu lassen. Die Fragen werden anschließend unter ihnen ausgetauscht (gezogen) und beantwortet.

Zu viel Schrott kreist durch das All

Zunahme des Mülls erhöht die Gefahr teurer Kollisionen – Über 8000 Objekte schweben im Weltraum

Darmstadt – Experten aus Westeuropa, Rußland, Japan und den USA haben eine systematische Bekämpfung des Weltraummülls gefordert. „Wir sollten bedenken, daß der erdnahe Weltraum groß, aber nicht unendlich ist", sagte der Direktor des Europäischen Raumfahrtzentrums Esoc, Garcia Castaner, am Montag auf der zweiten internationalen Konferenz über Weltraummüll in Darmstadt. Inzwischen kreisten mehr als 8000 Objekte von Menschenhand im Orbit, doch nur rund fünf Prozent seien funktionierende Satelliten.

Castaner erinnerte daran, daß es am 24. Juli vergangenen Jahres erstmals einen Zusammenstoß zwischen einem Raumfahrzeug und einem im All schwebenden Trümmerteil gab. Wie George Levin von der amerikanischen Raumfahrtbehörde Nasa berichtete, streben amerikanische Stellen eine internationale Kooperation bei der Beobachtung der gefährlichen Trümmer an.

Nach Angaben der europäischen Weltraumbehörde Esa gibt es im erdnahen Raum rund 8500 Objekte, die mindestens so groß sind wie ein Tennisball – manche aber auch so groß wie ein Reisebus. Die Zahl noch kleinerer Trümmerteile werde aufgrund von Computersimulationen inzwischen auf mindestens 50 000 geschätzt. Doch auch kleine Objekte könnten großen Schaden anrichten. Bei einer Umlaufgeschwindigkeit von durchschnittlich 28 800 Stundenkilometern sei ein Fragment von nur einem Zentimeter Größe problemlos in der Lage, einen 100 Millionen Dollar teuren Satelliten zu zerstören. „Trotz aller Maßnahmen zur Verringerung wächst die Menge des Weltraummülls", sagte Walter Flury von der Esa. Die Wahrscheinlichkeit eines teuren Zusammenstoßes wachse. Von 1997 bis 1999 sollen nahezu 300 neue Satelliten in den erdnahen Weltraum geschossen werden.

Eine systematische Säuberung des Weltraums von den Abfällen der Raumfahrt wird von den europäischen Experten als unrealistisch eingeschätzt. Zumindest die ungebremste Zunahme des Mülls aber müsse gestoppt werden. Nach Einschätzung der Europäischen Weltraumbehörde sind verschiedene Maßnahmen möglich, um die Raumfahrt in Zukunft vor katastrophalen Zusammenstößen zu schützen. Denkbar wäre etwa die Einrichtung eines „Weltraumfriedhofes" in 36 000 Kilometern Höhe, oder aber die Zerstörung von Trümmerteilen durch Laserbeschuß. (ap, dpa)

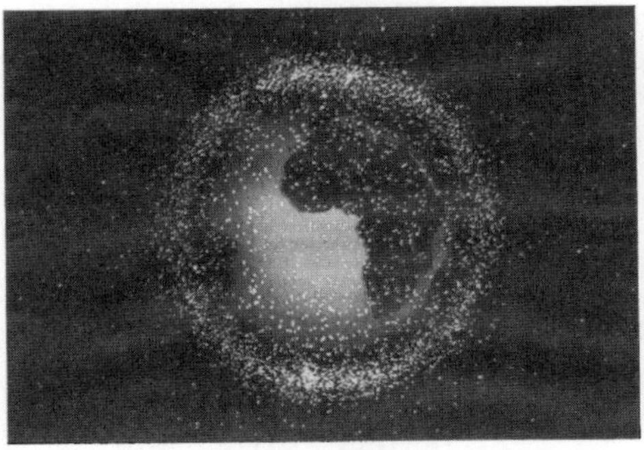

Wie ein Mückenschwarm, der die Erde umschwirrt: Diese Computersimulation der Esa stellt den dichten Ring aus intakten Satelliten und Weltraumschrott dar, der die Weltkugel derzeit umgibt. Die meisten Objekte befinden sich auf einer geostationären Umlaufbahn in 36 000 Kilometern Höhe. (Bild: dpa)

Nicht nur auf der Erde sammelt sich immer mehr Müll an, sondern auch im Weltraum!!!!

Wie heißt die Schlagzeile des Artikels, der sich mit dem Thema Weltraummüll befasst? Zu viel Schrott kreist durch das All

Wieviele Objekte kreisen etwa im Orbit? mehr als 8000 Objekte

Warum ist es gefährlich, wenn Objekte im Orbit kreisen? Raumfahrzeuge können mit diesem Müll zusammenstoßen.

Wieviele Objekte kreisen etwa im erdnahen Raum? 8500 Objekte

Welche Größe haben sie? mindestens so groß wie ein Tennisball manche aber auch wie ein(e) Reisebus

Was will man machen, um die Raumfahrt vor "katastrophalen Zusammenstoßen" zu schützen? Laserbeschuß einen Weltraumfriedhof in 36000 Kilometern Höhe

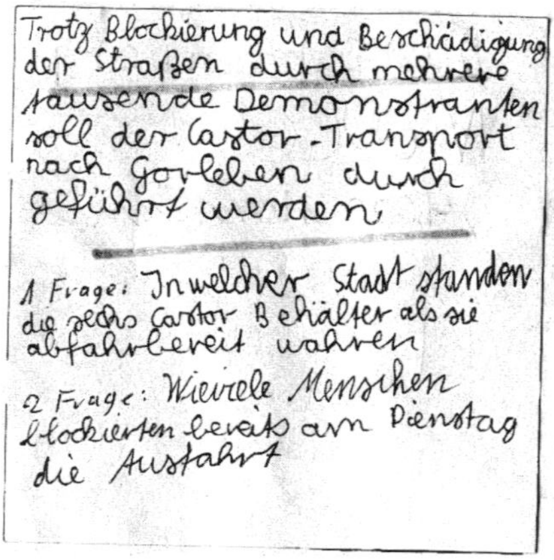

Trotz Blockierung und Beschädigung der Straßen durch mehrere tausende Demonstranten soll der Castor-Transport nach Gorleben durch geführt werden.

1 Frage: In welcher Stadt standen die sechs Castor Behälter als sie abfahrbereit wahren

2 Frage: Wieviele Menschen blockierten bereits am Dienstag die Ausfahrt

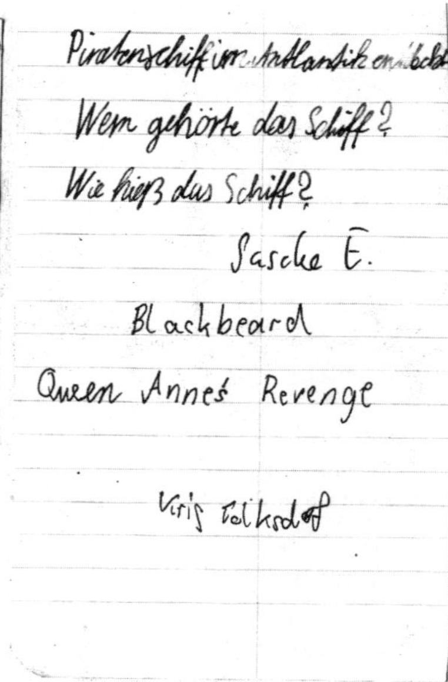

Piratenschiff im Atlantik entdeckt

Wem gehörte das Schiff?

Wie hieß das Schiff?

Sascha E.

Blackbeard

Queen Annes Revenge

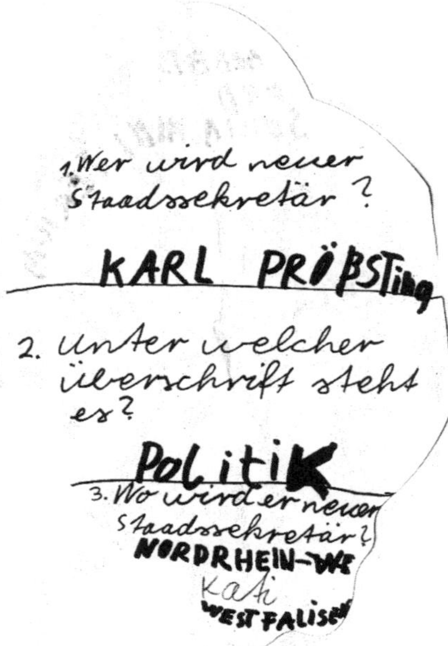

1. Wer wird neuer Staadssekretär?

KARL PRÖBSTING

2. Unter welcher überschrift steht es?

POLITIK

3. Wo wird er neuer Staadssekretär?

NORDRHEIN-WESTFALISEN

Kati

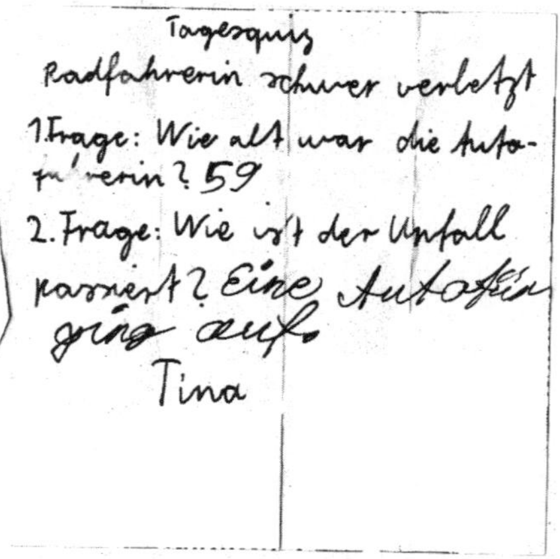

Tagesquiz

Radfahrerin schwer verletzt

1. Frage: Wie alt war die Autofahrerin? 59

2. Frage: Wie ist der Unfall passiert? Eine Autotür ging auf.

Tina

Zeitung als Lernmedium für die verschiedenen Unterrichtsbereiche

Die Zeitung ist als Lernmedium für die verschiedenen Unterrichtsbereiche geeignet. Ob in Deutsch, Mathematik, im Sach- oder Kunstunterricht: die Sorge, dass während des Projektunterrichts mit der Zeitung Lehrplanstoff „verpasst" wird, ist unbegründet.

- Das Printmedium bietet die Möglichkeit, den Lehrplanstoff lebensnah zu vermitteln. Die aktuelle Umgebung der Kinder kann in den einzelnen Fächern zum Ausgangspunkt genommen werden, um trockenes Lernen zu einem handlungsorientierten Kontakt mit der eigenen Lebenswirklichkeit zu machen.
- Auch eine fächerübergreifende Wochenplanarbeit muss während des Projektunterrichts nicht unterbrochen werden. Auf der Grundlage des Ausgangsmaterials „Zeitung" können vielfältige Wochenplan-Aufgaben für die verschiedenen Lernbereiche entwickelt werden.
- Es ist aber auch möglich, den fächerübergreifenden Unterricht mit der Zeitung anhand eines bestimmten Themas zu realisieren. Zum Thema „Herbst" beispielsweise stellt das Medium ausreichend Informations- und Bildangebote zur Verfügung, die sich in den unterschiedlichen Fächern nutzen lassen.
- Sogar bei der Erweitung des Wortschatzes, beim Englischanfangsunterricht und bei einer ersten Heranführung an das Internet lässt sich eine Tageszeitung sinnvoll einsetzen.

Hans-Joachim Fischer

Zeitungen im fächerübergreifenden Unterricht – grundsätzliche Überlegungen

Zeitungen öffnen ein Fenster zur Welt, zur nahen wie zur fernen Welt. Der Blick, den Zeitungen in die Welt nehmen, ist wie jeder Blick vom jeweiligen Standpunkt abhängig. Er sieht und zeigt nicht alles. Was er zeigt, könnte sich von einem anderen Standpunkt aus – wenn überhaupt – nur als die halbe Wahrheit erweisen.

Dennoch hilft der Blick in die Zeitung dabei, das eigene begrenzte Blickfeld zu erweitern. Der Blick ist auch nicht willkürlich und beliebig, sondern folgt journalistischen Standards. Er ist ein professioneller Blick, unterliegt einem Presserecht und beruft sich auf ein berufsständisches Ethos. Weil er publiziert wird, vermag er die Wirklichkeit zu beeinflussen, die er erfasst. Zeitungen vermitteln Informationen und Ansichten über die Welt und sind selbst ein wichtiger Teil der Welt. In einer demokratisch verfassten Gesellschaft sind Zeitungen ein wichtiges und unersetzbares Informationsmedium, unerlässlich, um Selbst- und Mitbestimmung der Individuen zu ermöglichen und Macht zu kontrollieren.

Zeitungen in der Grundschule

Die Fähigkeit, Zeitungen zu nutzen, ist deshalb als Bestandteil einer umfassenden Medienkompetenz ein wichtiges Bildungsziel. Darüber hinaus ist die Zeitung, gemeint ist hier die regionale

Tageszeitung, ein effektives Mittel, Schule zu öffnen. Zeitungen vermitteln authentische Problemstellungen. Solche Problemstellungen enthalten alles, was das schulische Lernen herauszufordern vermag. Sie sind wirklich, aktuell, ernsthaft, wichtig, komplex. Dass bereits Grundschülerinnen und Grundschüler sich mit Zeitungen auseinander setzen können, ist mittlerweile belegt. Für Kinder sind Zeitungen ein faszinierendes Material, das sie zu sinnlich-ästhetischer Exploration, ausdrucksvoller Darstellung und Gestaltung anregt. Mit Zeitungen kann man sich bewegen, Geräusche machen, Rhythmen ausprobieren, grafisch und plastisch gestalten. Man kann sich von ihnen anregen lassen, mit Sprache zu spielen, kann sie ins szenische Spiel nehmen. Vor allem kann man in Zeitungen lesen. Kinder werden dabei Strategien entwickeln, mit der Überfülle des Informationsangebots und mit den schwierigen Texten zurechtzukommen. Der Unterricht kann Hilfestellungen geben. Vor allem wird Kindern eine neue Welt der Nachrichten, Reportagen und Anzeigen erschlossen. Die Problemstellungen, die daraus gewonnen werden, ergänzen und bereichern das schulische Lernen. Die Faszination, die Kinder daraus gewinnen, die Lesepraxis, die sie daraus ziehen, ist zugleich ein wichtiger Motor zur Förderung ihrer Lesemotivation und -kompetenz. Wer eine Zeitung liest, stellt sich nicht nur den Problemen, über die sie berichtet, er gebraucht und entwickelt dabei zugleich die passenden Werkzeuge. Sprache und Schrift, aber auch mathematische Werkzeuge sind nötig, um Zeitungen zu lesen. Zeitungen stecken voller Tabellen und Diagramme, voller Informationen, die eine quantitative Betrachtung erfordern. Nur wer Zeitungen liest, kann sich Gedanken darüber machen, wie eine Zeitung aufgebaut ist, wie sie zustande kommt, wie der Zeitungsmarkt funktioniert. Grundschulkinder beginnen damit, eine kritisch-realistische Weltsicht zu gewinnen. Deshalb kann und sollte man bereits in der Grundschule damit anfangen, die Kompetenz zur kritischen Mediennutzung anzubahnen. Davon profitieren die Kinder in ihrer weiteren Entwicklung.

Inzwischen arbeiten Zeitungsverlage vielerorts mit Schulen – auch mit Grundschulen – zusammen. Davon können beide profitieren, die Schulen als Bildungseinrichtungen und die Verlage als Wirtschaftsunternehmen. In zahlreichen Projekten wurde ein reicher Fundus an Erfahrungen erarbeitet. Darauf können künftige Projekte aufbauen. Das Spektrum bildender Aktivitäten ist weit gespannt. Es reicht von der Zeitungslektüre über Begegnungen von Zeitung und Schule bis hin zur Gestaltung von Zeitungen durch Kinder. Dass sich dabei nicht nur Schulen, sondern auch Zeitungen verändern, ist nicht zu übersehen.

Zeitung – ein fächerübergreifendes Thema der Grundschule

Neuere Lehrpläne verzichten darauf, die Inhalte schulischen Lernens allzu genau vorzugeben. Das gibt Lehrenden mehr Planungsspielraum. Gleichzeitig wird ihnen abverlangt, genauer zu bedenken und zu rechtfertigen, was am Ende verbindlich gekonnt werden muss. Zu diesem Zweck weisen die Lehrpläne neuerdings Kompetenzen aus. Kompetenzen erfordern ein Können. Bloßes Wissen reicht nicht. Man muss mit ihm etwas anfangen können. Vor allem sollen Lernende befähigt werden, ihr Lernen zunehmend selbst zu organisieren und dabei zugleich zu einem tieferen Verstehen der Welt zu gelangen.

Zeitungen passen in die Aufgabenstellung der Grundschule, das Lernen an solchen Kompetenzen auszurichten. Wie das Thema

Zeitung mehrperspektivisch und fächerübergreifend in verschiedenen Kompetenzfeldern erschlossen werden kann, zeigt folgende Grafik im Überblick:

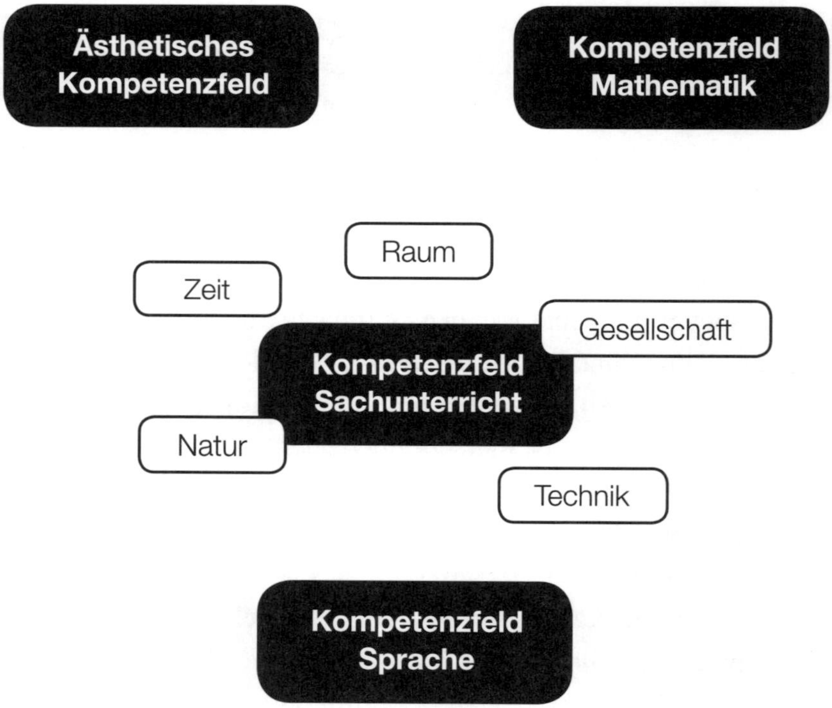

Im Zentrum steht der Sachunterricht, der in sich verschiedene Sachaspekte begreift. Dabei kommen als Werkzeuge und Ordnungsmittel die Kompetenzfelder der Sprache und Mathematik, aber auch die des ästhetischen Bereichs ins Spiel. Die folgende Zusammenstellung beschränkt sich auf wichtige Kompetenzen und inhaltliche Beispiele.

Kompetenzfeld Sachunterricht

Aspekt Zeit

Sich über wichtige aktuelle Geschehnisse anhand von Zeitungen informieren. Ein Geschehen in seiner Entwicklung über längere Zeit verfolgen.
Beispiele: Anschlagbrett mit den wichtigsten Tagesmeldungen; Wetterkarten sammeln, dazu ein Diagramm erstellen.

Aspekt Raum

Beziehungen zwischen dem Lokalteil einer Zeitung und der eigenen Lebenswirklichkeit herstellen. Informationen über ferne und fremde Welten nutzen.
Beispiele: Lokale Ereignisse im Stadtplan markieren; interessante Berichte aus anderen Ländern sammeln

Aspekt Gesellschaft

Zeitungen als besondere Form der Kommunikation über Publikation verstehen. Ressorts in ihrer Beziehung zu Bereichen gesellschaftlichen Handelns erkennen (politisches, wirtschaftliches, kulturelles Handeln etc.).
Beispiele: Einen Zeitungsartikel veröffentlichen; einen Leserbrief schreiben; eine Schulzeitung gründen; Artikel/Schlagzeilen verschiedenen Ressorts zuordnen

Aspekt Natur

Natur als Thema öffentlichen Interesses und interessenbezogener Auseinandersetzung wahrnehmen. Globale, überregionale Aspekte und Bedingungen eigener konkreter Naturerfahrungen bemerken.

Beispiele: Berichte über Handeln, das in Natur eingreift, sammeln; Berichte über Auswirkungen der globalen Erwärmung auswerten

Aspekt Technik
Die technischen Voraussetzungen der Zeitung verstehen. Zeitungen als Fundgrube für Erfindungen, Technik nutzen.
Beispiele: Besuch in der Zeitungsredaktion und -herstellung; thematische Zeitungsrecherche

Kompetenzfeld Sprache/Mathematik
Aspekt Lesen
In einem Text Informationen finden. Einen Text verstehen. Sich wertend mit einem Text auseinander setzen. Lesen als anregend, wichtig und nützlich erfahren. Mit anderen über Gelesenes sprechen. Sich mit einem Text produktiv und kreativ auseinander setzen. Über das eigene Lesen nachdenken.
Beispiele: Beantworten von Informationsfragen zu einem Artikel; Sachfragen zu einem Artikel klären

Mathematischer Aspekt
Zeitungstexte quantitativ deuten und mit mathematischen Mitteln bearbeiten. Mathematische Darstellungen in Zeitungen, wie Tabellen, Diagramme verstehen und anwenden.
Beispiele: Kosten von Zeitungsanzeigen ermitteln; Tabellen im Sportteil lesen und selbst erstellen

Aspekt Zeitung lesen
Einen Artikel und seine Bestandteile in ihrem Informationswert einschätzen und in ihrem Sinnzusammenhang verstehen. Sich in

der Zeitung orientieren und interessierende Artikel auswählen. Zeitunglesen in den eigenen Alltag einbeziehen.
Beispiele: Tägliche Schmökerstunde; einen gelesenen Artikel vorspielen; zu einer Schlagzeile einen Artikel schreiben

Aspekt Medien nutzen
Zeitungen unter verschiedenen Medienangeboten gezielt auswählen und nutzen.
Beispiele: In verschiedenen Medien zu einem Thema recherchieren; Artikel vergleichen: Boulevardblatt und Tageszeitung

Ästhetisches Kompetenzfeld
Materialer Aspekt
Das Material ausprobieren (in der Bewegung, in der Konstruktion, in der Kommunikation), verfremden.
Beispiele: Kurven laufen mit Zeitung vor dem Körper; Türme aus Zeitungspapierstreifen bauen

Aspekt Ausdruck und Gestaltung
Mit Zeitungen Geräusche, Rhythmen, graphische, bildliche und plastische Darstellungen, Bewegungsformen und szenische Darstellungen entwickeln.
Beispiele: Collagen aus Zeitungspapier; Pantomimen mit Zeitungen

Für die Hunde war es sicher auch ein schöner Besuch

ZISCH Klasse 3 a der Hoheellernschule in der Hundepension

Einige Tiere ließen sich streicheln. Arno Eberlei gab den Kindern Tipps für die richtige Hundehaltung.

STEENFELDE - Die Familie fährt in den Urlaub, und der Hund wird in die Hundepension abgeschoben.Gemein? Nein! Bei Arno Eberlei in Steenfelderkloster verbringen die Hunde auch eine schöne Urlaubszeit.

Die Hundepension gibt es seit fünf Jahren. Herr Eberlei hat sie eröffnet, weil Hunde sein Hobby sind und er schon immer gerne mit Hunden arbeiten wollte. Die ganze Arbeit schafft er natürlich nicht alleine. „Meine Eltern, meine Schwester und meine Freundin helfen mir", sagt er.

(REENA UND KIARA)

„Morgens lassen wir die Hunde aus den Boxen. Sie müssen auf die Wiese und ihr Geschäft machen. Anschließend werden die Boxen gereinigt, und die Hunde bekommen ihr Futter", erzählt Herr Eberlei. Dann können die Hunde in verschiedenen Ausläufen spielen.

(MALTE UND TOBIAS)

Im Auslauf spielen und springen die Hunde die ganze Zeit. Sie haben da Geräte zum Rüberlaufen, Tunnel, Bälle und Springstangen. Wasser haben sie auch. Man hat gesehen, dass die Hunde Spaß haben. **(SILVANA UND SEDA)**

Manchmal sind Hunde auch schwierig. Mit bissigen Hunden gehen sie nur alleine spazieren. Zum Kämmen brauchen sie einen Maulkorb. Hunde mit Heimweh dürfen meistens im Haus schlafen. Mit kranken Hunden geht Herr Eberlei zum Tierarzt.

(VERONIKA UND MAREN)

Es ist auch schon mal ein Hund ausgerissen, aber jetzt gibt es überall Zäune. Hunde, die von ihrem Besitzer nicht wieder abgeholt werden, werden nach längerer Zeit an neue Besitzer vermittelt.

(MATTHIAS UND KEVIN)

60 Hunde können in der Hundepension zur gleichen Zeit aufgenommen werden. Am Tag müssen die Besitzer elf Euro bezahlen. Dafür bekommt der Hund Futter, Wasser, einen Schlafplatz, nette Gesellschaft und viel Auslauf.

(HADID UND AHMED)

Abends schlafen die Hunde im Haus oder in Boxen, die im Winter beheizt sind. Manchmal alleine oder auch mehrere zusammen. Sie schlafen auf Decken. **(JOOST, MARVIN UND JANEK)**

Zum Schluss gab Herr Eberlei noch Tipps, wenn man sich einen Hund anschaffen möchte: 1. Passt der Hund zu uns und in die Wohnung? 2. Haben wir genug Zeit? 3. Haben wir Lust, spazieren zu gehen? Wenn Ja, dann kann man sich auch im Tierheim einen Hund ansehen, ausprobieren und kaufen.

(AMKE UND ANTONIA)

Die Hunde, die wir gesehen haben, machten einen frohen Eindruck. Sie spielten, sie tobten und wedelten mit den Schwänzen. Viele konnten wir auch streicheln. Für uns war es ein schöner Besuch in der Hundepension. Für die Hunde sicher auch.

(TAYMUR UND SAMMY)

Die Klasse 3 a der Hoheellernschule Leer in der Hundepension Eberlei.

Hans-Joachim Fischer

Zeitungen im fächerübergreifenden Unterricht - Unterrichtsideen

1. Orientierung in der Zeitung

Die Zeitung als Fundgrube

Die Kinder suchen Buchstaben, Wörter, Sätze, Abbildungen von Gegenständen, um sie für verschiedene Zwecke zu verwenden: Sie gestalten ein Buchstaben-, Wörter-, Bilder-ABC oder eigene Texte aus Zeitungsbuchstaben. Sie erstellen Wörter-Sammlungen (Wortarten, komische Wörter, lange Wörter, Wörter zum Zusammensetzen, Wortfelder, Reimwörter) und Bildersammlungen (Tierbilder, Landschaftsbilder) für die Illustration eigener Geschichten, für die Herstellung von Bild-Wort-Memories oder -dominos.

Beim Durchstöbern werden die Kinder mit der Handhabung der Zeitung vertraut und lernen, inmitten der Materialfülle auf etwas Bestimmtes zu achten.

Zeitungen auseinander nehmen und in eine eigene Ordnung bringen

Kinder sammeln Artikel, die sie interessieren, und archivieren diese. In der Klasse werden Ordner für ausgewählte Themen eingerichtet: Tiergeschichten, Sportereignisse, Was in der Nähe passiert, Interessantes aus aller Welt. Die Kinder entwerfen Plakate, auf denen alles enthalten ist, was für sie eine Zeitung ausmacht.

Das Ordnen der Materialfülle geschieht hier in einem ersten, subjektiven Zugriff. Nicht alles muss beachtet werden. Dennoch kann in Präsentationen und Gesprächen deutlich werden, dass unterschiedliche Zugriffe möglich sind.

Zeitungsfotos lesen

Die Kinder blättern und wählen ein Foto aus, erzählen, schreiben dazu. Später vergleichen sie ihren Text mit den zugehörigen Artikeln und Bildunterschriften. Alle Fotos einer Zeitung werden ausgeschnitten und sortiert. Was sagen die Fotos darüber, was alles in einer Zeitung steht? Fotos der näheren Umgebung werden herausgesucht, gesammelt, beschriftet. Die Orte werden auf der Karte oder real aufgesucht.

Fotos fangen Blicke ein. So ermöglichen sie Kindern, Anker zu werfen, Bedeutungen zu setzen, Sinn zu erwarten. Sie geben Licht, werfen aber auch Schatten. Sie bauen Brücken zum Text, können aber auch ablenken.

Schlagzeilen

Die Kinder blättern und stellen einander auffällige Schlagzeilen vor, sprechen über die Funktion von Schlagzeilen. Vorgegebene Schlagzeilen werden gesucht, die Fundstelle wird notiert (Sparte, Seitenzahl). Zu einem Thema oder Stichwort werden passende Schlagzeilen zusammengetragen. Die Schlagzeilen einer Zeitung werden ausgeschnitten und sortiert, Überschriften für zusammengehörige Schlagzeilen gefunden und mit den Sparten der Zeitung verglichen. Welche Schlagzeile interessiert mich besonders? Kinder schreiben Schlagzeilen zu vorgestellten Artikeln, vergleichen sie untereinander und mit der Originalschlagzeile. Die Schlagzeilen verschiedener Zeitungen werden verglichen. Kinder schreiben einen Artikel zu einer Schlagzeile, vergleichen ihn mit dem Zeitungstext. Vertauschte Schlagzeilen werden richtig gesetzt. Die Kinder lernen, über die Beachtung von Schlagzeilen Sinnerwartungen zu formulieren und für die Auswahl von Lesetexten kritisch zu prüfen. Sie beachten die Ordnungsmerkmale der Zeitung: Kinder ordnen ausgeschnittene Zeitungstexte den verschiedenen Sparten zu, untersuchen, an welchen Tagen und in welchem Umfang die Sparten vorkommen (z.B. Sportteil am Montag, Anzeigenteile am Samstag). Titelseiten verschiedener Tageszeitungen werden verglichen. Eine Titelseite wird verfremdet präsentiert (Titel-Leiste, Untertitel, Datum, Nummer, Preis, Spartenübersicht wurden gelöscht oder vertauscht) und wieder berichtigt. Welche Artikel erscheinen mit Namen, welche nicht? Warum? Mit Hilfe des Impressums können verantwortliche Redakteure auch namenlosen Artikeln zugeordnet werden. Moment mal! Nachgefragt. Kurz notiert. Aufgespießt. Klatsch & Tratsch: Leute. Dies & Das. Szene. Die Rubriken einer Zeitungsseite werden verdeckt. Die Kinder überlegen, was da stehen könnte, vergleichen und begründen.

Wissen über den Aufbau einer Zeitung, über Gliederung und Verweise im Textangebot und über verschiedene Textsorten ist Voraussetzung für die Ausbildung effektiver Strategien des Suchens und der Auswahl von Texten.

Die Teile einer Nachricht

Aus ungeordneten, vertauschten, unvollständigen Nachrichtenteilen (Schlagzeile, Untertitel, Text und Bild) die jeweils passenden zusammenstellen, ergänzen. Welche Artikel fallen ins Auge, welche übersieht man eher (Platzierung, Schlagzeilengröße, Bild, Untertitel)? Nachrichtensalat: Die Nachrichtenteile (auch Teile von Schlagzeilen, Untertiteln, Bildern und Texten) werden so kombiniert, dass Komisches, Unsinniges entsteht.

Wer effektiv suchen und auswählen will, muss schnell und überblickend einschätzen können, was ein Artikel enthält. Zugleich bilden sich erste Sinnerwartungen, die den Zugang zum Text öffnen.

2. Zeitungen im schulischen Lesealltag einen Platz geben

Die Tageszeitung im Klassenzimmer

In den Klassen 3 und 4 wird die regionale Tageszeitung über mehrere Wochen im Klassensatz bezogen. Anschließend genügt ein tägliches Exemplar im Leseangebot der Klasse.

Tägliche Lesezeiten

Freie Lesezeiten gehören zu festen Einrichtungen eines lesefördernden Unterrichts. Sie können in der Einführungsphase für die Zeitungslektüre reserviert werden. Mit der Zeit können die Kinder dabei zunehmend eigene Leseinteressen und -ziele verfolgen.

Zeitungsgespräche

Die Kinder berichten von ihrem Umgang mit der Zeitung, machen einander auf Artikel aufmerksam, erörtern Schwierigkeiten bei der Lektüre, kommentieren Artikel. Der Austausch kann auch schriftlich über eine Pinnwand erfolgen.

Strukturiertes Lesen

Ausgewählter Artikel werden zur Pflichtlektüre. Zeitunglesen ist etwa Bestandteil des Wochenplans mit fachspezifischen Aufgabenstellungen. Lernzirkel zu den verschiedenen Sparten der Zeitung mit besonderen Aufgabenstellungen können sich bilden.

Eine Zeitungsredaktion besuchen

Die Zeitung und ihre Ressorts lassen sich nun mit den Gesichtern verantwortlicher Redakteure verbinden. Die Kinder lernen redaktionelle Abläufe kennen und setzen sich damit auseinander, wie Artikel recherchiert und verfasst werden.

Publizieren

Eigene Texte zu veröffentlichen, gehört zu den wichtigsten Bausteinen einer entwicklungsförderlichen schulischen Lese-Schreib-Kultur. Die Kinder können Klassen- und Schulzeitungen gestalten. Eine besondere Möglichkeit, Öffentlichkeit herzustellen, ergibt sich dann, wenn Kinder Texte für richtige Zeitungen schreiben.

Zeitungen für den Sachunterricht nutzen

Zeitungen vermitteln einen Blick auf die Welt. Vor allem für den Blick auf aktuelle Ereignisse und die nahe Welt ist das Medium Zeitung unersetzbar. Davon profitiert auch der Sachunterricht, wenn er sich des Werkzeugs Zeitungslektüre bedient.

Lesetagebücher führen

Die Kinder dokumentieren, was sie gelesen haben. Sie machen sich dabei bewusst, welche besonderen Leseanlässe Zeitungen für sie enthalten. Sie reflektieren über ihr Vorgehen, ihre Schwierigkeiten, schätzen ihre Lernfortschritte ein. Gespräche mit anderen Kindern und mit der Lehrerin oder dem Lehrer geben dazu entscheidende Anstöße.

Elternabende

Eltern sind an der Leseentwicklung ihrer Kinder entscheidend beteiligt: über die familiären Lesegewohnheiten, als Helfer bei der Bearbeitung schulischer Aufgabenstellungen und als Gesprächspartner über Gelesenes. Schule kann darüber informieren und schulische Maßnahmen der Zeitungslektüre erläutern und so eine leseförderliche Brücke zwischen beiden Lebensbereichen schaffen.

3. Informationen gewinnen nutzen, Zeitungstexte verstehen

Sinnerwartungen formulieren

Schlagzeile, Untertitel, Bild werden zur Kenntnis genommen, um Vermutungen über den Inhalt des Textes zu gewinnen. Die Vermutungen werden stichwortartig gesammelt. Nach der Lektüre des Textes wird geprüft, ob die Vermutungen zutreffend waren.

Vorwissen klären

Wieder gehen die Kinder von der Schlagzeile, vom Untertitel oder vom Bild aus. In Gruppen tragen sie (etwa in Form einer Mind-Map) zusammen, was sie zum Thema schon wissen, erlebt, erfahren haben. Die Gruppen stellen einander ihre Arbeitsergebnisse vor. Nach der Lektüre des Artikels fragen sie, was für sie wirklich neu ist oder was so ähnlich ist wie schon Erlebtes, Gewusstes.

Der erste Abschnitt

Die Kinder lesen für sich den ersten Abschnitt eines Artikels. In jedem Satz unterstreichen sie das wichtigste Wort. Anschließend vergleichen sie die Wörter untereinander und begründen ihre Auswahl.

Alternative: Sie schreiben die Wörter auf einen Zettel und versuchen, mit eigenen Worten den Inhalt des Abschnitts zu schildern. Wie könnte der Artikel weitergehen?

Schwierigkeiten aufs Korn nehmen

Die Kinder lesen für sich einen ausgewählten Artikel. Sie unterstreichen (oder schreiben heraus) Wörter und Textteile, die ihnen unverständlich sind. Anschließend suchen sie nach Möglichkeiten, Sinn- und Sachfragen zu klären (Nachschlagen, Befragung anderer, wiederholtes Lesen).

Informationsfragen bearbeiten

Die Kinder lesen einen Artikel. Anschließend werden Informationsfragen zum Artikel gestellt (Arbeitsblatt). Der Artikel wird auf die jeweils erfragte Information hin abgesucht. Die betreffende Stelle wird unterstrichen, die Frage beantwortet.

Differenzierung: Je nachdem, ob es sich um einfache oder komplexe, offene oder versteckte, direkt zugängliche oder zu erschließende Informationen handelt, werden unterschiedliche Stufen des Lesenkönnens angesprochen.

Zusammenfassen

Ein Artikel wird abschnittweise erlesen. Die Abschnitte werden in einem Satz zusammengefasst. Am Ende wird der Artikel in einem Satz zusammengefasst.

Gemeinsames Lesen eines Artikels

Satz für Satz wird ein Artikel erlesen. Dabei werden alle genutzten Techniken und Strategien gemeinsam angewendet und besprochen: Sinnerwartung, wichtige Wörter markieren, Schwierigkeiten bearbeiten, Text(teile) zusammenfassen.

Einen Artikel darstellen
Zeitungstexte sind knapp und auf das Wesentliche beschränkt. Die Kinder sammeln Fragen, auf die der Text keine Antwort gibt. Sie übersetzen den Text in eine Erzählung. Sie stellen Ereignisse, über die berichtet wird, szenisch dar, malen sie aus in einem Bild oder arrangieren ein Foto, das zur Aussage des Artikels passt.

Ein Thema über längere Zeit hinweg verfolgen
Die Kinder entscheiden sich (einzeln, in Gruppen) für ein Thema. Täglich wird die Zeitung auf entsprechende Beiträge durchsucht. Zusätzliche Recherchen in Sachbüchern, Expertengesprächen oder Erkundungen vor Ort können sich anschließen. Die Beiträge werden gesammelt. Die Sammlung wird unter spezifischen Fragestellungen ausgewertet (Beispiele: Erstellung einer Unfallstatistik der Region, Heiratsannoncen: Was erwarten Männer von Frauen?). Die Ergebnisse werden präsentiert.

Artikel vergleichen
Artikel verschiedener Zeitungen (etwa Tageszeitung und Boulevardzeitung) zum selben Ereignis werden verglichen. Was wird erwähnt? Was ist wichtig? Wie wirkt der Text auf mich? Die Kinder unterstreichen in beiden Texten die wichtigen Wörter, Textteile und vergleichen.

Andrea Rahne

Wochenpläne im Zeitungsprojekt

Eine besondere Herausforderung wartete auf meine vierte Klasse und mich: Gemeinsam wollten wir das Projekt „Zeitung in der Grundschule“ durchführen. Als Zeitungsleserin hatte ich in den vergangenen Jahren mit besonderem Interesse die Beiträge der Schülerinnen und Schüler früherer Projektklassen gelesen. „Zeitungsartikel zu schreiben, das ist ja toll!“, dachte ich und wünschte mir auch für meine Klasse die Teilnahme an einem solchen Projekt. Als dann die Möglichkeit zur Durchführung bestand, entschied ich mich sofort dafür.

Allerdings musste ich mir zunächst über die konkrete Unterrichtsgestaltung Gedanken machen. Vor allem folgende Fragen lagen mir am Herzen: Wie verbinde ich die Wochenplanarbeit mit dem Zeitungsprojekt? Reicht meine Unterrichtszeit aus, um beidem gerecht zu werden?

Auf die Wochenplanarbeit wollte und konnte ich während des Projekts nicht verzichten. Denn bereits seit der ersten Klasse arbeiteten die Kinder nach Tages- und später nach Wochenplänen, anfangs etwa zwei, zuletzt bis zu vier Wochenstunden. Innerhalb der Wochenplanarbeit haben die Kinder einen bestimmten Pflichtteil zu erledigen, wobei sie selber festlegen können, in welcher Reihenfolge sie die Aufgaben bearbeiten. Anschließend beschäftigen sie sich innerhalb eines bestimmten Zeitrahmens mit individuellen Aufgaben (Sternchenzeit). Die Wochenplanarbeit motivierte die Schülerinnen und Schüler und spornte ihre

Leistungsbereitschaft an. Hätte ich die Wochenplanarbeit für den Zeitraum des Projekts aus Zeitgründen ausfallen lassen, wären sie enttäuscht gewesen und mit deutlich geringerer Begeisterung an die Arbeit mit der Zeitung gegangen.

Auch für mich ergaben sich in den vorangegangenen Schuljahren, abgesehen von dem vermehrten Kontrollaufwand, nur Vorteile aus der Wochenplanarbeit. Die Kinder arbeiten selbstständig, sie sind hilfsbereiter und rücksichtsvoller. Sie teilen sich ihre Arbeit alleine ein und wissen sich sinnvoll zu beschäftigen. Es kam für mich also nur eine Verbindung von Wochenplanarbeit und Zeitungsprojekt in Frage.

Bald wurde mir dann auch deutlich, dass Wochenplanarbeit und Zeitungsprojekt sinnvoll miteinander verbunden werden können. In jeden Wochenplan baute ich mindestens eine Zeitungsaufgabe ein, wobei ich das Prinzip „vom Leichten zum Schweren“ beachtete. Hatten die Kinder ihre Pflichtaufgaben erledigt, durften sie sich in der verbleibenden Zeit mit ihren Langzeitarbeiten beschäftigen oder in der Zeitung lesen. Von diesen Möglichkeiten machten sie regen Gebrauch.

Im Folgenden stelle ich, nach Fächern geordnet, Aufgaben vor, die ich auf den elf Wochenplänen während der Projektzeit verwendet habe. Zu vielen Aufgaben werden Differenzierungsmöglichkeiten angeboten, die unterschiedliche Interessenlagen und Fähigkeiten der Kinder berücksichtigen. Um unsere Wochenplanarbeit während der Projektzeit anschaulich zu machen, berichte ich aber auch über die Reaktionen der Kinder und meine Erfahrungen mit einzelnen Aufgaben.

Auf jedem Wochenplan waren Aufgaben aus verschiedenen Fächern vertreten. Die hier vorgestellten Aufgaben können also grundsätzlich beliebig kombiniert werden, wobei der Schwierigkeitsgrad und der Kenntnisstand der Kinder natürlich zu berücksichtigen sind.

Deutsch

Lesekarte

Für jedes Kind bereitet die Lehrperson eine Lesekarte vor: Eine kurze Meldung aus der Zeitung, die möglichst mit einem Interessengebiet des jeweiligen Kindes in Zusammenhang stehen sollte, wird auf eine Karteikarte geklebt. Darunter werden eine oder zwei Fragen geschrieben, die sich auf den Inhalt der Meldung beziehen.

Aufgabe: Nimm eine Lesekarte und beantworte die Frage(n)! (15 Minuten)

Das Lesen solcher kleinen Artikel zu Beginn der Projektzeit motivierte die Schülerinnen und Schüler zur weiteren Arbeit. Sie merkten, dass es gar nicht so schwierig ist, eine Zeitungsnachricht zu verstehen und auch für sie Interessantes in der Zeitung zu finden ist. Da alle Kinder meiner Klasse die Fragen auf ihrer Karte beantworten konnten, hatten sie ein Erfolgserlebnis, das sie auch zur Lektüre längerer Texte ermutigte.

Zeitungsbericht

Hierbei handelt es sich um eine umfangreichere Aufgabe, die unterschiedliche Lernziele anhand eines Textes aus der Zeitung verfolgt. Ein kurzer Bericht, möglichst ansprechend und leicht verständlich, wird auf den Wochenplan geklebt. Dazu gibt es verschiedene Aufgaben und Arbeitsblätter. Ich verwendete einen Artikel mit der Schlagzeile: „Gaunertrick im Badezimmer“, in dem über einen Trickdieb berichtet wurde, der sich vor Gericht zu verantworten hatte.

Aufgabe 1: Lies den Text!

Aufgabe 2: Unterstreiche alle Verben!

Differenzierung: Leistungsstärkere Kinder bearbeiten den ganzen Text, leistungsschwächere sollen acht Verben finden.

Aufgabe 3: Bearbeite das Arbeitsblatt! (insgesamt 30 Minuten)

Das Arbeitsblatt enthält den Text oder einen Teil davon mit Lücken anstelle der Verben. Die Schülerinnen und Schüler sollen die Verben aus dem Zeitungsbericht vom Präteritum ins Präsens setzen und an der entsprechenden Stelle auf dem Arbeitsblatt einfügen. Danach sollen sie sich einen eigenen Schluss zu der geschilderten Begebenheit ausdenken.

Meine Klasse hatte beim Verfassen der Fortsetzung viel Freude. Es entstanden die abenteuerlichsten Verfolgungsfahrten. Die Kinder sprudelten fast über vor Ideen, und alle brachten den Schluss selbstständig zu Papier. Dabei waren sie sehr mitteilungsbedürftig und wollten ihre schriftstellerischen Leistungen gewürdigt wissen. Daher musste eine ausgiebige Auswertung erfolgen, in der die Kinder ihre Krimis präsentieren konnten.

Nomenspiel

Zur Wiederholung der Singular- und Pluralformen sowie der Artikel von Nomen ist ein Spiel geeignet, das zu zweit gespielt wird. Die hierzu erforderlichen Spielkarten können die Kinder in der „Sternchenzeit“ basteln. Aus der Zeitung schneiden sie Nomen aus und kleben sie auf Pappkärtchen. Vor die gesammelten Hauptwörter schreiben sie deren Artikel. Auf der Rückseite ergänzen sie jeweils die fehlende Singular- oder Pluralform. Und so wird gespielt: Ein Kind zeigt einem anderen Kind die Vorder- oder Rückseite einer Karte, dieses liest das Nomen vor und nennt die fehlende Form.

Noch mehr Nomen
Kinder, die nicht gerne schreiben, können in der „Sternchenzeit" auch folgendes tun:
Aufgabe: Markiere in einem Text alle Nomen!

Zeitungsbaum
In einer der vorangegangenen Unterrichtsstunden hatten wir ein freies Unterrichtsgespräch über die Vorteile der Arbeit mit der Zeitung geführt. Mit der folgenden Wochenplanaufgabe wurden alle noch einmal persönlich aufgefordert, ihre Meinung präzise zu äußern. Ich klebte Meinungen von Schülerinnen und Schülern über das Projekt, die in unserer Projektzeitung auf der Seite über „Zeitung in der Grundschule" abgedruckt waren, auf den Wochenplan.
Aufgabe: Lies die Meinungen! Weshalb machst du mit? Schreibe es auf ein farbiges Blatt für unseren Zeitungsbaum! (20 Minuten)
Den Zeitungsbaum hatte ich vorbereitet, er war ein auf eine große Pappe gemalter Baum ohne Blätter. Die Kinder sollten nun aus Zeitungspapier Blätter für den Baum ausschneiden und sie zusammen mit ihren „Meinungsblättern" an den Baum heften.

Wortartenbaum
Ein Arbeitsblatt mit einem Wortartenbaum muss vorbereitet werden. Er hat drei große, sich verzweigende Äste: Verben, Nomen, Adjektive.

Aufgabe: Gestalte deinen Wortartenbaum! Klebe auf jeden Wortartenast mindestens 10 Wörter! (40 Minuten)
Dieses Arbeitsblatt war als abschließende Übung zum Thema Wortarten gedacht und wurde von mir benotet. Einige Zeit später entstand in Gemeinschaftsarbeit ein großer Wortartenbaum für den Klassenraum.

Schreibe etwas!
Ein Bild aus der Zeitung, ob Karikatur, Gemälde oder Foto, ob lustig oder traurig, kann für die Kinder zum Schreibanlass werden. In der Projektzeitung fand ich ein lustiges Bild: ein Affe, dem ein Fotoapparat um den Hals hängt, gibt einem Pinguin die Hand; beide sind von einer unübersehbare Menge anderer Pinguine umringt. Zu dieser Zeichnung gab ich einen bewusst offenen Arbeitsauftrag:
Aufgabe: Schreibe einen Text deiner Wahl zu diesem Bild! (15 Minuten)
Manches Kind fand nur einen Titel, ein anderes schrieb auf, was sich der Pinguin und der Affe erzählten; es entstanden aber auch einige interessante Geschichten.

Luftballons
Zur Vorbereitung eines Diktats waren verschiedene Lernwörter aus leicht ungeordneten, der Zeitung ennommenen Einzelbuchstaben zusammenzusetzen. Die Buchstaben hatte ich in, auf den Wochenplan gezeichnete, Luftballons geklebt.
Aufgabe: Welche Lernwörter sind in den Luftballons versteckt? Schreibe sie in dein Heft! Ordne sie anschließend alphabetisch! (10 Minuten)

Wörterkiste
Aufgabe: Male eine Wörterkiste ins Heft und klebe zehn zusammengesetzte Nomen hinein! Schreibe dazu! Beispiel: Nachbarländer: der Nachbar, die Länder (30 Minuten).
Zahlreiche Kinder begannen mit dieser Aufgabe des Wochenplanes. Hierbei bestand die Aufgabe zunächst einmal im Auffinden der zusammengesetzten Nomen in der Zeitung. Kinder, die selektiv nur die großen Überschriften lasen, mussten zum genaueren Hinsehen angehalten werden.
Differenzierung: Für diejenigen, die besonders langsam arbeiten, kann die Anzahl der zu suchenden Wörter auf fünf beschränkt werden.

Erfinden einer Meldung
Ich gab vier Überschriften vor, die ich aus der Zeitung ausgeschnitten hatte: „Warten auf die Schere“, „Geisterstunde“, „Eine coole Angelegenheit“ und „Ein Schiff ging in die Luft“.
Aufgabe: Suche dir eine Überschrift aus und schreibe eine Kurznachricht dazu! (20 Minuten)
Die Überschriften waren als Hilfe bzw. Denkanstoß gedacht. Viele Kinder fühlten sich durch diese Vorgabe aber eingeengt und wollten ganz frei eine Kurznachricht verfassen. Über so viel Selbstständigkeit war ich froh und ermunterte sie zum freien Schreiben. Eine Auswertung war – wie bei der Fortsetzung des Zeitungsberichts – unumgänglich. Einige bastelten einen Fernseher aus Pappe, so dass die „Nachrichtensprecherinnen und -sprecher“ in einem angemessenen Rahmen auftreten konnten. Das Lesen der selbstgeschriebenen Nachrichten wurde fleißig geübt, und alle waren auf ihren „Auftritt im Fernsehen“ stolz. Die Nachrichten

waren aber auch Gesprächsanlass. Denn einige Arbeiten der Kinder, die das Thema Gewalt in krassester Form zum Inhalt hatten, machten mich sehr nachdenklich. Über das Thema Gewalt in den Medien und im täglichen Leben führten wir im Anschluss ausführliche Gespräche.

Verkaufsanzeige

Auf dem Wochenplan befinden sich einige Verkaufsanzeigen als Beispiel.

Aufgabe: Entwirf mit einem anderen Kind eine eigene Verkaufsanzeige! (20 Minuten)

Bei der Zusammenarbeit galt es, Streitpunkte (Verkaufsgegenstand, Preis etc.) zu klären. Zahlreiche Kinder arbeiteten sehr gut zusammen, einige benötigten zusätzliche Impulse.

Adjektive

Aus Werbeanzeigen werden einige Abbildungen von Produkten auf den Wochenplan geklebt und deren Bezeichnung dazugeschrieben.

Aufgaben: Finde treffende Adjektive! Schreibe sie ins Heft! Finde drei eigene Beispiele! (20 Minuten)

Bei der hier geforderten Bildung von Wortgruppen überwanden die Kinder Schwierigkeiten hinsichtlich der Rechtschreibung mit Hilfe des Dudens. Viel Freude hatten sie beim Durchblättern der Werbeteile auf der Suche nach drei eigenen Beispielen. Sie versuchten, möglichst außergewöhnliche Dinge auszuschneiden (z. B. Geschirrspülmaschine) und auch hier interessante Adjektive zu finden.

Mathematik

Vor allem der Anzeigenteil der Zeitung ist eine wahre Fundgrube für Material zum Üben und Festigen der Grundrechenarten. Solche Aufgaben sind besonders motivierend, weil sie einen Bezug zum Alltagsleben haben, der den Kindern auch bewusst ist. Ganz nebenbei erfahren sie, was es kostet, eine Wohnung zu mieten oder in Urlaub zu fahren.

Mieten

Die Anzeige einer Immobilienfirma, die mehrere Wohnungen zu vermieten hat, wird auf den Wochenplan geklebt. Die Angebote werden durchnummeriert.

Aufgabe: Addiere die Mieten im Heft! Rechne schriftlich! (10 Minuten)

	Nr. 1		Nr. 5		Nr. 2	
+	Nr. 4	+	Nr. 9	+	Nr. 7	etc.

Differenzierung: Versuche, die Abkürzungen in der Anzeige zu erklären!

Preise finden

Aus den Anzeigen der Supermärkte werden einige Preisangaben ausgeschnitten und über das Blatt mit dem Wochenplan verteilt.

Aufgabe: Finde alle Preise auf diesem Wochenplan und addiere sie! (10 Minuten)

Bulgarien plus Mallorca

Als weitere Übung zur Addition wird die Anzeige eines Reiseveranstalters, der verschiedene Urlaubsziele anbietet, auf den Wochenplan geklebt.

Aufgaben: Herr und Frau Meier möchten nach Korsika fahren. Wieviel müssen sie bezahlen? Frau Meier fährt nach Bulgarien, Frau Hofmann nach Mallorca. Wieviel kosten beide Reisen zusammen? (20 Minuten)
Differenzierung: Suche Korsika und Mallorca im Atlas! Was ist beiden gemeinsam?

Viermal Wien
Nach Einführung der schriftlichen Multiplikation bot sich ebenfalls der Reiseteil zum Üben an.
Aufgabe: Berechne die Reisepreise:
Wien für 4 Personen, Karlsbad für 5 Personen
Gardasee für 3 Personen, Lugano für 7 Personen
Ein Rechenbeispiel war vorgegeben. (20 Minuten)

Plattenbauten
Nachdem die Kinder gerade die Zahlen bis 10.000 kennengelernt hatten, war Üben wichtig. In der Zeitung fand sich eine Tabelle mit der Angabe von Wohnungen in Plattenbauten, die eine Firma in verschiedenen Städten gekauft hatte.
Aufgabe: Zerlege die Zahlen! (15 Minuten) (Die Arbeit mit der Stellentafel war den Kindern lange bekannt.)
Differenzierung: Addiere! Wie viele Wohnungen gehören der Firma insgesamt?

„Runde Möbel“
Das kürzlich eingeführte Runden der Zahlen musste geübt werden. Aus einer Anzeige werden Skizzen von Möbeln und ihre Preise aufgeklebt.

Aufgaben: Schreibe die Geldbeträge ins Heft! Runde anschließend auf volle Hunderter! Zeichne ein Diagramm (ein Hunderter = ein Kästchen)! (30 Minuten)

Diagramme
Im Mathematikunterricht beschäftigten wir uns seit einiger Zeit mit Diagrammen. In der Zeitung fanden sich viele Diagramme. Es gab auch Diagramme aus ihrer Erfahrungswelt, wie jene über das Wetter. Zu einem Temperaturdiagramm des Monats Oktober sollten die Kinder paarweise folgende Aufgaben bearbeiten:
Aufgaben: Was stellt das Diagramm dar? (Zweiergespräch) Ergänzt folgende Sätze: Der kälteste Oktobertag war der ________.
Am 28.10. war es „nur" _______ °C. (20 Minuten)

Sachkunde
Wetter
Die Bedeutung des Wetterberichtes, z. B. für Urlaubsreisende, war bei der Erarbeitung des Zeitungsaufbaus besprochen worden. Zur Wiederholung dieses Stoffs kann eine Tabelle mit dem Europawetter auf den WP geklebt werden.
Aufgabe: Kennzeichne die niedrigste und die höchste Temperatur! (10 Minuten).
Differenzierung: Suche einige Städte im Atlas!

Stadtbezirke
Im Sachkundeunterricht der vergangenen Wochen waren ausführlich die Stadtbezirke und ihre Lage auf dem Stadtplan besprochen und intensiv geübt worden. Zur Auffrischung gab es eine Aufgabe auf dem Wochenplan:

Aufgabe: Schneide aus der Zeitung die Namen der Bezirke aus! Nimm eine Karte und klebe die Namen auf! (30 Minuten)
Beim Ausfüllen der Karte durften die Kinder den Atlas nicht mehr verwenden. Gleichzeitig diente dieses Arbeitsblatt als Lernerfolgskontrolle. Da der psychische Druck einer schriftlichen Kurzkontrolle wegfiel, waren die Ergebnisse überdurchschnittlich gut.

Sportarten
Freizeit und Hobbys waren Thema der letzten Sachkundestunden gewesen. Innerhalb des neuen Wochenplans sollte das Thema „Sport" noch einmal aufgegriffen werden, da er im Leben der Kinder als Hobby Nummer eins eine große Rolle spielt.
Aufgabe: Schneide aus der Zeitung die Namen von zehn Sportarten aus und klebe sie alphabetisch geordnet auf ein Blatt! (30 Minuten)
Zum Aufkleben gab es ein gesondertes Arbeitsblatt. So wurde gleichzeitig das Ordnen nach dem Alphabet noch einmal geübt, das den Kindern seit der zweiten Klasse vertraut ist.

Künstlerisches Gestalten
Buchstabenbild
Die Kinder zeichnen einen Gegenstand oder ein Tier. Dann sollen sie möglichst viele Schrifttypen des betreffenden Anfangsbuchstabens aus der Zeitung herausschneiden. Für das Bild verwendeten wir helles Tonzeichenpapier im Format DIN-A5; möglich wären ebenso weiße Zeichenblätter. Auf dem Wochenplan befand sich ein Beispiel für den Buchstaben A, gezeichnet hatte ich eine Apfelsine.

Aufgabe: Gestalte ein ähnliches Buchstabenbild! Wähle einen anderen Buchstaben und suche verschiedene Formen! (40 Minuten)

Durch das Beispiel angeregt, erledigten die Schülerinnen und Schüler diese Aufgabe selbstständig. Sie wetteiferten untereinander, wer die meisten Schrifttypen fand. Benachteiligt waren hier von vornherein Kinder, die einen seltenen Buchstaben (wie etwa Z) gewählt hatten. Ein entsprechender Hinweis vor Beginn der Arbeit wäre hier wichtig.

Fazit

Für die Wochenplanarbeit war die Zeitung eine Abwechslung und Bereicherung. Innerhalb der Mathematikaufgaben erhielten die Zahlen einen konkreten Sachbezug. Viele mathematische Themen (schriftliche Addition, Subtraktion, Multiplikation; das Runden und Zerlegen von Zahlen) konnten anschaulich aufbereitet werden. Sachkundethemen hatten plötzlich viel mehr mit dem wirklichen Leben zu tun.

Gerade in Deutsch ließ sich die Zeitung auf vielfältige Weise einsetzen. Die verschiedenen Aufgaben zur Übung und Festigung konnten durch praktische Tätigkeiten (ausschneiden, aufkleben, malen) unterstützt werden. Durch eine differenzierte Auswahl der Artikel konnten die Kinder ihre Lesefertigkeit weiterentwickeln. Beim Verfassen von Texten wurden bestimmte Inhalte der Zeitung zum Schreibanlass. Hier zeigten die Kinder enormen Arbeitseifer. Sie fühlten sich wie Journalisten und waren dadurch sehr motiviert.

Auch nach Projektende werden die Wochenpläne sicher noch Aufgaben enthalten, die mit der Zeitung zu erledigen sind. Die

Kinder können dazu auch alte Zeitungen verwenden, teilweise reichen auch die kopierten Artikel auf dem Wochenplan. So ist auch für die Langzeitwirkung des Zeitungsprojekts gesorgt.

Wochenplan für: vom 15.9.–20.9.

– Zeitung in der GS –

◆ Man kann mehr über interessante Themen erfahren und darüber mit anderen Leuten diskutieren. *Jeanette*
◆ Ich kann Informationen für die eigene Berufswahl bekommen. *Christin*
◆ Es gibt die Zeitung drei Monate kostenlos. *Patrick*
◆ Das Projekt ist eine interessante Abwechslung zum alltäglichen Schulunterricht. *Katharina*
◆ Wir lernen viele Themenbereiche der Presse kennen und können selbst Artikel schreiben. *Jana*
◆ Es ist besser, als Rechtschreibung zu üben. *Andrea*
◆ Ich meine, es ist wichtig, auch die Meinung der Schüler in der Zeitung zu veröffentlichen. Das Projekt gibt dazu die Möglichkeit. *Vivien*
◆ Ich mache mit, um Berlin besser kennenzulernen. *Claudia*
◆ Ich finde es toll, daß Erwachsene sich für uns einsetzten. *Martin*

1. Lies die Meinungen! Weshalb machst du mit? Schreibe es auf ein Blatt für unseren Zeitungsbaum! (20 min)

2. Löse eine Karte unserer D-Lernkartei! (20 min)

3. Nimm eine Berlinkarte! Klebe alle Bezirke auf! (30 min)

4. Herr und Frau Schulz möchten nach Korsika fahren! Wieviel müssen sie bezahlen?

5. Frau Meier fährt nach Bulgarien, Frau Hofmann nach Mallorca. Wieviel kosten beide Reisen zusammen?

6. Finde alle Preise auf diesem WP und addiere! (4. 5. 6. – 30 min)

Bulgarien **	1WO/HZ/Ü	399,-
Korsika **	1WO/HZ/Ü	469,-
Türkei Bodrum ***	1WO/HZ/Ü	469,-
Mallorca **	1WO/HZ/Ü	499,-
Türk. Riviera ***	1WO/HZ/HP	569,-
Djerba ***	1WO/HZ/HP	699,-
Gran Canaria ***	1WO/HZ/HP	729,-
Kreta ***	1WO/HZ/Ü	769,-
Cuba ***	2WO/HZ/Ü	1399,-
Mexico ***	2WO/HZ/AI	1799,-
HERBSTFERIEN '97 – Aktuelle Angebote		
Türk. Riviera ***	1WO/HZ/HP	619,-
Mallorca **	1WO/HZ/HP	749,-
Kreta ***	2WO/HZ/HP	1198,-
Jamaika/Dom.Rep. ***	2WO/HZ/Ü	1649,-
Weitere Angebote auf Anfrage!		

mts TOURISTIK GMBH – FLUGHAFEN SCHÖNEFELD, TERMINAL A 1.OG LINKS, 030. 60 91 34 62 – CHARLOTTENBURG, Kaiser-Friedrich-Str 1A, 030. 342 25 99

5.59 DM · 2.49* DM · 9.98 DM · 3.95 DM · 6.50 DM · 1,69 DM

ACHTUNG!! ACHTUNG!! Nr. 4, 5, 6 bitte zusammen lösen! ACHTUNG!

STERNCHEN

* Stadtbezirke lernen!
* Wortkarten mit Nomen (Einz./Mehrz.) anfertigen!
* Langzeitauftrag
*
*

Viel Spaß!

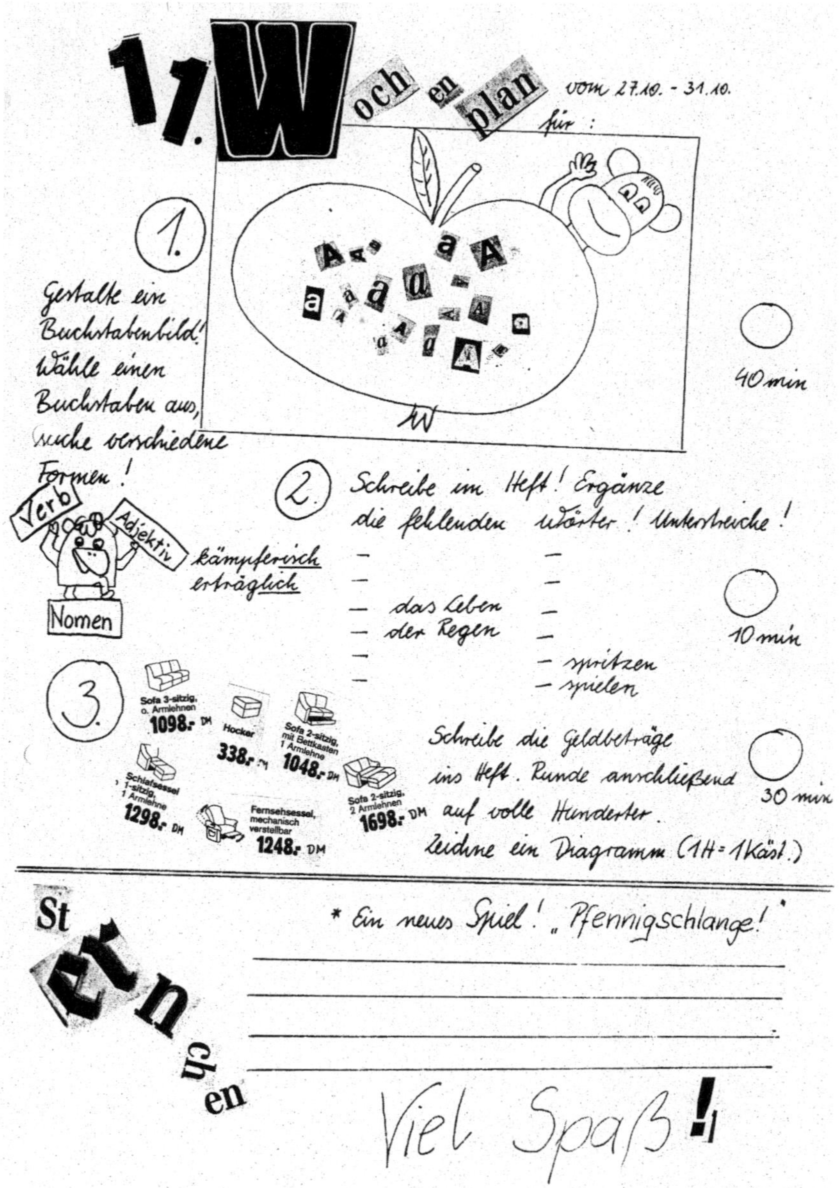
11. Wochenplan
vom 27.10. - 31.10.
für :
1.
Gestalte ein Buchstabenbild! Wähle einen Buchstaben aus, suche verschiedene Formen!
40 min
2.
Schreibe im Heft! Ergänze die fehlenden Wörter! Unterstreiche!
Verb
Adjektiv
Nomen
kämpferisch
erträglich
das Leben
der Regen
spritzen
spielen
10 min
3.
Sofa 3-sitzig, o. Armlehnen 1098.- DM
Hocker 338.- DM
Sofa 2-sitzig, mit Bettkasten 1 Armlehne 1048.- DM
Schlafsessel, 1-sitzig, 1 Armlehne 1298.- DM
Fernsehsessel, mechanisch verstellbar 1248.- DM
Sofa 2-sitzig, 2 Armlehnen 1698.- DM
Schreibe die Geldbeträge ins Heft. Runde anschließend auf volle Hunderter.
Zeichne ein Diagramm (1H = 1Käst.)
30 min
Sternchen
* Ein neues Spiel! „Pfennigschlange!"
Viel Spaß!

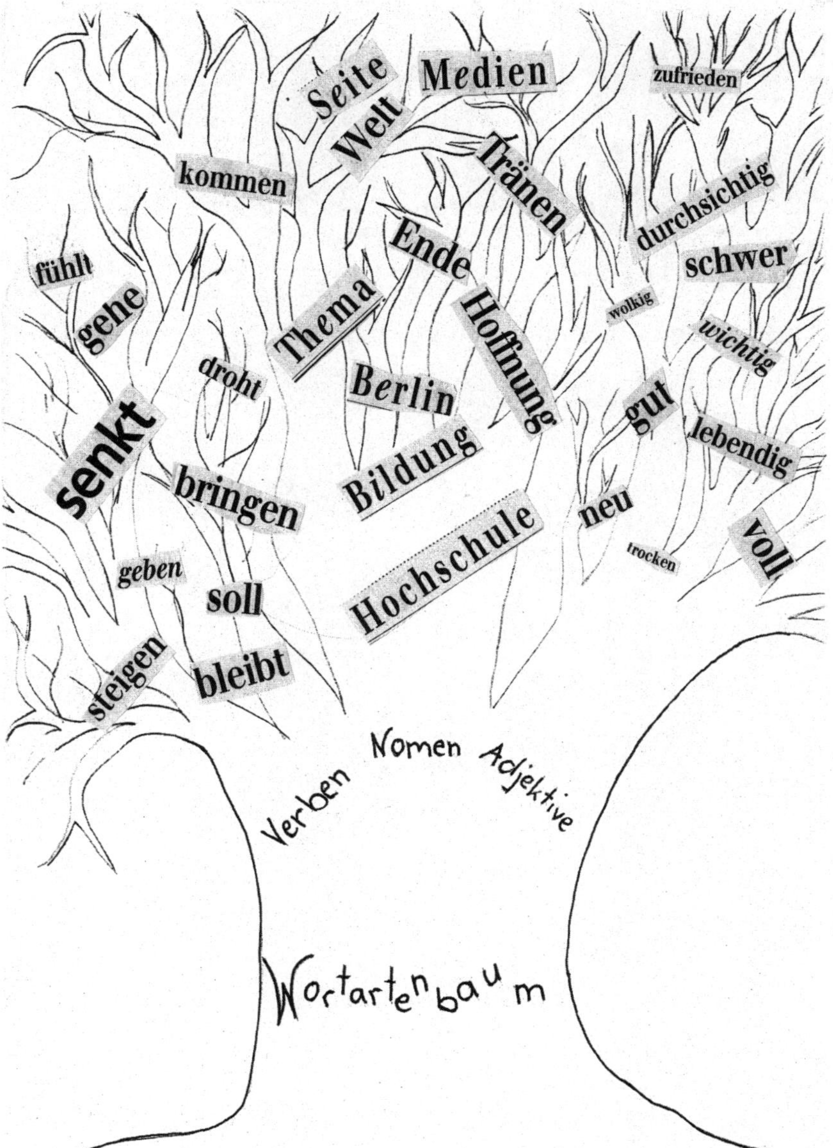
Seite
Medien
zufrieden
Welt
kommen
Tränen
durchsichtig
fühlt
Ende
schwer
gehe
Thema
Hoffnung
wolkig
wichtig
droht
Berlin
gut
senkt
lebendig
Bildung
bringen
neu
Hochschule
voll
trocken
geben
soll
steigen
bleibt
Verben
Nomen
Adjektive
Wortartenbaum

Die Ganztageklasse hat auch einen Aufenthaltsraum mit Küche.

Die Klasse 4b beim Besuch im Klassenzimmer der Ganztageklasse.

Gewalt? Nicht in unsrer Klasse

4b der Grundschule Rainerstraße zu Besuch bei Ganztagsklasse

Kolbermoor – Was ist eigentlich eine Ganztagesklasse? Wie unterscheidet sie sich von der Regelklasse und was machen die Schüler dort anders? Diesen und weiteren Fragen gingen die Schüler der Klasse 4b der Grundschule Rainerstraße bei einem Besuch in einer der Ganztagsklassen der Pauline-Thoma-Hauptschule im Rahmen des ZiS-Projektes nach.

An vielen Schulen sind Kinder und Jugendliche gewalttätig. In Kolbermoor, in den Ganztagsklassen der Hauptschule, ist das anders. Wir, die Klasse 4 b, waren mit unserer Lehrerin Frau Zoudlik wegen unseres Projektes „Zeitung in der Schule" in einer Ganztagesklasse.

Eigentlich stellten wir uns eine Ganztagsklasse ungefähr so vor: Die Schüler gehen von 8 bis 14 Uhr in die Schule, dazwischen haben sie eine Pause. Dann machen sie nach der Schulzeit Hausaufgaben. Wenn sie fertig sind, können sie mit ihren Klassenkameraden spielen .

Aber alles ist ganz anders. Lest den Artikel, dann wisst ihr mehr!

Die Ganztagsklasse dauert von Montag bis Donnerstag von 8 bis 16 Uhr, am Freitag nur bis 14.30 Uhr. Die Schüler können aber auch schon um 7.30 Uhr kommen und mit ihren Kameraden in der Schule frühstücken.

Dafür und weil um 12 Uhr eine Stunde Mittagspause ist, gibt es den Aufenthaltsraum. Dort stehen viele Stühle und Tische und eine gemütliche Sitzecke. Natürlich befindet sich auch eine kleine Küche im Raum, in der die Schüler zweimal in der Woche selbst leckere Gerichte kochen dürfen.

Die Kinder haben aber nicht nur Unterricht und Essenszeiten in diesen acht Stunden des Schultages! Zwei Stunden dürfen sie (fast) alles machen, was sie wollen. Sie dürfen zum Beispiel ihre Klassenzimmer selber gestalten, wie sie es möchten. Mit Bildern, Weltkarten, englischen Wörtern und so weiter. Jeder Schüler hat einen Einzeltisch, den er einstellen kann, wie er möchte.

Bereits in der fünften Klasse werden die Ganztagsschüler am Computer ausgebildet. Dadurch haben sie schnell mehr Wissen in diesem Gebiet als die Realschüler oder Gymnasiasten.

Letztendlich stellte sich in unserem Interview heraus, dass den Schülern der Ganztages-Klasse diese Art von Schule sehr gefällt: „Am Anfang war es gewöhnungsbedürftig und man dachte, dass man keine Freizeit hat. Aber dann ist es nicht so, weil wir die Hausaufgaben in der Schule fertig machen und dann zu Hause Freizeit haben", sagen sie.

Außerdem fällt das Lernen mit den zwei Hauptlehrern viel leichter und die Noten werden besser. Auch für Ausflüge bleibt mehr Zeit.

Das Beste aber ist: In keiner der Ganztagsklassen gibt es „Schlägertypen"! „Ja, wir vertragen uns viel besser, weil wir so viel Zeit miteinander verbringen!", so die Schüler.

Am Ende waren wir alle begeistert von den Ganztagsklassen und konnten zufrieden nach Hause gehen. Und wenn ein paar von uns nächstes Jahr auch in die Ganztagesklasse gehen, wissen sie schon alles darüber und können sich richtig darauf freuen!

Silvia Rötheli

Jeden Tag ein neues Fremdwort

Meine Sechstklässler beschäftigten sich bereits seit zwei Wochen mit der Zeitung. Sie lasen Artikel, die sie interessierten, und wir nutzten die Berichterstattung, um Unterrichtsstoff zu erarbeiten. Bei ihrem Versuch, die jeweiligen Zeitungstexte zu verstehen, stiessen die Schülerinnen und Schüler immer wieder auf Wörter, die sie nicht kannten. Was ist eine Kontroverse? Was ist gemeint, wenn von einer Sanktion die Rede ist? Die Kinder löcherten mich mit Fragen nach der Bedeutung von einzelnen Fach- und Fremdwörtern.

Zunächst verwies ich sie auf die verschiedenen Hilfsmittel in unserem Klassenzimmer: ihr Schulwörterbuch, unsere Synonymwörterbücher, unsere Rechtschreibduden und unser Fremdwörterlexikon.

Doch dann kam mir eine zündende Idee: Jedes Kind sucht jeden Tag in der Zeitung ein Fremdwort und versucht es zu erklären. Gesagt, getan! Am folgenden Tag stellten alle Schülerinnen und Schüler ihre Fremdwörter mit deren jeweiligen Bedeutung vor.

Von Anfang an waren sie mit Eifer dabei. „Ich habe das gleiche Fremdwort, ich habe aber eine andere Bedeutung gefunden.“ Aus solchen Bemerkungen entwickelten sich interessante Diskussionen. Manchmal verweist das gleiche Wort auf Verschiedenes: eine Sanktion ist je nach Zusammenhang eine Billigung oder eine Bestrafung. Manchmal lassen sich Wörter unterschiedlich umschreiben: eine Kontroverse kann ich im Deutschen als Auseinandersetzung oder als Streit bezeichnen. Bei diesen Diskussionen war ich sehr gefordert, denn die Erklärungen aus den Nachschlagewerken waren für lernschwächere Kinder nicht immer leicht zu verstehen. Es gelang auch nicht allen Kindern in gleicher Weise, Fremdwörter zu erkennen. Doch grundsätzlich profitierten alle, denn alle lernten mit dem Wörterbuch umzugehen.

Die Begeisterung meiner Schülerinnen und Schüler für ihre Aufgabe liess auch mit der Zeit nicht nach. Sie brachten selbst Lexika und Fremdwörterduden von zu Hause mit. Wenn ich vergass die Aufgabe abzufragen, meldete sich in der Regel ein Kind und erinnerte: „Wir müssen doch noch die Fremdwörter sagen."

Viele unbekannte Wörter fanden die Kinder im Politikteil der Zeitung. Ich konnte daher die Beschäftigung mit den Fremdwörtern, die zunächst auf die Erweitung des Wortschatzes abzielte, gut als Einstieg in das Thema „Die Regierung in unserem Land" nutzen.

Auch andere Inhalte, für deren Behandlung es sonst in der Schule keinen Raum gibt, besprachen wir ausgehend von den gefundenen Wörtern. Denn die Begriffe entstammten ganz unterschiedlichen Lebensbereichen. So unterhielten wir uns über Integration, Atome, Burn out, Epidemien, Bakterien, Flexibilität, Arthrose, um nur einige Beispiele zu nennen.

Die Beschäftigung mit Fremdwörtern kann auf diese Weise sehr zeitaufwendig werden, so dass es darauf ankommt das richtige Mass zu treffen. Das Interesse der Kinder sollte gewürdigt werden, ohne dass die Gespräche ausufern.

Es ist auch nicht zu erwarten, dass die Schülerinnen und Schüler alle neuen Wörter tatsächlich dauerhaft in ihren passiven oder aktiven Wortschatz aufnehmen, aber es wird etwa Wichtigeres erreicht: Ihre Aufmerksamkeit ist geweckt.

Zwei schöne Erlebnisse verdeutlichen für mich den Lernerfolg der Kinder in besonderer Weise. Eine Schülerin erzählte: „Ich habe gestern in den Nachrichten ein Wort nicht verstanden. Da habe ich nachgeschaut, und es wurde mir klar, was gemeint war." Ein Schüler, der zu Hause italienisch spricht, fragte mich: „Kommt Manko von mancare?" In solchen Momenten denke ich: „Ja, es hat sich gelohnt."

Fremdwörter

28. 9.	Arthrose = Gelenkentzündung
29. 9.	Profit = Gewinn, Nutzen
30. 9.	Ära = Zeitalter
3.10.	Koalition = Bündnis
4.10.	Quartier = Unterkunft, Stadtviertel
5.10.	radikal = bis zum Äussersten, gründlich, rücksichtslos
6.10.	Delegation = Abordnung von Bevollmächtigten
7.10.	Spektakel = Krach, Lärm, Besonderes
24.10.	Illusion = Einbildung, Sinnestäuschung, Wunschvorstellung
25.10.	Revolution = Umsturz
26.10.	Effekt = Wirkung, Ergebnis
27.10.	relevant = bedeutsam, wichtig
28.10.	Lizenz = behördliche Erlaubnis
29.10.	Redaktion = Schriftleitung
31.10.	Konsum = Verbrauch, Verkaufsstelle eines Konsumvereins

Doris Elzer

Das Thema Herbst im fächerübergreifenden Unterricht mit der Zeitung

Die Projektarbeit mit meiner dritten Klasse begann direkt nach den Herbstferien und endete vor dem ersten Advent. Sie fiel also genau in die Herbstzeit. Daher entschloss ich mich, den Herbst zum Leitthema unserer Beschäftigung mit der Zeitung zu machen. Dies war für mich vor allem deswegen eine besonders reizvolle Aufgabe, weil das Thema vielfältige Ansatzpunkte für eine fächerübergreifende Unterrichtsgestaltung bietet.

Bereits im September bahnte ich die Bearbeitung des Themas an: alle Bild- und einige Textbeiträge aus der Zeitung, die das Ende des Sommers und die nahende Herbstzeit ankündigten, sammelte ich und heftete sie, ohne auf eine chronologische Ordnung zu achten, an eine große Pinnwand im Klassenzimmer. In der letzten Schulwoche vor den Herbstferien sprachen wir im Morgenkreis über die Bilder an der Korkwand. Wir brachten sie in eine zeitliche Abfolge und klärten Begriffe, die sich auf den Jahreszeitenwechsel bezogen, z.B. Spätsommer, Frühherbst. Außerdem formulierten wir unser Vorhaben und brachten die Themenstellung „Der Herbst in der Zeitung“, ansprechend auf einen Pappkarton geschrieben, zwischen den Bildern an.

Mitte Oktober lag dann das erste Zeitungspaket auf dem Tisch, und die Projektarbeit konnte beginnen: Unsere erster wichtiger Schritt bestand darin, „demonstrativ“ alle Schulbücher, mit Ausnahme des Mathematikbuches, einzusammeln und im Schrank zu verstauen. Die Ankündigung, dass in den kommenden sechs Wochen die Tageszeitung unser „Schulbuch“ sein sollte, rief bei den Schülerinnen und Schülern Erstaunen, Neugierde und auch Begeisterung hervor.

Recht schnell merkten die Kinder, dass für eine erfolgreiche Projektarbeit entsprechendes Arbeitsmaterial, gemeinsame Regeln und bestimmte Rituale erforderlich sind. In der Anfangsphase besprachen wir daher die „logistischen Probleme“. In Gruppenarbeit klärten wir zunächst, was wir brauchten:

Jedes Kind benötigte Schere, Kleber, Textmarker, Farbstifte, ein DIN-A4-Heft und einen Karton zum Sammeln der Zeitungsausschnitte. Für alle gemeinsam waren erforderlich: Tafel- und Wandflächen zur Dokumentation unserer Ergebnisse, Sammeltaschen aus gebrauchten Geschäftsumschlägen, aber auch ausreichend Abfallbehälter. Des Weiteren stellten wir Regeln für eine disziplinierte Gruppenarbeit sowie Rituale für jeden Tag und jede Woche auf. Drei feste Einrichtungen bildeten das Gerüst für die fächerübergreifende Projektarbeit der nächsten Wochen:

Arbeitskarten

Jeden Morgen bearbeiteten die Kinder zwei Auftragskarten, die ich zu Hause anhand der aktuellen Zeitung zusammengestellt hatte und an die Tafel hängte. Eine Aufgabe lautete beispielsweise: „Suche im Regionalteil Berichte und Bilder von Unfällen, die durch Schnee und Straßenglätte verursacht wurden! Unterstreiche die Überschriften dieser Berichte rot und rahme die Bilder rot ein!“ Mit ihrem Zeitungspass waren die Schülerinnen und Schüler berechtigt, bereits ab 7.30 Uhr das Schulhaus zu betreten und sich mit ihren Aufträgen zu beschäftigen. Die Arbeitsergebnisse der Kinder besprachen wir im Unterricht.

Herbstheft
Jedes Kind gestaltete eine Herbstheft mit Bildern und Beiträgen, die es bei der täglichen Recherche zu unserer Thematik in der Zeitung fand. Auch Gedichte, Lieder und herbstlich gestaltete Schmuckblätter hatten ihren Platz in diesem Heft.

Herbstwand
Die bereits erwähnte Herbstwand wurde täglich ergänzt und bot stets interessante Sprechanlässe.

Auf der Grundlage dieses dreiteiligen Gerüsts behandelten wir eine Vielzahl von Themen der unterschiedlichen Fachbereiche. Bei einigen Themen konnte ich den Unterrichtsverlauf erst morgens anhand der aktuellen Zeitung planen und strukturieren. Andere ergaben sich spontan während des Unterrichts und wurden in den folgenden Tagen erörtert.

Im Weiteren möchte ich an konkreten Beispielen zeigen, wie sich bei unserer herbstlichen Auseinandersetzung mit der Projektzeitung Erfahrungsbereiche aus dem Sachunterricht mit Lernfeldern aus dem Deutschunterricht verbinden ließen und auch der musisch-kreative Bereich gewinnbringend einbezogen werden konnte.

Sachunterricht

Das Wetter im Herbst - Arbeit mit der Wetterkarte

- Wir führten Orientierungsübungen auf der Wetterkarte durch, um den Umgang mit den Himmelsrichtungen zu üben.
- Wir schnitten die Symbole aus, die auf der Wetterkarte verwendet werden, klebten sie in das Herbstheft und verbalisierten, was sie jeweils bedeuten.
- Wir verglichen die Vorhersagen der Zeitung mit dem tatsächlichen Wetter und markierten Abweichungen durch eigene Symbole in einer Tabelle. Wir führten täglich zur gleichen Zeit Temperaturmessungen durch, verglichen sie mit den „Zeitungstemperaturen“ und erstellten eine Tabelle.
- Wir listeten die Angaben des täglichen Wetterberichts auf und konnten so die Veränderungen während unserer herbstlichen Projektzeit nachvollziehen.
- Wir führten Listen mit Angaben über Sonnenauf- und Sonnenuntergänge. Diese Langzeitbeobachtung gab uns Aufschluss über die jahreszeitlich bedingten Veränderungen von Tag- und Nachtlängen.

Bei der Arbeit an den Tabellen und Listen hatten die Kinder zunächst einmal Gelegenheit, Ordnungsstrukturen kennenzulernen und anzuwenden. Mit Hilfe der übersichtlichen Tabellen und Listen sollten sie aber auch auf eine genaue Beobachtung der jahreszeitlichen Wetterveränderungen hingelenkt werden.

Die Natur im Herbst

Fast täglich entdeckten die Kinder in der Projektzeitung Fotos, auf denen der jahreszeitliche Wandel in der Natur und die Besonderheiten des Herbst ins Bild gebracht waren. Einige Stichpunkte seien zur Illustration genannt: Getreideernte, Sonnenblumen, Obsternte, Zugvögel, Spinnennetze, Kartoffeln, Kürbisse, Pilze, Wildwechsel, buntes Laub, Weinlese, Igelverstecke, Nebel, Raureif, Straßenglätte.

Solche Fotos bildeten, in chronologischer Reihenfolge eingeklebt, den Hauptbestandteil der von den Kindern gestalteten Herbsthefte. Aber auch an unserer Herbstwand entstand mit der Zeit ein buntes Mosaik von Herbsteindrücken. Die gesammelten Beiträge wöchentlich in eine zeitliche Abfolge zu bringen, bot eine sinnvolle Gelegenheit, das Zeitbewusstsein der Schülerinnen und Schüler und ihr Gefühl für Veränderungen innerhalb bestimmter Zeiträume zu fördern.

Die Feste, Gedenktage und Veranstaltungen im Herbst

Einen weiteren Baustein bildeten Bilder und Berichte über Feste, Feiertage, Gedenktage und Veranstaltungen in der herbstlichen Projektzeit: Halloween, Allerheiligen, St. Martin, Jahrestag der Maueröffnung usw.

Die Kinder lernten zwischen lokalen, regionalen, überregionalen und in der Welt bekannten Festen zu unterscheiden. War eine Berichterstattung nur auf den Lokalseiten zu finden, so musste es sich um ein Ereignis von regionalem Charakter handeln, wie etwa bei der für unsere Region traditionellen Kerwe, der Waldbegehung mit dem Förster oder dem Laternenfest der Evangelischen Gemeinde. Die eigene Teilnahme an solchen Festen war die beste Motivation, am nächsten Tag in der Zeitung nach Berichten über die jeweiligen Veranstaltungen zu suchen. Vielfältige Möglichkeiten boten sich im Monat November mit seinen kirchlichen Feiertagen und Gedenktagen. Immer wieder nahm ich mir Zeit, anhand der Zeitungsberichte die geschichtlichen Hintergründe z.B. der „Reichskristallnacht“ oder des Volkstrauertages den Kindern nahe zu bringen.

Deutsch

Aus den sachkundlichen Themenstellungen, die wir mit Hilfe der Zeitung bearbeiteten, erwuchs eine Vielzahl von Aufgaben, die den Lernfeldern „Mündlicher Sprachgebrauch“, „Schriftlicher Sprachgebrauch“, „Sprachüben/Sprachbetrachten“, „Rechtschreiben“, „Lesen“ zugeordnet werden können. Hierzu einige Beispiele:

Mündlicher Sprachgebrauch

- Täglich wurden die Wetternachrichten aus der Zeitung „ins Mikrofon“, das in Wahrheit eine zusammengerollte Zeitung war, gesprochen. Dabei legte ich auf eine deutliche und klare Sprechweise Wert. Einige Wetternachrichten nahmen wir auf Kassette auf und konnten so Ausdrucksweise und Aussprache nach mehrmaligem Hören korrigieren.
- Berichte über Unfälle, die durch schlechtes Herbstwetter verursacht waren, wurden gelesen und mit eigenen Worten wiedergegeben.
- Paarweise erarbeiteten die Kinder Minivorträge über Wettererscheinungen, die sie in der eigenen Klasse oder in der Parallelklasse vortrugen.
- Eine besondere Herausforderung stellte das Verbalisieren der Tabellen- und Listenaussagen dar.

Eine Fülle von Sprechanlässen bot täglich die Herbstwand mit ihren Bildbeiträgen zur Jahreszeit.

- Im Morgenkreis beschrieben die Kinder in Gruppen- und Paargesprächen ausgewählte Bilder. Sie äußerten sich zum Dargestellten und stellten heraus, welche Bilder zusammengehörten.
- Zum beliebten Ritual am Wochenanfang entwickelten sich die „Eckengespräche“: In jeder Ecke des Klassenzimmers befestigte ich ein Herbstbild. Alle Kinder ordneten sich einem Bild ihrer Wahl zu. Die so entstandenen Gruppen unterhielten sich nun über „ihr“ Bild. Leitfragen waren hierbei: Warum habe ich dieses Bild gewählt? Was gefällt mir daran, was nicht? Woran erinnert es mich? Nach einigen Minuten konnten die Kinder ein anderes Bild auswählen und in der neuen Gruppe darüber reden. Auf diese Weise kamen sie in unterschiedlichen Zusammensetzungen miteinander ins Gespräch. Spielregel war, leise und in vollständigen Sätzen zu sprechen sowie die Beiträge der Mitschülerinnen und Mitschüler ernst zu nehmen.
- Ebenso beliebt war das Bilderraten: „Mein Bild passt in den Spätherbst. Die Menschen, vor allem diejenigen, die mit dem Auto fahren, haben Angst davor ...“ Eine solche Beschreibung konnte sich etwa auf ein Bild beziehen, das einen Beitrag über Nebel oder Straßenglätte illustrierte.

Schriftlicher Sprachgebrauch

- In einer Schreibwerkstatt entstanden Aufsätze zum Thema „Erlebnisse eines Zeitungsblatts im Herbst“. Vorausgegangen war die Erarbeitung der Fabel „Das Blatt“ von Marie Ebner-Eschenbach. Eine Auswahl der entstandenen Geschichten schickten wir an die Redaktion unserer Projektzeitung und waren sehr stolz, als wir einen der Aufsätze in der Wochenendausgabe auf der Kinderseite wiederentdeckten.

- Am Beispiel einer Reihe von Berichten übten wir, die in einem Text enthaltenen Informationen zusammenzufassen, und sie in eigener Ausdrucksweise wiederzugeben, bzw. in Stichpunkten festzuhalten.
- Nachdem wir uns damit beschäftigt hatten, wie man einen offiziellen Brief formuliert und ein Kuvert beschriftet, schrieben wir an einen Buchhändler und baten ihn um Zusendung eines Buches zur Ansicht. Das Buch wurde auf der Kinder- und Jugendbuchseite unserer Projektzeitung empfohlen. Nach einer gemeinsamen Prüfung dieser Empfehlung kauften wir es vom Klassenkassengeld als Vorlesebuch für den Herbst.

Sprachüben/Sprachbetrachten

Jeder Bericht über ein Ereignis im Herbst bot Möglichkeiten, über die Sinnentnahme hinaus Spracharbeit zu leisten. Voraussetzung war ein motivierender Bezug der Kinder zum Text und eine einfache Textstruktur. So konnten wir z.B. Übungen zu Wortarten, Satzarten, Satzbau u.a. durchführen und Piktogramme versprachlichen. Wortschatzerweiterungen ließen sich anhand von Wortfamilien und Wortfeldern erzielen. Das Zerschneiden, Neuzuordnen und Aufkleben von Texten, Sätzen und Wörtern erlaubte hierbei einerseits einen willkommenen Methodenwechsel und gab andererseits Anlass, die Feinmotorik zu schulen. Überdies war es uns mit Hilfe der unterschiedlichen Schriftarten und -größen möglich, das Schriftbild reizvoll und abwechslungsreich zu gestalten.

Rechtschreiben

Auch in diesem Lernfeld boten sich einfach strukturierte Texte als Grundlage zum Üben an. Jede Woche wählte ich ein Rechtschreibe-Problem aus, das wir im Unterricht am Beispiel eines Zeitungstextes behandelten. Zu Hause wurde die Kenntnis der entsprechenden Regeln durch gezielte Arbeitsaufträge gefestigt. Ein Bericht über den Herbstbastelvormittag einer Speyerer Grundschule nutzten wir dazu, die Schreibweise von Wörtern mit Doppelmitlauten zu üben. Zu Hause sollten die Kinder auf einer vorher festgelegten Zeitungsseite möglichst groß gedruckte Wörter mit Doppelmitlauten suchen, sie ausschneiden und nach Gruppen (mm, nn, tt, ss usw.) geordnet aufkleben. Eine wichtige Ergänzung war bei solchen Aufgaben die Arbeit mit dem Wörterbuch.

Die Rechtschreibung wurde auch trainiert, indem die Kinder kurze Abschnitte aus Wetternachrichten oder Bildunterschriften zum Thema Herbst abschrieben. Darüber hinaus konnten die verschiedenen gängigen Diktatformen mit Zeitungstexten herbstlichen Inhalts durchgeführt werden. Bei „Pfeifdiktaten" las ich Beiträge vor und signalisierte durch einen Pfiff auf der Trillerpfeife, wann die Kinder ein Wort schreiben sollten. Schwierige Wörter aus den behandelten Berichten schrieb ich kurz an die Tafel und ließ sie, nachdem ich sie weggewischt hatte, in die Hefte notieren. In großer Schrift gesetzte Schlagzeilen verwendete ich für Laufdiktate, bei denen die Kinder an den Wänden aufgehängte kurze Texte lesen und anschließend an ihrem Platz aus dem Gedächtnis aufschreiben.

Lesen

Da das Lesen Grundvoraussetzung für die tägliche Begegnung mit der Zeitung ist, möchte ich nur kurz auf die vielfältigen Lesemöglichkeiten eingehen, die wir uns geschaffen haben: Tägliche

Übungen zur Verbesserung der Lesefertigkeit waren eine Selbstverständlichkeit. Durch entsprechende Differenzierungsmöglichkeiten und selbst erdachte „Lesespiele“ blieb die Motivation auch bei leseschwächeren Kindern erhalten.

Besonderen Spaß bereitete das allmorgentliche Vorlesen des Wetterberichts in unserem „Studio“. Den Nachrichtendienst übernahmen die Kinder reihum. Ebenso beliebt waren die Wort- und Satzsuchübungen in Paararbeit. Hierbei hatten wir dieselbe Zeitungsseite aufgeschlagen und ein Kind beschrieb dem anderen das gesuchte Wort oder den gesuchten Satz etwa folgendermaßen: „Ich sehe ein Wort, das mit einem G beginnt...“ „Ich sehe einen Satz, der mit...beginnt und mit...endet.“ Im Leseunterricht setzte ich ergänzend zu Zeitungstexten auch literarische Texte ein, die thematisch zum Herbst passten.

Musik

Dank unserer günstigen Raumsituation und der relativ kleinen Klassenstärke von 20 Schülerinnen und Schülern konnten wir im Laufe eines Unterrichtsmorgens immer wieder Bewegungszeiten einbauen, in denen die Kinder das Medium Zeitung auf eine unkonventionelle Weise erfuhren. Im freien Spiel erprobten sie zunächst unterschiedliche Zeitungsgeräusche. Die Zeitung konnte zerrissen, geschüttelt, gefaltet, gerollt, zerknüllt, in die Luft geworfen werden. Indem wir die verschiedenen Möglichkeiten gezielt einsetzten und den Wechsel von Rhythmus, Tempo und Lautstärke bewusst steuerten, bildeten wir ein regelrechtes „Zeitungsorchester“. Schrittweise brachten wir die „Zeitungsmusik“ mit dem Herbst in Verbindung. In Gruppen wurden für die Jahreszeit typische Geräusche, wie Wind, Sturm, Hagel, Regen, aber auch das Knistern und Rascheln des Laubes oder das Fallen der Blätter nachgeahmt. Als besonders ausdrucksstark erwies sich die Verbindung von Zeitungsinstrumenten, Körperinstrumenten und Orffschen Rhythmusinstrumenten. Wir verwendeten auch Teile von klassischen Musikstücken. Ausschnitte aus Vivaldis „Vier Jahreszeiten" (Herbst) oder das „Regentropfenprelude" von Chopin motivierten die Zeitungsmusikerinnen und -musiker in hohem Maß.

Breiten Raum nahm die ganzheitliche Begegnung mit dem Gedicht „Das große kecke Zeitungsblatt" von Josef Guggenmos ein. Nach der sprachlichen Durchdringung stellten wir es szenisch dar, erlernten die Liedversion von Roßhoff-Roy und begleiteten uns mit den bereits erprobten Zeitungsinstrumenten. Diese Sequenz machte uns allen viel Freude und führte die Kinder auf emotionale Weise an das oben erwähnte Aufsatzthema „Ein Zeitungsblatt erzählt: Erlebnisse eines Zeitungsblatts im Herbst" heran.

Kreatives Gestalten

Kreatives Gestalten im weiteren Sinn war unabdingbarer Bestandteil unserer Arbeit mit der Zeitung. Schere und Klebstoff lagen immer bereit, wir legten Tabellen und übersichtliche Listen an und gestalteten die persönlichen Herbsthefter. Auf diese Weise konnten die Kinder ihre motorischen Fähigkeit und ihre visuelle Wahrnehmung schulen.

Wir fertigten aber auch künstlerische Arbeiten im engeren Sinn an. Dies war nicht nur eine Abwechslung, sondern eröffneten darüber hinaus andere Sichtweisen auf den von uns bearbeiteten Themenbereich. So erstellten wir zum Herbst einige phantasievolle Arbeiten:

- Herbstlaub: Wir hatten Zeitungspapier in Herbsttönen eingefärbt. Daraus schnitten wir verschiedene Blattformen aus, die wir auf Tonpapier klebten.
- Herbstmode: Aus den Werbebeilagen schnitten wir Kleidungsstücke aus, die wir aufklebten und mit Hilfe verschiedener Maltechniken zu Modepuppen vervollständigten.
- Hilfe, mein Hut! Wir falteten einen Hut aus Zeitungspapier. Dann malten wir Figuren in Bewegung, die gegen Herbststürme ankämpfen und den gefalteten Hut festhalten oder ihm hinterherlaufen.
- Ein Zeitungsblatt wandert durch die Stadt: Hierbei erstellten wir eine Bilderfolge zum Gedicht „Das große kecke Zeitungsblatt“.
- Wörterbilder zum Thema Herbst: Solche Bilder entstanden in Paar- oder Gruppenarbeit. Wir schnitten beispielsweise die Buchstaben des Wortes „Herbst“ aus der Zeitung aus und suchten für jeden Buchstaben ein „Herbstwort“: Halloween, Erntedank, Regen, bunte Blätter, Sankt Martin, Trauben.

Zusammenfassend lässt sich sagen: Anhand des Themas Herbst wurden die Kinder mit dem Aufbau der Tageszeitung vertraut und übten sich im Umgang mit dem Medium. Sie konnten verschiedene Lern- und Arbeitstechniken nutzen: Material musste gesammelt, Ordnungsstrukturen mussten erkannt und angewendet werden.

Die Feinmotorik wurde ebenso geschult wie die Sozialkompetenz: die Kinder übernahmen Verantwortung bei Langzeitbeobachtungen, bei Paar- und Gruppenarbeiten waren die Passiven zu motivieren und Außenseiterinnen und Außenseiter zu integrieren. Das schulische Lernen konnte zur Erfahrungswelt der Schülerinnen und Schüler in Bezug gesetzt werden, und es ließ sich ein ganzheitliches und entdeckendes Lernen in den verschiedenen Lernbereichen verwirklichen.

Nicht zuletzt leistete unsere herbstliche Arbeit mit der Zeitung ein Beitrag zur Entwicklung des Zeitbewusstsein der Kinder: sie vollzogen die Chronologie von Ereignissen nach, unterschieden zwischen einmaligen und immer wiederkehrenden Ereignissen und lernten somit verschiedene Zeitformen kennen.

Heute ist die Zeitung für uns ein wichtiges, unverzichtbares Medium im Unterricht. Immer wieder bringen die Schülerinnen und Schüler interessante Artikel, Berichte oder Bilder mit, die wir im Morgenkreis besprechen oder ergänzend im Unterricht einsetzen.

LATERNE
Laub
Apfel
Teetrinken
Erntedank
Rauch
Nüsse
Eiskalt

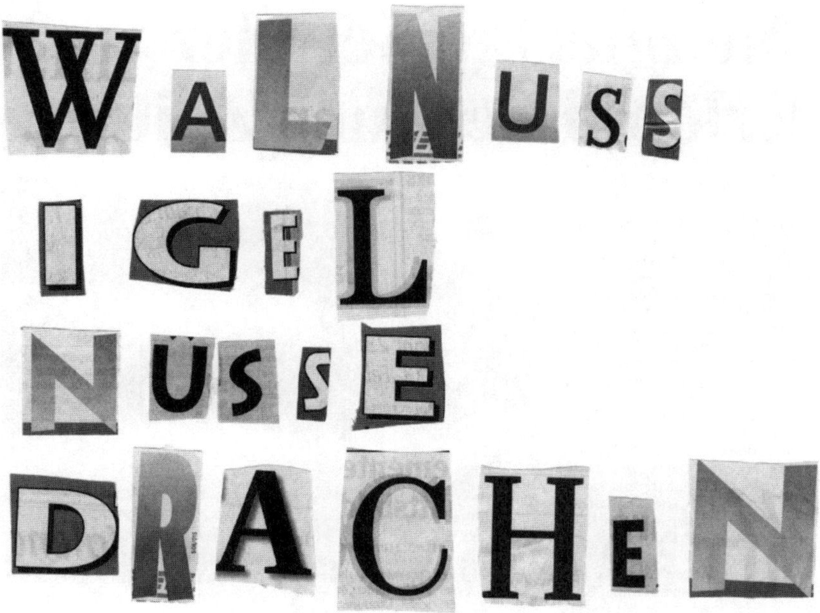
WALNUSS
IGEL
NÜSSE
DRACHEN

Neugierige Schüler und Erlebnisse einer Zeitung

Von Maria Wilzek

▸ Zur Zeit gibt es in der Stadt Speyer und im Umkreis das Projekt „Zeitung in der Grundschule". Die Schülerinnen und Schüler, die bei diesem Projekt mitmachen, erfahren, wie eine Zeitung gemacht wird. In der Grundschule Schwegenheim war nun der RHEINPFALZ-Fotograf Norbert Lenz bei den Klassen 3a und 3b zu Besuch, um den Kindern zu erzählen, wie unsere Arbeit aussieht.

Norbert Lenz zeigte den Kindern auch alte Kameras, die schon 50 Jahre alt sind, und einen ganz modernen Fotoapparat, eine Digitalkamera. Die Schüler waren neugierig und stellten ganz viele Fragen: „Wie lange arbeitet ihr?, Wie viele Bilder macht ihr?, Wie viele Kameras habt ihr?".

Die Klasse 3a der Grundschule Schwegenheim mit RHEINPFALZ-Fotograf Norbert Lenz in der Mitte und ihrem Lehrer Gunther Wengert. —FOTO LENZ

Ganz besonders interessierten sie sich für die Feuerwehr. „Kommt ihr auch, wenn eine Katze auf dem Baum sitzt?", fragte ein Schüler den Fotografen. Und Norbert Lenz erklärte, dass er nicht bei allen Einsätzen der Feuerwehr dabei sein kann, dass er bei den größeren aber vor Ort ist. Begeistert zeigten die Schüler ihm dann ihre Hefte, Zeitungsausschnitte und Bilder. Eine der Geschichten aus der Klasse 3b drucken wir heute ab:

Ich liege vor der Haustür von Vanessas Haus. Plötzlich steht über mir eine dunkle Regenwolke und es wird immer kälter. Plötzlich kommt ein großer Sturm auf und bläst mich fort. Ich fliege in der Luft, bis der Sturm nachlässt. „Gleich lande ich!" Auf einmal macht es platsch und ich lande im Hainbach. Ich fließe durch den kalten Bach. Doch plötzlich sehe ich einen grauen Schwanz im Wasser. Da, eine Wasserratte schwimmt neben mir! Sie piekst mich und knabbert an mir wie ein Vogel. Ich merke, wie ich nass und nässer werde und wie ich meine Schrift verliere. „Oh, ich kann mich nicht mehr retten!", jammere ich. Auf einmal schwimmt hinter mir ein kleines Holzbrett. Ich klammere mich fest und ziehe mich hoch. Ich bin schlapp einmal schwimmt hinter mir ein kleines Holzbrett. Ich klammere mich fest und ziehe mich hoch. Ich bin schlapp wie noch nie. Ganz plötzlich gibt es einen Ruck und das Holzstück bleibt an einem Ast hängen. Ich schaue mich um, dann purzele ich herunter und rolle so schnell ich nur kann zu Vanessas Haus. Dort lasse ich mich gemütlich trocknen, bis mich Vanessa holt. Die Tür geht langsam auf und ich werde mit ins Haus genommen. Ich werde von Vanessas Papa gelesen und denke dabei an das aufregende Abenteuer heute Morgen!

Von Anne

Silke Czach

Englischanfangsunterricht mit einer deutschsprachigen Tageszeitung

Kann man anhand einer deutschsprachigen Tageszeitung Englisch lernen? Nach meiner Erfahrung eröffnen sich im Rahmen einer Projektarbeit mit der Zeitung tatsächlich interessante Möglichkeiten, den Englischanfangsunterricht attraktiver zu gestalten.

Um an die Fremdsprache heranzuführen, empfiehlt es sich, die Kinder alltägliche Situationen darstellen zu lassen: sie lernen beispielsweise, auf Englisch ein Telefongespräch zu führen, eine Verabredung zu treffen, etwas zu bestellen oder zu kaufen. Außerdem können sie sich gegenseitig Frage und Antwort stehen. Als Gesprächsthemen bieten sich – neben Schule und Familie – Spielzeug, Haustiere, Speisen und Getränke, Hobbys, Sport, Wohnraum und Möbel, Haushalt, Bekleidung und Sport an. Die Schülerinnen und Schüler sind mit diesen Themenbereichen gut vertraut. Nachdem sie die grammatikalischen Strukturen und das englische Sprachmaterial kennengelernt haben, können sie daher Fragen stellen und beantworten, Kurzaussagen treffen und auch eigene Texte verfassen.

Gerade zu den genannten Bereichen kann man in Regionalzeitungen vielfältiges Bildmaterial finden. Vor allem die Werbebeilagen einzelner Geschäfte, großer Kaufhäuser, der Baumärkte und Supermarktketten sind ein reichhaltiger Fundus.

Im Weiteren möchte ich in erster Linie Unterrichtsideen darstellen, die diesen Fundus nutzen, um den Englischanfangsunterricht methodisch abwechslungsreich zu gestalten. Als grundsätzliche Differenzierungsmöglichkeit können die Arbeitsanweisungen, die ich deutsch formuliert habe, auch auf Englisch erteilt werden.

1. Fremdwörter aus dem Englischen - Vokabeln lernen mit der Zeitung

Als eine Einstiegsmöglichkeit in die Projektarbeit eignet sich zunächst ein anderer Anknüpfungspunkt: englische Fremdwörter in der Zeitung. Viele englische Wörter wurden in die deutsche Alltagssprache übernommen: pullover, shampoo, basketball sind nur einige Beispiele, die man nennen kann. Auch die Schülerinnen und Schüler benutzen diese Wörter in ihren Gesprächen und Texten, ohne sich ihres Ursprungs bewusst zu sein. Oft finden sich in der Tagespresse darüber hinaus Wendungen in englischer Sprache: „Good Morning, America“, „Men in black“ oder ähnliches. Wenn die Kinder solche Formulierungen in der Zeitung ausfindig machen, lernen sie auf eine scheinbar mühelose Weise Vokabeln.

Wir gingen zunächst gemeinsam auf die Suche. Nachdem die Kinder wussten, worauf sie achten sollten, arbeiteten sie in Zweiergruppen. Sie sollten die gefundenen Fremdwörter ausschneiden und auf ein Arbeitsblatt kleben. Dabei stand jeder Gruppe ein eigener Duden zur Verfügung, alle hatten die Möglichkeit, ein Fremdwörterlexikon zu nutzen, das auf meinem Tisch lag. So konnten die Wörter, über deren Herkunft Unsicherheit bestand, nachgeschlagen werden. Manche Wörter klingen für die Kinder zwar englisch, sind es aber nicht - ein Beispiel ist das Wort „Chef“. Um die Schülerinnen und Schüler durch die Textmenge nicht zu überfordern, ließ ich sie nur die Schlagzeilen, Bildunterschriften und Werbetexte durchforsten. Herauszufinden war auch die entsprechende deutsche Bedeutung der gefundenen Wendungen und Wörter, die jedoch nicht schriftlich festgehalten wurde. Die Kinder sollten sie sich gut einprägen, um sie im abschließenden Gesprächskreis mündlich wiedergeben zu können. Nach dieser Arbeitsphase trugen wir unsere Ergebnisse zusammen: „Mr. Bean“ heißt auf Deutsch „Herr Bohne“, „After Eight“ „nach acht (Uhr)“. Die Bedeutung bestimmter Wörter merken sich die Kinder auf diese Weise besser als beim herkömmlichen Vokabellernen.

2. Einsatzmöglichkeiten beim Lernen und Üben grammatischer Strukturen

a) Festigung von Satzstrukturen mit „have got“ und „has got“

Nach meiner Erfahrung fällt es den Schülerinnen und Schülern im Anfangsunterricht besonders schwer sich einzuprägen, wie man die Wendungen „have got“ und „has got“ richtig gebraucht. Daher ist es sinnvoll, vielfältige Übungsmöglichkeiten zu bieten. Hierbei empfiehlt sich ein Wechsel der Methoden und Arbeitsformen. Neben Buch und workbook kann auch die Zeitung geeignetes Material zur Verfügung stellen. Denn Bilder von Fotoapparaten, Inlineskates, Uhren, Fahrrädern, Fußbällen, Keyboards, Autos, Computern, Tischspielen, Skateboards, Radios, Hunden, Katzen oder ähnlichem finden sich regelmäßig vor allem in den Werbebeilagen. Da die entsprechenden Vokabeln leicht zu lernen sind, eignen sich solche Darstellungen gut für Fragespiele. Fragen wie „Have you got a camera?“ „Have you got inline skates?“ „Have you got a watch?“ können mit den Kurzantworten „Yes, I have“ oder „No, I haven’t“ beantwortet werden.

Viele Schulbücher bieten zur Vermittlung dieses Unterrichtsstoffs allein Übungsmaterial, das mit dem Inhalt der Schulmappe (calculator, book,...), der Federtasche (pen, ruler,...) oder der Familie (sister, grandmother, uncle,...) in Zusammenhang steht. Bei der Neueinführung ist dies sicherlich sinnvoll, da die Vokabeln bekannt und nur die grammatikalischen Strukturen neu sind. Zur Festigung empfiehlt es sich allerdings, auf andere Alternativen zurückzugreifen, da es den Schülerinnen und Schülern mit der Zeit langweilig wird, nach Geschwistern und Schulsachen zu fragen bzw. gefragt zu werden, vor allem wenn die Antworten bereits bekannt sind.

Ich ging folgendermaßen vor: Zu Hause hatte ich ein Arbeitsblatt vorbereitet, auf das Abbildungen einiger der oben genannten Gegenstände und Tiere geklebt waren. Anhand dieses Arbeitsblattes führte ich das neue Vokabular ein. Die Kinder sollten die Wörter hören und nachsprechen und nach der Vermittlung des Schriftbildes auch lesen und abschreiben. Sie durften entweder auf das Arbeitsblatt oder in ihre Hefte schreiben. Denkbar ist auch, der Klasse einige große Bilder aus der Zeitung zu zeigen, um sie mit dem für die folgende Unterrichtseinheit erforderlichen Vokabular vertraut zu machen.

In einem zweiten Schritt befragte ich einzelne Schülerinnen und Schüler nach dem Schema „Have you got...?, worauf sie die Kurzantworten gaben. Anschließend ließ ich sie in Einzelarbeit schriftliche Aussagen zu sich selbst treffen: „I have got a camera, a bike and a football. I haven't got a keyboard and a car".

Zum Abschluss der Unterrichtseinheit erklärte ich den Kindern ihre Hausaufgabe: Auf einem weißen DIN-A5-Blatt hatte ich folgende Arbeitsanweisung notiert:

- Schreibe auf dein Blatt groß die Überschrift Have you got...?
- Schneide aus der Zeitung zwei oder drei Bilder aus, die zu dem Bereich der neueingeführten Vokabeln gehören!
- Klebe diese Bilder auf ein weißes Blatt!
- Zeichne neben, über oder unter jedes Bild eine Tabelle mit den Spalten: „yes“, „no“!

Ich hatte bereits selbst einige Blätter angefertigt, um den Kindern ihre Aufgabe zu veranschaulichen. Außerdem stand mir so eine Reserve zur Verfügung für den Fall, dass jemand seine Hausaufgaben vergaß. Außerdem forderte ich sie auf, in verschiedenen Ausgaben der Tageszeitung zu suchen, damit sie unterschiedliche Bilder ausschnitten.

Das von den Kindern erstellte Arbeitsblatt sollte in der folgenden Stunde verwendet werden. Doch zunächst galt es, die neu gelernten Wörter mündlich zu wiederholen und ihre Aussprache zu festigen. Ich heftete hierzu eines meiner Beispielblätter, das ich auf DIN-A3 vergrößert hatte, an die Tafel. Nun stellte ich einigen Kindern Fragen zu den Abbildungen: „Have you got a cat? Have you got a game boy?“ Lautete die Antwort: „Yes, I have“ so trug ich den Namen des Kindes in der Tabellenspalte ein, die mit Yes überschrieben war, lautete sie „No, I haven’t“, so erfolgte der Eintrag unter No. Anhand des Beispielblattes konnten sie nun Sätze wie „Jessica, Daniel and Julia have got inline skates“ „Claudia and Silke haven’t got a game boy“ bilden. Wenn die Satzstrukturen mit „has got“ schon bekannt sind, sind auch Sätze wie „Mandy has got a cat“ oder „Mandy hasn’t got inline skates“ möglich. Ansonsten bietet sich deren Neueinführung an.

Jetzt konnten die Kinder die Blätter hervorholen, die sie zu Hause angefertigt hatten. Alle standen auf und gingen durch die

Klasse, um die anderen zu den eigenen Bildern zu befragen und das Ergebnis ihrer Interviews in ihrer Tabelle festzuhalten. Diese Vorgehensweise gibt ihnen nicht nur die Möglichkeit, aktiv zu werden und sich auf Englisch zu äußern, sie leistet auch einen Beitrag zum kameradschaftlichen Miteinander. Da alle möglichst viel in ihre Tabelle eintragen möchten, sprechen sie auch diejenigen an, die ihnen weniger sympathisch sind. Ich gab etwa 15 Minuten Zeit zur gegenseitigen Befragung. Danach setzten wir uns wieder an unsere Plätze zurück, und die Einzelnen hatten Gelegenheit, beim Vortragen ihrer Arbeitsergebnisse die behandelten grammatikalischen Strukturen einzuüben. Anschließend schrieben alle mindestens vier Sätze zu ihren Tabellen in ihre Hefte. Diese Sätze wurden abschließend vorgelesen.

b. Einführung oder Festigung von Umschreibungen mit „do", „don't" und „doesn't"

Grundsätzlich läßt sich die beschriebene Vorgehensweise auf unterschiedlichen grammatikalischen Lernstoff übertragen. Mit Hilfe von Zeitungsbildern, die Prominente aus dem Bereichen Sport, Politik und Musik oder Tiere, Nahrungsmittel, Spielsachen und Kleidungsstücke abbilden, lassen sich Fragespiele zu den Vorlieben und Abneigungen der Schülerinnen und Schüler initiieren: Nachdem die Vokabeln durch die Zeitungsbilder optisch unterstützt eingeführt oder aufgefrischt sind, können die Kinder Fragen wie „Do you like milk?", „Do you like David Beckham?", „Do you like mice?" mit „Yes, I do" bzw. „No, I don't" beantworten. Anschließend bilden sie mit Hilfe der Tabellen, die sie bei der Befragung der anderen Klassenmitglieder erstellt haben, Sätze wie „Julia likes dogs, she doesn't like cats", „Thomas und

Andy like cheese, they don't like vegetables". Voraussetzung ist, dass die Kinder mit den grammatikalischen Strukturen bereits vertraut sind oder diese im Vorfeld anhand von Beispielen eingeführt wurden.

c. Neueinführung und Festigung von Satzstrukturen mit „there is / there isn't" und „there are / there aren't"

Zur Neueinführung von „there is / there isn't" und „there are / there aren't" eignen sich zunächst die Dinge im Klassenraum (blackboard, tables, door, windows,...) und in der Federtasche (pen, pencil, biro,...). Ich schrieb Sätze wie die folgenden an die Tafel: „There is a desk in the room", „There are chairs in the room, too", „There isn't a car in the room", „There aren't computers in the room". Anschließend forderte ich die Schülerinnen und Schüler auf, selbstständig Aussagen zu ihren Federtaschen zu machen: „There is a pen in my pencil-case" usw.

Nachdem die Satzstrukturen bekannt waren, begannen wir das Bildmaterial der Zeitung einzubeziehen. Als Vorbereitung führten wir jedoch zunächst die Vokabeln der am häufigsten im Haus gehaltenen Tiere in ihren Singular- und Pluralformen ein. Hierbei konnten die Kinder auf ihre Fernseherfahrung zurückgreifen, durch die sie viele englische Tierbezeichnungen bereits kannten (catwoman, Donald Duck ...). Ich machte sie u.a. mit folgenden Vokabeln bekannt: dog/dogs, cat/cats, hamster/hamsters, rabbit/rabbits, mouse/mice, fish/fish, turtle/turtles. Danach erhielten die Kinder von mir ein Arbeitsblatt mit folgenden Anweisungen:

- Schreibe auf dein Blatt groß die Überschrift NICE PETS!
- Schneide aus der Zeitung so viele Tiere wie möglich aus!
- Klebe die Tierbilder in das Ladenfenster auf das Arbeitsblatt!

Nachdem die neuen Vokabeln wiederholt und von den Leistungsstärkeren an die Tafel geschrieben worden waren, tauschten die Kinder ihre zu Hause angefertigten Blätter aus. Sie beschrieben der Klasse, welche Tiere sie in den Fenstern sahen bzw. nicht sahen. Sie bildeten mündlich und schriftlich Sätze wie: „There is a mouse“, „There are three dogs“, „There are a lot of fish“, „There isn’t a hamster and there aren’t rabbits“.

Eine weitere schwierigere Aufgabe zu dem PET SHOP WINDOWS könnte lauten: Fertige zu den in deinem Fenster befindlichen Tieren PET CARTS an. Dazu muss die Lehrperson zunächst zahlreiche neue Vokabeln einführen und festigen, zum Beispiel die Hilfsverben: can, can’t, must; die Verben: keep, buy, feed, eat, drink, clean, swim, fly, touch, sing; die Substantive: basket, cage, fish tank, dog food, bones, bird seed, water, apples, carrots.

Zwei mögliche Arbeitsergebnisse sollen erläutern, wie eine solche PET CART aussehen könnte:

PET CART: DOG

A dog isn’t easy to keep.
You must buy a basket,
toys and a lot of dog food.
A dog must drink fresh water.
It can bark and it can carry things.
You must take a dog for a walk
every day and you must wash it.

PET CART: BIRD

A bird is easy to keep.
You must buy a cage and bird seed.
A bird must drink water.
It can fly. Some birds can sing
or speak, too.
You must clean the cage
every day.

Ausgehend von diesen PET CARTS können auch Dialoge im Tiergeschäft dargestellt werden, bei denen ein Kind das andere in einer simulierten Kaufsituation nach seinem Wunschtier befragt.

d. Festigung der Steigerung der Adjektive und der Vergleiche mit „as...as“, „not as...as“ und „then“

Anhand der PET SHOP-Bilder lassen sich weiterhin die Steigerungsformen und das Vergleichen einüben. Hierzu können die Kinder ihre Bilder zunächst mit Preisschildern versehen. Anschließend wird ein Beispielblatt an die Tafel gehängt, und die Klasse sucht gemeinsam nach Adjektiven, die zu den Tieren passen. Die gefundenen Adjektive können neben das jeweilige Tier an die Tafel geschrieben werden. Anschließend müssen die Steigerungsformen zusammengetragen werden: z.B. tall, taller, the tallest. So vorbereitet bilden die Kinder Sätze wie: „A dog is more expensive than a mouse“, „A bird is easier to keep than a dog“, „Cats aren’t as cheap as fish“.

e. Festigung der Satzstrukturen mit „some“ und „any“

Auch Übungen zu dieser Thematik lassen sich anhand eines SHOP WINDOWS durchführen. Die Anweisungen könnten diesmal lauten:

– Schreibe auf dein Blatt groß die Überschrift CLOTHES!
– Schneide aus der Zeitung je zwei bis vier Bilder von sechs bis neun Kleidungsstücken aus!
– Klebe diese Sachen geordnet in das Ladenfenster!

Anhand eines Beispielblattes bilden die Kinder nun mündlich Sätze wie: „There are some shirts“, There are some trousers“, „there aren’t any coats“, „There aren’t any gloves“. Einzeln beschreiben sie anschließend ihre eigenen Fenster oder diejenigen von anderen Kindern. Eine weitere Möglichkeit besteht darin, dass sie sich gegenseitig zu ihren Fenstern befragen: „Have you got any shirts? - Yes, I have got some shirts. - Have you got any dresses? - No,

I haven't got any dresses". Wie sich das PET SHOP WINDOW durch Preisangaben ergänzen lässt, so kann man hier Größenangaben einfügen.

Einsatzmöglichkeiten bei der Vokabelfestigung

a. word puzzles

Für diese Aufgabe teilte ich den Kindern ein Arbeitsblatt aus. Darauf fanden sie ein Gitternetz mit zwölf mal zwölf Kästchen, wie man es für Kreuzworträtsel verwendet. Die Arbeitsanweisung lautete:

- Schneide aus der Zeitung 10-15 Bilder aus einem der folgenden Themenbereiche aus (Freizeitbeschäftigung/Möbelstücke/Nahrungsmittel/Kleidungsstücke)!
- Arrangiere die Bilder auf dem Arbeitsblatt und klebe sie auf!
- Trage die den Bildern entsprechenden englischen Wörter waagerecht, senkrecht oder diagonal in das Gitter ein!
- Fülle die leergebliebenen Kästchen mit beliebigen Buchstaben auf!
- Zeichne dann die Richtungspfeile, die angeben, wie gesucht werden muss!

Sind diese Blätter erstellt, können sie untereinander ausgetauscht werden. Am günstigsten ist es, wenn in Zweiergruppen gearbeitet wird, denn dann können sich die Kinder gegenseitig die nicht gefundenen Wörter zeigen. Wenn sie die im Kreuzgitter versteckten Wörter entdeckt und markiert haben, sollten diese untereinander an die Tafel geschrieben werden. Danach ergänzen die Schülerinnen und Schüler passende Verben, die neben das jeweilige Substantiv geschrieben werden. Zur Illustration sei ein mögliches Tafelbild zum Thema „Hobbys" als Beispiel gegeben:

CD	listen to	guitar	play (the)
newspaper	read	book	write
football	play	coins	collect
picture	paint	inline skates	buy
motor-bike	go by	car	repair
basketball	play	badminton	play
stamps	collect	die (dice)	roll

Eine weitere mögliche Übung besteht darin, die Kinder Aussagen darüber treffen zu lassen, welcher Freizeitbeschäftigung sie wie häufig nachgehen. Dabei können sie den Gebrauch der Häufigkeitsadverbien often, always, sometimes, never, usually einüben: „I often listen to CDs. I never collect stamps. I sometimes paint pictures. I usually read a newspaper. I always buy new CDs."

Ein word puzzle zum Thema „furniture" kann zum Anlass genommen werden, den Gebrauch der Präpositionen over, above, under, beside, next to, between, behind, around, in front of, on und at einzuüben. Nachdem wie im obigen Beispiel verfahren wurde, erhalten die Schülerinnen und Schüler folgende Aufgabenstellung:

- Schneide aus den Werbebeilagen Möbel aus, die in ein Zimmer (Kinderzimmer) gehören!
- Gestalte mit diesen Bildern ein Zimmer so, dass es dir gefällt! Klebe dann alles auf ein weißes DIN-A4-Blatt!
- Schreibe auf die Rückseite mindestens 10 Sätze zu deinem Zimmer! Benutze dabei die besprochenen Präpositionen!

Die Präpositionen können anhand einer von der Lehrperson erstellten Collage eingeführt werden. Beispielsätze wie die folgenden machen die Kinder mit ihrer Bedeutung vertraut: „The small picture is above the wardrobe", „The carpet is between the desk and the sofa" „The sofa is next to the wall".

Ausgehend von einem word puzzle zum Thema „food and drinks" können die Kinder eine Tabelle erstellen, in der sie die dargestellten Lebensmittel nach den Kategorien healthy und unhealthy ordnen. Hieran lassen sich Übungen zur Stellung der Hilfsverben must, have to, should, can, mustn't, needn't im englischen Satz neu einführen oder wiederholen. Die Schülerinnen und Schüler bilden Sätze wie: „You should drink orange juice or table water" „You must eat vegetables", „You don't have to eat chocolate or cakes", „You mustn't drink coffee". „You can eat cheese every day".

An die Besprechung eines word puzzle zum Thema „clothes" kann die Frage angeschlossen werden: „What can you wear in winter/summer?" Die Kinder erstellen eine Tabelle mit den Kategorien: summer, winter, each season. Auch hier bietet es sich wiederum an, die Häufigkeitsadverbien zu üben: „I often wear white shoes", „I sometimes wear a blue jacket", „I always wear a red watch", „I never wear a shirt".

b. Memories

Als Material zur Herstellung der Memories hatte ich für alle Kinder jeweils einen weißen und einen roten Zeichenkarton vorbereitet. Die beiden Pappen waren in 16 Rechtecke von gleicher Größe eingeteilt. Die Kartons hatte ich gewählt, damit die Spiele robust genug waren, um auch in anderen Klassen oder beim Vertretungsunterricht genutzt werden zu können. Auf einem Arbeitsblatt notierte ich folgende Aufgaben, die die Kinder im Laufe einer Woche erledigen sollten:

- Schneide aus der Zeitung 16 Bilder aus! Beachte dabei:
  a) dass die Klasse die englischen Bezeichnungen kennen muss,
  b) dass die Bilder von der Größe her gut in die Kästchen hineinpassen!
- Klebe diese Bilder in die 16 Kästchen des weißen Blattes!
- Schreibe (mit einem schwarzen Fineliner) die den Bildern entsprechenden englischen Wörter in die 16 Kästchen des roten Blattes! Beachte dabei:
  a) dass du sauber, sehr gut leserlich und in Großbuchstaben schreibst und
  b) dass du alle Wörter, über deren richtige Schreibweise du dir nicht sicher bist, im Lehrbuch oder im Heft nachschlägst!
- Zerschneide die Blätter und stecke die 32 Karten in einen Briefumschlag!

Nachdem sie die Memories erstellt hatten, spielten die Kinder jeweils zu zweit nach den bekannten Regeln. Da ihnen zwei Spiele zur Verfügung standen, konnten sie selbst entscheiden, ob sie dabei nur einen Kartensatz á 32 Karten benutzen oder ihre Spiele vermischen und damit 64 Karten auf ihrem Tisch ausbreiten wollten. Weil Wort- und Bildkarten verschiedene Farben haben, bleibt das Spiel auch bei diesem Umfang für die Kinder überschaubar. Für die Wortkarten sollte nach Möglichkeit ein farbiger Karton benutzt werden, damit die Wörter nicht durchschimmern. Anschließend wurden die Memories unter den Gruppen getauscht. Wichtig ist es, dass die Kinder nicht stumm ihre Karten umwenden. Beim Umdrehen der Wortkarten sollten sie die Vokabeln stets laut vorlesen und beim Aufdecken der Bildkarten benennen, was sie sahen. Wendungen wie „It's your turn", „I don't know this word", „Can you help me, please" können vor dem Spiel eingeführt oder kurz wiederholt werden.

c. vocabulary boxes

Nachdem die Kinder ausgiebig mit ihren Memories gespielt hatten, sortierten wir die doppelten Karten aus. Mit Hilfe der verbleibenden Karten bildeten wir neue Memories. Bei denjenigen, die mehrmals vorkamen, klebten wir Bild- und Wortkarte zusammen und stellten Lernkarteikästen zusammen. Die so entstandenen vocabulary boxes benutzten wir sowohl zur Paar- als auch zur Einzelarbeit. Bei der Paararbeit zeigte ein Kind dem anderen die Bilder und kontrollierte gleichzeitig auf den Rückseiten, ob sie richtig benannt und gegebenenfalls richtig buchstabiert wurden. Bei der Einzelarbeit nahmen die Schülerinnen und Schüler die Karten nacheinander aus dem Kasten und schrieben die zu den Bildern gehörenden Wörter in ihr Übungsheft. Anschließend konnten sie mit Hilfe der Kartenrücken ihre Fehler selbstständig verbessern. Die Lernkartei wurde natürlich in den nächsten Wochen mit vielen Zeitungsbildern aufgestockt. Leider konnte nicht jedes Kind seine eigene vocabulary box zusammenstellen, da sonst für die anderen Fächer und die Langzeitarbeiten zu viele interessante Bilder verloren gegangen wären, aber es gelang uns, zumindest für jede Bankreihe eine Lernkartei zu erstellen.

d. dominoes

Eine weitere Möglichkeit des Vokabeltrainings bietet ein Dominospiel, das die Kinder mit Hilfe von Zeitungsbildern selbst herstellen. Auf die rechte Seite einer Karte wird hierbei zunächst ein Bild geklebt. Auf die linke Seite der nächsten Karte schreiben die Kinder die englische Bezeichnung des Dargestellten und rechts kleben sie wiederum ein Bild auf. In dieser Weise fahren sie fort, bis sechzehn Karten entstanden sind. Das erste und letzte Feld der so entstandenen Dominoreihe bleibt leer, damit andere Dominospiele angeschlossen werden können. Auch hier sollten die Kinder nicht still vor sich hinspielen, sondern das gefundene Wort laut vorlesen und das gesuchte Wort nennen. Helfen kann es, wenn man im Voraus Wendungen wie „Haven't you got the cat?", „You must have the newspaper!", „I don't know the word" „What's that in german, please?" übt.

NICE PETS
£ 300
£ 20
£ 10
£ 20
£ 5
£ 400
£ 5
£ 400

Can you find the words ?

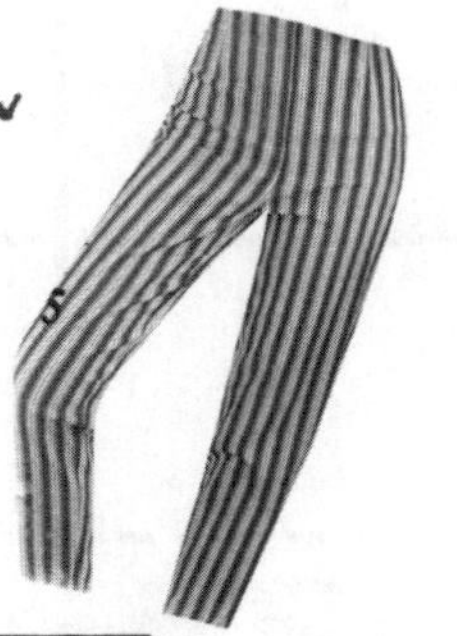

S	K	B	M	E	D	E	R	O	J	N	U
F	O	J	U	W	A	T	C	H	S	H	G
G	T	V	E	V	O	B	Y	P	W	F	I
I	D	S	H	A	L	S	T	R	I	K	S
B	U	Y	H	K	N	P	I	L	M	A	H
J	E	T	R	O	U	S	E	R	S	C	F
W	A	G	S	I	E	U	W	O	U	J	A
U	S	T	R	O	H	S	C	T	I	M	S
B	N	P	D	V	O	B	E	L	T	H	C
N	R	K	T	C	W	G	L	O	I	C	T
J	A	C	K	E	T	A	N	R	U	P	W
E	U	S	Y	T	D	I	T	K	M	R	H

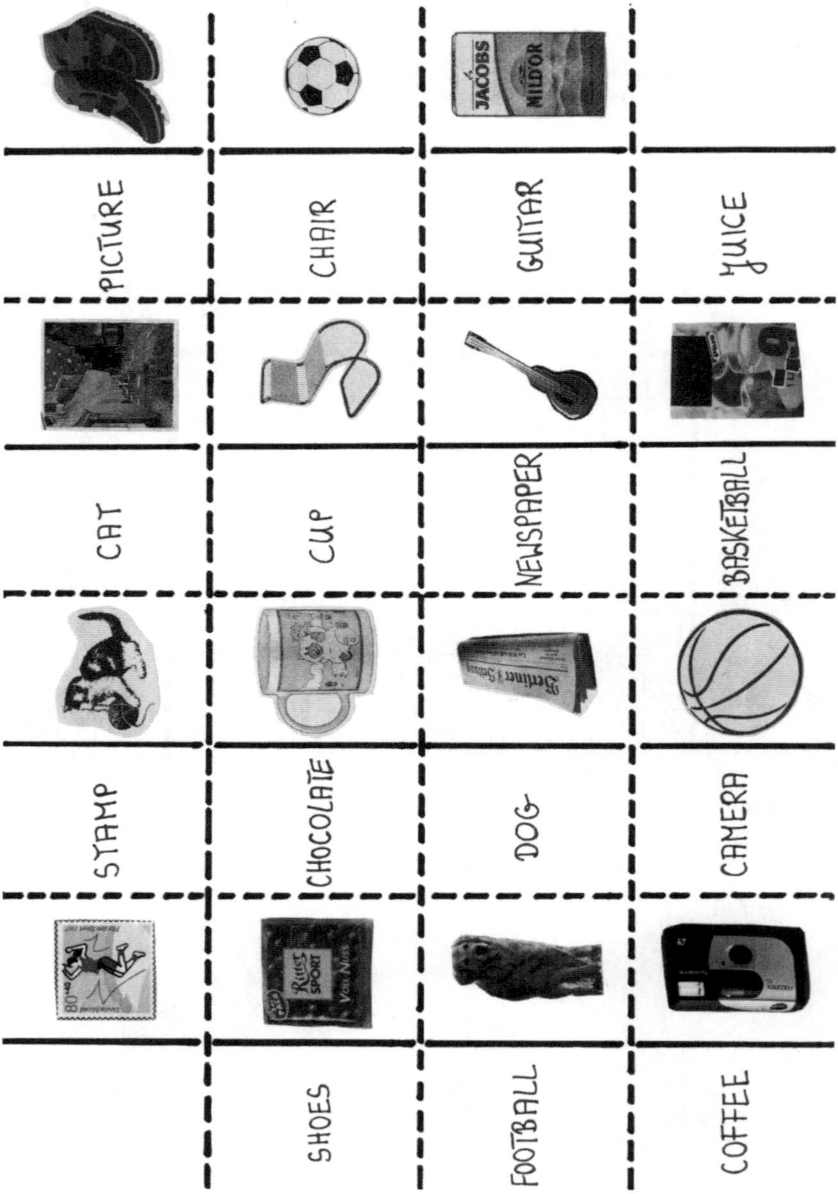
JACOBS
MILD'OR
PICTURE
CHAIR
GUITAR
JUICE
CAT
CUP
NEWSPAPER
BASKETBALL
Berliner Zeitung
STAMP
CHOCOLATE
DOG
CAMERA
Ritter SPORT
SHOES
FOOTBALL
COFFEE

Markus Moog

Zeitungswissen für das Internet nutzen. Überlegungen zu einem Unterricht mit Zeitung und Internet

Für viele Erwachsene und Jugendliche ist das Internet inzwischen zu einem alltäglichen Medium geworden. Vor diesem Hintergrund ist es nicht überraschend, dass die Frage intensiv diskutiert wird, ob und vor allem wie bereits Kinder im schulischen Rahmen mit der neuen Kommunikationstechnik vertraut gemacht werden können.

Eine pädagogisch begleitete Heranführung scheint schon deswegen angezeigt, weil die Gefahren des neuen Mediums Kinder in besonderer Weise betreffen. Wie können Kinder vor für sie ungeeigneten Inhalten geschützt werden (Kinder- und Jugendschutz)? Wie können sie lernen, die interaktiven Möglichkeiten des Internet mit der gebotenen Vorsicht zu nutzen, ohne persönliche Daten preiszugeben (Datenschutz)? Wie können sie dauerhaft vor unüberlegten Konsum- und Kaufhandlungen bewahrt werden (Verbraucherschutz)?

Natürlich geht es für die Kinder zunächst darum, grundsätzliche handwerkliche Fertigkeiten zu erwerben. Sie müssen den Umgang mit Maus und Tastatur üben. Die Kinder sollten damit beginnen, für sie geeignete Internetseiten anzuwählen und Suchmaschinen zu nutzen. Darüber hinaus ist es wesentlich, die Kinder auf die Gefahren des Internets nicht nur aufmerksam zu machen, sondern sie auch darauf vorzubereiten, diesen Gefahren gegebenenfalls angemessen zu begegnen.

Innerhalb der Diskussionen, wie eine solche pädagogische Heranführung von Kindern an das Internet im Einzelnen aussehen sollte, können die vorliegenden Überlegungen sich nur mit einem kleinen Ausschnitt beschäftigen. Gezeigt werden soll, wie Zeitung und Internet im Unterricht sinnvoll gemeinsam behandelt werden können. Denn die Arbeit mit der Zeitung ist in mehrfacher Hinsicht ein geeigneter Rahmen, um das Internet in den Unterricht einzubeziehen.

Die interaktiven und multimedialen Möglichkeiten der neuen Kommunikationstechnik treten dabei in den Hintergrund. Vielmehr wird an zwei Beispielen gezeigt, wie die Kinder Medienkompetenz, die sie bei der Arbeit mit der Zeitung erworben haben, im Umgang mit dem neuen Medium nutzen können. Die Möglichkeiten des Informationserwerbs stehen im Mittelpunkt des Interesses. Dabei bieten die folgenden Überlegungen keine ausgearbeiteten Unterrichtskonzepte, sondern möchten zur konkreten Unterrichtarbeit anregen.

In einem ersten Schritt wird vorgeschlagen, den Kindern anhand eines Medienvergleichs die Struktur der Informationsdarbietung im Internet näher zu bringen. In einem zweiten Schritt wird der Gedanke entwickelt, wie den Kindern anknüpfend an die Arbeit mit der Zeitung erste Kriterien zur Prüfung von Informationen des Internets an die Hand gegeben werden können.

1. Auch die Zeitung ist ein Hypertext

Erfahrungsgemäß haben Kinder Probleme zu begreifen, wie die Inhalte des Internets miteinander verknüpft sind. Oft ist es nicht die mangelnde Vertrautheit mit Maus und Tastatur, die den Kindern den Umgang mit dem Medium erschwert. Vielmehr haben sie Schwierigkeiten, sich vor dem Hintergrund der nichtlinearen Darbietung von Inhalten im Internet zu orientieren.

Ein Medienvergleich, der die Medien Buch, Zeitung und Internet einbezieht, kann den Kindern die Strukturen des Internets deutlicher machen. Wenn hierbei nicht nur die Unterschiede der Medien im Vordergrund stehen, sondern auch Ähnlichkeiten angesprochen werden, erlaubt dies den Kindern auf Erfahrungen zurückzugreifen und an Vertrautes anzuknüpfen.

Charakteristisch für das Internet ist neben seiner Interaktivität und Multimedialität vor allem seine Struktur. Verknüpfungen (Links) erlauben es den Nutzerinnen und Nutzern, innerhalb von Texten zu springen oder andere Inhalte anzusteuern. Wer das Internet kompetent nutzt, verfolgt in der Regel keine Inhalte von Anfang bis Ende, sondern nutzt die Verweisstruktur, um einen den eigenen Bedürfnissen entsprechenden Weg durch die Angebote zu finden – zu „navigieren“. Für eine solche Aufbereitung von Texten hat sich der Begriff „Hypertext“ eingebürgert; wird der Aspekt der Multimedialität betont, ist auch von „Hypermedia“ die Rede.

Dies sind Strukturen, die den Kindern grundsätzlich bekannt sind. So haben sie in der schulischen Arbeit begonnen, Nachschlagewerke und Wörterbücher zu nutzen. Sie kennen also auch Bücher, die nicht dazu gemacht wurden, von der ersten bis zur letzen Seite gelesen zu werden. Darüber hinaus wissen die Kinder, dass ihnen ein Inhaltverzeichnis oder gegebenenfalls ein Register am Schluss des Buches erlaubt, ganz gezielt nach bestimmten Informationen zu suchen. Dies gilt vor allem für Sachbücher. So muss ich nicht das ganze Buch zum Thema „Erfindungen“ lesen, wenn ich nur wissen möchte, wer den ersten Heißluftballon konstruiert hat. Ich kann mich darauf beschränken, die mein Thema betreffenden Abschnitte zu lesen.

In der Schule sind die Schülerinnen und Schüler jedoch in der Regel gewohnt, dass sie Texte vollständig lesen müssen. Bei der ersten Begegnung mit dem Medium „Zeitung“ fühlen sie sich daher oft durch die Textfülle überfordert. Ihnen ist oftmals nicht bewusst, dass wohl kaum ein Mensch die Zeitung vollständig liest und geübte Zeitungsleserinnen und -leser nur das zur Kenntnis nehmen, was für sie interessant bzw. wichtig ist.

Ähnlich wie das Buch mit seinem Inhaltsverzeichnis und Register bietet auch die Zeitung Orientierungshilfen, damit die Leserinnen und Leser die Informationen finden können, die sie suchen. Die Rubriken finden sich jeweils an einem gleich bleibenden Platz (z.B. Kommentar, Wetterbericht, Fernsehprogramm, Veranstaltungskalender). Unter Seitenköpfen ist die Vielfalt der Inhalte übersichtlich geordnet. Hinzu kommen Ankündigungselemente. Die Anreißer auf der Titelseite verweisen, oft mit Seitenangabe, auf Beiträge im Blatt. Inhaltsverzeichnisse oder -leisten orientieren über die wichtigsten Inhalte. Symbole, Typografie (z.B. Fettdruck in Überschriften) sowie Bilder mit Bildunterschriften lenken die Aufmerksamkeit.

Darüber hinaus gehen viele Zeitungen dazu über, längere Texte in eine Sammlung kürzerer Bausteine aufzulösen. Zu diesen Bausteinen können Infokästen gehören, die Zahlenmaterial oder

Hintergrundinformationen bieten und so den Haupttext entlasten. Infografiken und Schaubilder visualisieren die behandelten Sachverhalte.

Mit der Zeitung haben die Kinder also bereits ein Medium kennengelernt, das – deutlicher als dies bei den meisten Büchern der Fall ist – für ein selektives Lesen gemacht ist. Auch hier können sich die Lesenden – wie im Internet – eigene Wege durch das Angebot suchen.

Wie die Zeitung kennt das Internet keine thematischen Beschränkungen. Es dient der Information wie der Unterhaltung und bietet die Möglichkeit, (sich) über Produkte und Preise zu informieren. Da hierbei in der Regel nicht alle alles interessieren kann, sind beide Medien für eine selektive Rezeption gedacht. Gesteigert sind im Internet die Möglichkeiten der Interaktion, z.B. wird die Anzeige zum Onlineshop, und der Multimedialität; neben Texten und Bildern können auch Video und Ton Verwendung finden. Darüber hinaus erweitert sich das Netzwerk der Verweise. Wo die Zeitung zumindest eine erste und eine letzte Seite kennt, lassen die ständig expandierenden Angebote des Internets an keinen Anfang und an kein Ende mehr denken. Gesteigert ist nicht zuletzt die Schnelligkeit, mit der Inhalte zur Verfügung gestellt werden können.

Den Kindern sollte in diesem Zusammenhang durchaus deutlich werden, dass die Orientierung innerhalb der Angebote des Internet – auch für Erwachsene – schwieriger ist als in einem Wörterbuch oder einer Zeitung. Die alphabetische Ordnung des Wörterbuchs und Lexikons, aber auch die thematische Ordnung unter Seitenköpfen und Rubriken in der Zeitung findet im Internet keine Entsprechung. Damit erwerben sie ein Problembewusstsein, das für eine realistische Einschätzung und einen kompetenten Umgang mit der neuen Kommunikationstechnik unverzichtbar ist.

2. Kriterien verlässlicher Information sind für Zeitung und Internet ähnlich

Bereits Kinder sollten darüber hinaus an die Frage herangeführt werden, wie sich Informationsangebote des Internets auf ihre Zuverlässigkeit hin überprüfen lassen. In diesem Zusammenhang bietet die Vertrautheit mit dem Medium Zeitung für die Kinder eine gute Orientierungshilfe.

So haben sie bei ihrer Beschäftigung mit der Zeitung bereits das Impressum kennengelernt. Auch seriöse Internetseiten weisen aus, wer für die veröffentlichten Inhalte verantwortlich zeichnet. Ein wichtiger Hinweis ist es daher, wenn die Verantwortlichen nicht zu ermitteln sind. Wenn sich der Autor oder die Autorin nicht zu erkennen geben, können sie nicht als verlässliche Informationsquelle gelten. So wird auch bei der mehrfach ausgezeichneten Suchmaschine für Kinder „Blinde Kuh" (http://www.blinde-kuh.de) als erstes Ausschlusskriterium für die Aufnahme in den Webkatalog die fehlende Anbieterkennung genannt.

Sind Angaben vorhanden, lassen sich aus ihnen Schlussfolgerungen ziehen. Die Kinder können sich etwa vorstellen, dass sich auf Internetseiten, die von Einzelpersonen gestaltet werden, leichter Fehler einschleichen, als dies bei Seiten der Fall ist, die von Institutionen, also von mehreren Personen in der Regel mit entsprechender Sachkompetenz, betreut werden. So werde ich etwa von einer Webseite, die von der örtlichen Feuerwehr ins Netz gestellt wurde, verlässlichere Informationen zum Thema „Brandschutz" erwarten können als von einer Privatperson.

Auch dass manche solcher Institutionen Interessen verfolgen, die sich in den Informationsangeboten widerspiegeln, wird den Kindern einleuchten. Vielleicht betont eine Firma, die Feuerlöscher herstellt, die Bedeutung der von ihr hergestellten Produkte für den Brandschutz stärker, als dies angemessen ist und vernachlässigt darüber anderes Wichtiges.

Zu beachten ist in diesem Zusammenhang, dass das Internet für Kinder – abgesehen von einer Reihe ambitionierter pädagogisch ausgerichteter Angebote (etwa die bereits genannte Kinder-Suchmaschine Blinde Kuh oder spezielle Angebote für Kinder der Polizei) – weitgehend ein Marketinginstrument ist. Websites von Spielzeugfirmen oder Fernsehsendern sind beispielsweise Angebote, die auf ein großes Interesse der Kinder rechnen können. Die Kinder sollten erkennen, dass solche Anbieter mit ihren Websites bestimmte Zwecke verfolgen. Spielwarenhersteller möchten ihre Produkte verkaufen, Fernseh- und Rundfunksender ihre Einschaltquoten erhöhen.

Neben der Frage, wer informiert, ist die Frage nach der Aktualität der Informationen entscheidend. Bei einer Zeitung ist leicht zu ersehen, zu welchem Zeitpunkt die Informationen zusammengetragen wurden. Der Erscheinungstag ist in der Regel auf den meisten Seiten abgedruckt. Auch die Angaben, die im Internet gefunden werden, müssen daraufhin überprüft werden, ob sie auf dem neuesten Stand gehalten wurden. Seriösen Angeboten lässt sich in der Regel das Datum der letzten Überarbeitung und unter Umstanden der Zeitpunkt, wann bestimmte Inhalte ins Netz gestellt wurden, entnehmen.

Und noch ein weiteres Kriterium einer guten Internetseite können die Kinder sich anhand ihrer Erfahrung mit der Zeitung erschließen. Denn ein wichtiger Anhaltspunkt für die Seriosität von Internetangeboten ist, wie viel Werbung auf den Seiten zu finden ist. Auch in diesem Zusammenhang ist ein Blick auf die Zeitung sinnvoll. Wie bei der Zeitung werden viele Webseiten zumindest teilweise über Werbeeinnahmen finanziert. Um eine klassische Abonnement-Tageszeitung handelt es sich aber nur dann, wenn Anzeigen als solche kenntlich gemacht sind, und der Anzeigenteil dem redaktionellen Teil an Umfang nachsteht.

Vor dem Hintergrund ihrer Arbeit mit der Zeitung können die Kinder sich also zumindest drei Kriterien zur Beurteilung von Internetangeboten erschließen: Wer ist für das Angebot verantwortlich bzw. gibt es hierzu überhaupt Angaben? Wie aktuell sind die Informationen? Steht der Anteil von Werbung in einem angemessenen Verhältnis zu den Informationen der Seiten?

Auch in diesem Zusammenhang kann es nicht darum gehen, dass die Kinder die genannten Kriterien dauerhaft internalisieren. Vielmehr kommt es auch hier vor allem darauf an, die Kinder dafür zu sensibilisieren, dass Informationen grundsätzlich kritisch geprüft werden müssen.

3. Problembewusstsein als Voraussetzung von Medienkompetenz

Die Beschaffung und Bewertung von Informationen ist in modernen Gesellschaften eine der zentralen Voraussetzungen individueller Lebensplanung und -gestaltung sowie der Teilnahme am öffentlichen Leben und der eigenen beruflichen Zukunft. Die verschiedenen Massenmedien bieten hierbei eine Orientierungshilfe. Doch gerade die Vielfalt der verfügbaren Informationen kann zur Desorientierung führen. Die Medienlandschaft mit ihren Zeitungen, Fernsehprogrammen, Rundfunksendungen und den Angeboten des Internets, erfordert die Fähigkeit, das Wichtige vom Unwichtigen zu unterscheiden und gezielt auszuwählen. Um das Gesehene, Gehörte und Gelesene einordnen und einschätzen zu können, ist Medienkompetenz erforderlich. Sie ermöglicht eine Orientierung in der Überfülle der Orientierungsangebote. Eine gemeinsame Behandlung der Medien „Internet“ und „Zeitung“ im schulischen Unterricht kann einen wichtigen Beitrag dazu leisten, dass Kinder und Jugendliche diese Schlüsselqualifikation praxisorientiert erwerben und gezielt üben.

Sinnvoll ist es, mit der Vermittlung dieser Schlüsselqualifikation möglichst früh zu beginnen. Dabei sollte es weniger darum gehen, bereits Kinder dazu zu bringen, Zeitungen und Internet wie Erwachsene zu nutzen. Das Maß an Medienkompetenz, das sie zu diesem frühen Zeitpunkt erwerben können, ist sicherlich begrenzt. Wichtig ist es jedoch, schon Kindern zu ermöglichen, im Vorgriff auf noch zu erwerbende Medienkompetenz ein angemessenes Problembewusstsein zu entwickeln. Denn ein solches Problembewusstsein ist die Voraussetzung für jedes weitere Lernen in Sachen Medienkompetenz.

AUF EIN WORT

Das Geheimnis der 7 Kräuter

Warum ist die Grüne Soße ein Frankfurter Nationalgericht?

NORBERT KELLER: Vielleicht, weil die Grüne Soße Goethes Leibgericht war und sie ein beliebtes Sommeressen mit vielen Vitaminen ist.

Wer hat die Frankfurter Grüne Soße entdeckt und wann?

KELLER: Das weiß ich leider nicht.

Warum sind es sieben Kräuter?

KELLER: Sie passen gut zusammen, sind gesund und wachsen in Frankfurt.

Welche Kräuter gehören zur Frankfurter Grünen Soße?

KELLER: In die Grüne Soße gehören Borretsch, Kerbel, Kresse, Petersilie, Pimpinelle, Sauerampfer und Schnittlauch. Wenn eines der Kräuter fehlt, ersetzt man es im Sommer durch Dill.

Kommt von jeder Sorte gleich viel rein?

KELLER: Nein, vom Sauerampfer, der Petersilie und dem Borretsch kommt meistens etwas mehr rein. Die Menge richtet sich danach, was in der Jahreszeit gerade gut wächst.

Kommen alle Kräuter der Grünen Soße aus Oberrad?

KELLER: Die meisten Kräuter wachsen in Oberrad und Sachsenhausen.

Was machen Sie alles in ihrem Betrieb?

Norbert Keller

KELLER: Es werden Kräuter gesät, geerntet, gebündelt und verpackt. Wir bauen auch Gemüse an.

Wie werden die Kräuter der Grünen Soße verpackt?

KELLER: Auf einem Förderband liegt Papier. Links und rechts stehen Frauen mit Kräutern. Jede Frau legt eine Hand voller Kräuter auf das Papier. Am Ende des Bandes wickeln zwei Frauen das Außenpapier um die Kräuter.

Wie viele Pakete Grüne Soße verpacken Sie jeden Tag?

KELLER: So zwischen 100 und 300 Packungen, vor Ostern jedoch bis zu 1000.

Norbert Keller ist Gärtner und Mitinhaber der Gärtnerei Steinmetz und Keller in Oberrad. Die Fragen stellten Katharina, Jennifer, Sophie, Gero, Mert, Nils und Priszilla von der Klasse 2a der Ebelfeldschule.

LANGZEITARBEITEN

Informationen sammeln und aufbereiten

Tageszeitungen erscheinen in der Regel an sechs Tagen in der Woche. Ihre Berichterstattung ist daher auf die aktuellen Entwicklungen konzentriert. Das „Neue von gestern" muss nicht wiederholt werden, weil es den Leserinnen und Lesern bereits aus der Zeitungslektüre der vorangegangenen Tage bekannt ist. Für Ungeübte ist das weitgehende Fehlen von Hintergrundinformationen allerdings oft mit Verständnisschwierigkeiten verbunden, die erst im Rahmen eines längeren Zeitraums regelmäßigen Zeitunglesens zu beheben sind.

- Daher ist es sinnvoll, wenn die Kinder ein bestimmtes in der Zeitung behandeltes Thema über einen längeren Zeitraum verfolgen, die entsprechenden Zeitungsausschnitte sammeln und die Ergebnisse ihres Sammelns zusammenstellen und auswerten. Indem sie eine solche Langzeitarbeit ausführen, üben sie, die Zeitung mit Blick auf *ihr* Thema zu lesen, für das sie Expertinnen und Experten sind. Es empfiehlt sich hierbei, die Kinder an der Themenwahl zumindest zu beteiligen. Erst motiviert durch eigene Wünsche und Interessen zeigen sie ihre hohe Leistungsbereitschaft und -fähigkeit.
- Die Ergebnisse können reine Materialsammlung oder Auswertungen zu bestimmten Fragestellungen sein. Eigene Erfahrungen bei der Beschäftigung mit den jeweiligen Themen sollten berücksichtigt werden. Sowohl eine individuelle als auch eine gruppenweise Bearbeitung kann pädagogisch sinnvoll sein.

IZOP-Institut

Langzeitarbeiten – individuell und für die ganze Klasse

Möchte man Kinder zum Lesen anregen, so ist es sinnvoll, sie selbst ein Thema wählen zu lassen, zu dem sie täglich in der Zeitung Beiträge suchen: „Tiere“, „Unfälle“, „Sportfotos“ etc. Eine solche Langzeitarbeit bringt die Kinder dazu, sich auf Lesetexte einzulassen. Aufgrund der längerfristigen Beschäftigung mit einem bestimmten Thema werden sie mit der Zeit sachkundiger und entwickeln Routine. Ihr Wortschatz erweitert sich, so dass die Verständnisschwierigkeiten kontinuierlich geringer werden. Zudem dürfte das Zusammenstellen einer Sammlung zum eigenen Thema fast allen Kindern Spaß machen. Eine solche interessengebundene Zeitungslektüre entspricht dem Verfahren der meisten erwachsenen Zeitungsleserinnen und -leser, die ja auch bestimmte Sparten und Themen bevorzugen. Eine Langzeitarbeit schult also in der Technik des selektiven Lesens, ohne die auf Dauer keine gewinnbringende Zeitungslektüre möglich ist.

Um die Zeitung für die Unterrichtsstoffe zu nutzen, die der Lehrplan im Projektzeitraum vorsieht, können auch Themen für alle vorgegeben werden. Gemeint ist nicht, dass die Kinder jeden Artikel zu den jeweiligen Themen lesen sollen - sie sollen zunächst einmal Zeitungsbeiträge *finden.*

In diesem Fall bestimmt die Lehrperson, wonach zu suchen ist. Es empfiehlt sich, zu jedem Thema einen Artikel mit einem

für die Schülerinnen und Schüler attraktiven Foto auszuwählen und die Beiträge jeweils auf ein großes Blatt Papier zu kleben, dem auch die entsprechende Aufgabenstellung zu entnehmen ist. Die Arbeitsaufträge können nun eingeführt werden, indem man die Foto- und Textbeiträge kurz bespricht. Hängt man die Themenpräsentationen im Klassenzimmer als Gedächtnisstütze auf, so werden sich die Kinder mit der Zeit daran gewöhnen, beim Durchblättern der Zeitung auch an diese Themen zu denken. Gelegentliche Erinnerungen können natürlich nicht schaden.
Geeignete Themen für die ganze Klasse sind beispielsweise:

- Feuerwehr und Polizei helfen in Notlagen. Suche in der Zeitung Berichte, in denen du etwas über die Arbeit von Polizei und Feuerwehr erfährst!
- Jede Woche holt das Müllauto den Müll ab. Die Straßen werden gereinigt, die Mülltonnen werden geleert. Findest du in der Zeitung etwas über den Müll und seine Beseitigung?
- Du hast gelernt, dass wir die Natur schützen sollen. Suche Berichte, aus denen du etwas über Naturschutz erfährst!
- Findest du in der Zeitung etwas über die Geschichte deiner Gemeinde?
- In unserer Gemeinde leben Menschen miteinander, die aus verschiedenen Ländern stammen. In der Zeitung kannst du Berichte über ausländische Mitbürgerinnen und Mitbürger finden. Suche nach solchen Berichten!
- In anderen Ländern, aber auch bei uns, gibt es Menschen, die in Not leben. Suche in der Zeitung nach Berichten darüber!

Wer etwas zu einem der vorgegebenen Themen gefunden hat, teilt es im Unterricht mit. Die Artikel können sofort gelesen und besprochen werden, falls dies die Unterrichtsplanung zulässt.

Andernfalls werden sie gesammelt und herangezogen, sobald die entsprechende Thematik behandelt werden soll. Es ist für die Kinder befriedigend, selbst bei der Zusammenstellung des Unterrichtsmaterials mitzuwirken. Wenn das Thema dran ist, kann schon an erste Kenntnisse aus der Zeitung und ein gewisses Interesse angeknüpft werden.

„Baby Blues komisch"

GRUNDSCHULE SCHÖNENBERG-KÜBELBERG: Bilanz

Die Schülerinnen Vanessa Decker und Andrea Heinz aus der vierten Klasse der Grundschule Schönenberg-Kübelberg haben jeweils eine Bilanz über das Projekt „Zeitung in der Grundschule" verfasst.

Von Vanessa Decker

Am interessantesten fand ich Tierreportagen. Zum Beispiel die Adlerjungen und das Hirschbaby vom Wildpark auf dem Potzberg. Die Heit schun gelacht Witze und Baby Blues waren echt komisch. Unfälle hörten sich schrecklich an. Und Morde gab es häufig. Angehörige taten einem leid wenn man die Todesanzeigen gelesen hat. Schöne Dinge wie Baby's und Heiraten waren toll. Das Projekt gefiel mir sehr gut.

Von Andrea Heinz

Ich fand es schön, dass es so viele interessante Themen in der Zeitung gibt. Natur (Wissen, was gesund ist) Todesanzeigen (Wie alt die Menschen waren als sie gestorben sind) Gewalt (Welche Arten von Gewalt es gibt, wie viel Kriminalität es in Deutschland überhaupt gibt). Interessant sind auch Tiere (Welche Tiere, wie sie sich fortbewegen, was sie fressen, wie sie fressen, wo sie leben).

Schön ist es auch das die Zeitung alles so genau · macht dass sie auch manchmal für Kinder eine Seite hat oder Freizeitblättchen in denen man sieht was man in der Woche unternehmen kann. Wenn man in der Zeitung liest braucht man gar nichts anderes zu tuen. man braucht auch keinen Fernseher denn das Wetter ist auch gleich dabei. Beim Wetter kann man auch vergleichen ob es wirklich stimmt. Es gibt auch viele Fehler in der Zeitung, wenn man richtig hinschaut. Echt spannend ist auch Fußball: Wer ist Sieger? Was geht ab? Und das besondere, es ist auch manchmal ein Bild darinnen das selbst gemalt worden ist zum Beispiel von Franz Marc.

Regina Herrmann

Langzeitarbeiten – individuell, interessengebunden und weitsichtig

Die Zeitung täglich in die Hand zu nehmen, ist für zehnjährige Kinder eine Leistung, die nicht unterschätzt werden sollte. Zu Beginn des Projekts bekommt man als Lehrerin den einen oder anderen Seufzer zu hören. Sobald jedoch der kontinuierliche Umgang mit der Zeitung seine Spuren hinterlässt, schwinden auch die Anfangsschwierigkeiten.

Nun sollen die Schülerinnen und Schüler bei ihren Langzeitarbeiten zusätzlich über einen langen Zeitraum ein Thema in der Zeitung verfolgen. Das verlangt Ausdauer und kann ihnen auch dann langweilig werden, wenn täglich viele neue und interessante Dinge zu entdecken sind. Entscheidend für die Motivation der Grundschulkinder ist vor allem,

- dass sie eine persönliche Beziehung zu ihrem Thema haben,
- dass sie den Auftrag als sinnvoll erleben,
- dass ihnen Hilfe bei dessen Bearbeitung in Aussicht gestellt wird.

Es erscheint mir nützlich, die Themen der Langzeitarbeiten, ansprechend formuliert und gestaltet, etwa eine Woche vor der Entscheidung im Klassenraum auszuhängen. Darüber hinaus empfiehlt es sich, Bearbeitungsbeispiele hinzuzufügen, damit die

Schülerinnen und Schüler eine Vorstellung davon bekommen, wie eine fertige Arbeit aussieht. In den folgenden Tagen können Pausengespräche genutzt werden, um Erläuterungen zu geben, Empfehlungen auszusprechen und Fragen zu beantworten. Jedes Kind sollte danach die Gelegenheit haben, möglichst beraten durch ihre Eltern, eine Entscheidung zu treffen. Vereinzelt wird auch die Lehrerin oder der Lehrer diese Aufgabe übernehmen müssen.

Die Themenwahl einiger Schülerinnen und Schüler war für mich ausgesprochen überraschend. Bei einigen fand die von mir empfohlene oder sogar auf sie zugeschnittene Langzeitarbeit keinen Anklang. Ein Autokenner und Wortführer in der Klasse widmete sich nicht, wie vermutet und empfohlen, dem Auftrag „Stell dir vor, du bist ein Autoverkäufer und preist Autos an. Wähle mindestens fünf Typen, die du in Bild und Wort Kunden und Kundinnen vorstellst!“, sondern beschäftigte sich mit den Polizeiberichten.

Ein sehr wortgewandtes und phantasievolles Mädchen wandte sich entgegen meinen Erwartungen einem komplexen mathematischen Thema zu: „Fertige auf der Grundlage des Wetterberichtes ein Diagramm über die höchsten und niedrigsten Temperaturen in den Städten Hamburg, Berlin und München an!“

Andere wählten eine für ihr Leistungsvermögen zu leichte oder zu schwere Aufgabenstellung. Ein an gesellschaftlichen Themen interessiertes Mädchen mit ausgeprägtem Urteilsvermögen und einem guten Blick für Zusammenhänge entschied sich für die Aufgabe: „Wähle mindestens 10 Sportbilder und schreibe dazu deinen Kommentar!“ Ein kleinschrittig und wenig selbstständig arbeitendes Kind übernahm den recht komplexen Auftrag „Stell dir vor, du bist ein Reiseveranstalter und möchtest für das Land

Brandenburg werben. Wähle interessante Artikel und gestalte eine Werbung!“ Hier ist im Einzelfall abzuwägen, ob man die Kinder zu einem bestimmten Thema verpflichten oder ihre Entscheidung akzeptieren sollte.

Eine Langzeitarbeit zeichnete sich aus durch ein hohes Maß an Kleinarbeit und ein intensives Miteinander von Eltern und Kind. Das Thema lautete: „Analysiere Unfallberichte (Verletzte, Sachschaden, Ursachen ...) und versuche, Ratschläge zu formulieren!“ Der Schüler sprach auf der Abschlussveranstaltung sicher und gewandt über seine Ergebnisse und fand großes Interesse bei den Zuhörenden, als er seine Ratschläge verlas, die auf der Grundlage der Ursachenanalyse von Unfällen aller Art entstanden waren.

Wie bereits eingangs erwähnt, ist es wichtig, dass die Kinder den Sinn der Langzeitarbeit erkennen. Dies wird unterstützt, wenn die Arbeiten kurz- oder mittelfristig für einen besonderen Zweck verwendet werden.

Die Ergebnisse des Auftrags: „Stelle eine interessante Sammlung von Texten aus der Zeitung für Kinder zusammen! Vergiss auch Bilder nicht! Denke an Witze!“, konnte der Nachbarklasse für die Freiarbeit geschenkt werden. Die Resultate des Auftrags: „Stelle eine Sammlung von Kreuzworträtseln mit einem Lösungsteil zusammen!“, waren als Dankeschön für den Hausmeister gedacht, der die Zeitung täglich in den Klassenraum brachte. Mit den Collagen, die im Rahmen der Aufgabe entstanden: „Wähle mindestens fünf Sportarten und fertige dazu mit Bildern aus der Zeitung je eine Collage an!“, ließ sich die Turnhallengestaltung aktualisieren.

Mittelfristige Verwendung können Langzeitarbeiten finden, auf deren Ergebnisse im weiteren Verlauf des Schuljahres zurückgegriffen werden soll. Ich hatte für das zweite Schulhalbjahr der vierten Klasse eine Unterrichtsreihe über die Geschichte der Stadt Berlin vorgesehen und allen Kindern eine zusätzliche Langzeitaufgabe gestellt: „Sammle Bilder und Texte aus der Berliner Geschichte und kennzeichne deutlich die jeweilige Jahreszahl!" Schon während des Sammelns kamen die Kinder über diese Bilder ins Gespräch, geschichtliche Fakten wurden deutlich - sehr kindgemäß eben über das Bild. Diese Materialien haben etwa ein Vierteljahr nach Ende des Projektes wieder an Bedeutung gewonnen. Aus ihnen entstanden Collagen, die wir bei der Gestaltung unserer Ausstellung mit Gegenständen aus Haushalt, Schule, Spielstube und Werkstatt von früher verwendeten. Mit Hilfe der Zeitung ist also auch ein Rückblick möglich, der die Kinder eine Tageszeitung als Geschichtsbuch erleben lässt.

Es können aber auch einzelne Langzeitarbeiten im weiteren Unterricht Verwendung finden: So griffen wir im Sachunterricht auf eine Arbeit mit dem Thema zurück: „Fertige auf der Grundlage des Wetterberichtes ein Diagramm über die Temperaturen in London an. Schreibe dazu etwas über die Stadt!". Der Schüler nutzte zusätzlich zur Zeitung Reisebeschreibungen und Lexika.

Wichtig ist es nicht zuletzt, den Kindern kontinuierlich Hilfestellungen zu bieten. Während des Projektzeitraumes erweisen sich daher feste Konsultationszeiten als notwendig. Den Schülerinnen und Schülern geben sie die Möglichkeit, ihre während der Arbeit auftretenden Fragen zu stellen, und die Lehrerin kann diejenigen zum Gespräch bitten, die augenscheinlich Schwierigkeiten bei der Bearbeitung ihres Auftrages haben.

Obdachlose in Kalkutta – die Ärmsten der indischen Großstadt leben unter dem Bahnsteig, direkt neben den Gleisen.

Drei Viertel der 960 Millionen Inder leben auf dem Land - und müssen dort die Schulen besuchen. „Lesen und schreiben kann ich nicht", gibt auch Vinod in dem Dorf Karma zu, „ich habe gearbeitet, seitdem ich sechs Jahre alt war." Selbst wenn er seinen mittlerweile verstorbenen Eltern nicht beim Existenzkampf geholfen hätte, zum Lernen wäre er wahrscheinlich wenig gekommen.

Die Schule von Karma ist ein heruntergekommenes Gebäude ohne Tafel und Schulmöbel. Der Dorflehrer war seit drei Wochen nicht mehr da. Angeblich ist er mit einem Nebenjob voll beschäftigt.

Dabei schrieben Indiens Gründungsväter in der Verfassung fest, daß das Los der sozial Schwachen verbessert werden müßte. Ein Gesetz untersagt sogar die Benutzung des Wortes „Unberührbar". Die Dalits stellen etwa 15 Prozent der 960 Millionen Inder. Weitere 45 Prozent gelten als sogenannte „Backward Castes" (Zurückgebliebene Kasten), und rund sieben Prozent sind als „Stämme" (Tribals) eingestuft.

Während in der Gesamtbevölkerung rund die Hälfte lesen und schreiben kann, bietet sich bei dieser Bevölkerungsgruppe ein katastrophales Bild. Nur knapp 22 Prozent können lesen und schreiben. Bei Frauen beträgt der Prozentsatz sogar nur 5,3 Prozent.

Die Landbesitzer können sich als glücklich betrachten, wenn sie sich überhaupt ein Fahrrad leisten können.

Blatt C

Malteser-Welpen, kleine weiße Wuschelchen. ☎ 4727347

Bildschöne Schäferhundwelpen, langstockhaar, m. P., Impfung, entw., Preis VB. ☎ (030) 5434014

042.. Tiermarkt/Verkäufe

Kleine süße Welpen, 4 Wo., zu verkaufen. ☎ (030) 3825614

Kein Vogel!
Keine Ratte!
Kein Schwein!
Keine Ziege!
Kein Häschen!

Zu verkaufen:
12 Schäferhunde
8 Pudel
3 Howawart
5 Zwerkpinscher
3 Irisch Setter
6 Dobermänner
1 Labrador
1 Husky
2 Cocker Spaniel
8 Mischlinge

7 Katzen (untersch. R.)

04261 Tiermarkt/Verkäufe

Rottweiler-Mädchen, 8 Mon., nur an alleinstehendes Ehepaar mit Grdst. u. Sachkenntnis abzugeben. ☎ 935 77 32

Verk. Perserbaby (Kater), rot-weiß gestromt, entwurmt u. geimpft. ☎ 564 11 21, ab 18 Uhr.

Liebe, aber sehr lebhafte 6 Mon. alte Westi-Hündin, geimpft u. m. P., su. ebensolche netten Menschen. ☎ 4763171

Analysiere den **Tiermarkt**, ordne die Angebote und gestalte.

Christina Steidel

Langzeitarbeiten – sachliche Ergebnisse und Erfahrungsberichte

Nach einer etwa vierwöchigen Arbeit mit der Zeitung, während der die Schülerinnen und Schüler schon etwas Routine im Umgang mit bedrucktem Papier gewonnen hatten, war die Zeit reif, dass sie sich ihren Langzeitarbeiten zuwandten.

Zunächst musste der Ablauf besprochen werden: Themenfindung, Artikelsammlung, Abschlussbericht. Um die Entscheidung für ein Thema zu beschleunigen, stellte ich den Kindern einen Angebotskatalog zur Verfügung und bat sie, einen der Vorschläge zu wählen oder einen eigenen Langzeitauftrag zu formulieren.

Hoch im Kurs standen Sportthemen (Tennis, Fußball, Formel 1), aber auch die Kontaktanzeigen wurden gerne zum Gegenstand der Beobachtung gemacht: Welche Eigenschaften erwarten Männer von Frauen? Welche Eigenschaften erwarten Frauen von Männern? Einige Kinder beschäftigten sich mit der Aufgabe: „Tiere in der Zeitung. Sammle alle Tierbilder und Nachrichten aus der Tierwelt". Es wurden Rätsellexika zu den Kreuzworträtseln erstellt, bestimmte Seiten täglich nach Fremwörtern durchsucht oder Fotos ausgeschnitten und mit eigenen Untertiteln oder Sprechblasen versehen.

Bevor die Arbeit begann, sollten die Schülerinnen und Schüler den gewählten Auftrag noch einmal mit eigenen Worten beschreiben und sich überlegen, wie sie vorgehen und worauf sie achten wollten. So wurde verhindert, dass sie in ihrer Sammelleidenschaft Artikel ausschnitten, ohne sie schließlich gebrauchen zu können. Auch ich bearbeitete ein Thema, um einerseits ein Vorbild zu sein und andererseits zu vermitteln, dass es sich um eine ernstzunehmende Arbeit handelt, mit der sich sogar die Lehrerin auseinander setzt.

Sechs Wochen sichteten die Kinder pro Tag 10 Minuten die Zeitung, um für ihr Thema fündig zu werden. Die entsprechenden Artikel wurden ausgeschnitten, in den Zeitungsordner geklebt, mit Datum und Seitenangabe versehen und zunächst archiviert. Ich stand im Hintergrund als Ansprechpartnerin zur Verfügung. Es war besonders wichtig, die Kinder immer wieder zu ermutigen und ihnen organisatorische Hilfen zu geben, denn je länger sie an ihrer Langzeitarbeit arbeiteten, desto unüberschaubarer wurde für einige die eigene Materialsammlung.

Ich musste täglich auf den Zeitrahmen von 10 Minuten bestehen, damit der Fachunterricht im Anschluss beginnen konnte. Viele nahmen ihre Zeitungsmappen nachmittags oder über das Wochenende mit nach Hause, um die Artikel noch einmal in Ruhe zu lesen und auszuwerten. Bei vielen Themen, vor allem bei Sportthemen, war es allerdings nicht erforderlich, jeden Tag in der Zeitung zu suchen. An den anderen Wochentagen hatten diese Kinder daher in den ersten zehn Unterrichtsminuten Zeit, die gefundenen Artikel zu bearbeiten. Einige entwickelten eigene Systeme für das Archivieren oder stellten mit dem Computer Vordrucke für das Sammeln ihrer Zeitungsartikel her, um ihre Auswertung so gut wie möglich vorzubereiten.

In den letzten zwei Projektwochen verfasste jedes Kind einen Abschlussbericht zu seiner Langzeitarbeit. Dazu standen die

Deutschstunden zur Verfügung. Wer in der Sammelphase übersichtlich gearbeitet oder sogar eine Zwischenauswertung erstellt hatte, hatte es jetzt leichter. Dennoch fiel es den meisten schwer, ihren Abschlussbericht selbstständig zu strukturieren. Folgende Leitfragen sollten ihnen dabei helfen:

- Wie heißt mein Thema?
- Wie bin ich vorgegangen?
- Welche Probleme hatte ich?
- Gegebenenfalls: Warum habe ich das Thema gewechselt?
- Was habe ich herausgefunden?

So entstand ein Bericht, in dem die Materialsammlungen ausgewertet, aber auch die persönlichen Krisen und Erfolgserlebnisse reflektiert wurden. Diejenigen, die sich mit ihrem Thema schwertaten und deren Ergebnisse kaum für einen Bericht ausreichten, konnten als Ausgleich vieles über ihre Erfahrungen schreiben und auf diese Weise trotzdem eine Auswertung verfassen. Alle gestalteten ihren Bericht nach individuellem Vermögen und Geschmack in unterschiedlicher Form: handschriftlich, mit Computer oder Schreibmaschine, manche verwendeten Grafiken, Bilder, Tabellen oder Säulendiagramme.

Die Abschlussberichte konnten die Kinder bei mir zur Lektüre und Korrektur abgeben. Die notwendigen Änderungen sollten sie in eine Reinschrift einarbeiten, die dann benotet wurde. Eine zweite Note gab ich für den gesamten Zeitungsordner. Beides war ihnen von vornherein bekannt.

Die fertigen Arbeiten wurden den Mitschülerinnen und Mitschülern in der Klasse und den Eltern auf einer Elternversammlung präsentiert. Manche Kinder hatten dafür Folien vorbereitet, die sie in freier Rede erklärten, andere lasen ihre Auswertungen vor. Einige durften ihre Arbeiten außerdem auf dem vorbereitenden Lehrerseminar für das nächste Zeitungsprojekt vorstellen.

Die Energie, mit der die Kinder ihr Thema über einen Zeitraum von mehreren Wochen bearbeitet hatten, und das Selbstbewusstsein, mit dem sie über ihre Ergebnisse berichteten, haben mich sehr beeindruckt. Alle nahmen es auf sich, zusätzliche Zeit in die Langzeitarbeiten zu investieren, weil sie spürten, dass sie mit dem Projekt ein Stück wachsen. Sie konnten nun einerseits auf einem bestimmten Gebiet als Expertinnen und Experten Auskünfte geben und hatten andererseits wichtige Erfahrungen über ihren persönlichen Arbeitsstil gesammelt.

Mein Angebotskatalog für Langzeitarbeiten:

- Sammle Bilder aus unserer Stadt! Markiere auf einer Karte, wo die Bilder aufgenommen wurden!
- Sammle Umweltberichte, die über die Folgen von Umweltsünden berichten! Konzentriere dich auf ein Land, eine Stadt!
- Sammle die Wetterberichte und vergleiche sie mit der Wirklichkeit. Erstelle eine Tabelle oder ein Diagramm!
- Sammle Berichte, die im Polizeireport stehen! Ordne sie nach der Art des Vergehens!
- Sammle Berichte über Verkehrsunfälle und ermittle, wo sich Unfälle ereignet haben und welche Unfallursachen häufig genannt werden!
- Sammle Berichte über Naturkatastrophen auf der Welt und sortiere diese nach Ländern!
- Gehe auf Fehlersuche! Finde auf einer bestimmten Seite in der Zeitung Druckfehler und erstelle eine Fehlerübersicht nach Fehlerart und Fehlerhäufigkeit!

- Vergleiche die Berichterstattung über „Zeitung in der Schule“ mit der Berichterstattung über „Zeitung in der Grundschule“! Was stellst du fest?
- Schneide Zeitungsartikel aus den Sportseiten aus und mache ein Verzeichnis von Wörtern, die aus der Sportsprache stammen.
- Schneide täglich Rätsel aus, versuche sie zu lösen. Welche Fragen kommen recht oft vor? Lege ein Rätsellexikon an!
- Du bist Katzenbesitzerin. Untersuche die Werbeseiten und stelle fest, wo du günstig Artikel (Katzenstreu, Nahrung) für dein Tier bekommst!
- Sammle die Leserbriefe! Worüber schreiben Leserinnen und Leser an die Zeitung? Stelle einen Themenkatalog zusammen!
- Tiere in der Zeitung. Sammle alle Tierbilder und Nachrichten aus der Tierwelt!
- Untersuche Todesanzeigen! Welche Vornamen gab man zu welchen Zeiten den Neugeborenen?
- Untersuche die Heiratsanzeigen! Welche Eigenschaften erwarten Männer von Frauen?
- Untersuche die Heiratsanzeigen! Welche Eigenschaften erwarten Frauen von Männern?
- Schneide Fotos aus, die dir gefallen, und gib ihnen neue Bildunterschriften!
- Geschwindigkeitskontrolle. Untersuche den Blitzplan! Wo werden gehäuft Kontrollen durchgeführt? Stelle eine Statistik auf!
- Sammle Artikel über interessante Bauvorhaben in unserer Stadt!

- Suche dir aus den Autoanzeigen drei Autotypen heraus, die dich interessieren, und beobachte über Wochen die Preisentwicklung!
- Lies in der Wochenendbeilage die „Reisetipps“! Welche Ziele in der Welt werden empfohlen?

Nicole Mikolajczak

Langzeitarbeiten – in der Gruppe erstellt

Die tägliche Arbeit in den acht Gruppen, die sich jeweils mit einer Langzeitarbeit beschäftigten, war von Anfang an sehr harmonisch. Die Kinder verfolgten mit großer Motivation ihre Themen in der Projektzeitung. Das war hauptsächlich darauf zurückzuführen, dass sie selbst bestimmen durften, mit welchem Thema sie sich über einen längeren Zeitraum auseinandersetzen wollten. So waren nur Neigungsgruppen entstanden. Meine Befürchtung, einige Kinder würden nach ein paar Wochen die Lust an ihrem Auftrag verlieren, bewahrheitete sich nicht. Selbst das Angebot, Urlaub vom eigenen Auftrag zu nehmen und u.U. kurzzeitig bei einer anderen Gruppe mitzuarbeiten, nahm niemand an. Wahrscheinlich waren alle so von ihrer Arbeit begeistert, dass sie zum Abschluss behaupten wollten, die gesamten neun Wochen dabeigewesen zu sein.

Natürlich müssen die Kinder bei der Bewältigung ihrer Langzeitarbeiten viel leisten. Dies kann sie je nach Unterrichtsgestaltung überfordern. Da ihnen ein hohes Maß an individueller Leistungsbereitschaft abverlangt wird, halte ich ein offenes Unterrichtskonzept für sinnvoll, das den Schülerinnen und Schülern Raum zur Mitgestaltung gibt und sich an ihren Interessen und Bedürfnissen orientiert. Nur so werden sie wirklich angesprochen, und die Lehrperson plant nicht an den Kinder vorbei. Erst wenn die Wünsche der Kinder in die Unterrichtsgestaltung einbezogen werden, kann man erfahren, wie leistungsbereit und -fähig sie sein können, wenn es um die Realisierung eines eigenen Wunsches geht.

Folgende Themen, zu denen regelmäßig in unserer Projektzeitung Beiträge zu finden waren, wählten wir aus: Lokales, Sport, Wetter, Hägar-Comic, Unfälle, Termine.

Zu diesen sechs Themenbereichen bildeten jeweils mehrere Kinder entsprechend ihren Neigungen Gruppen. Diese verfolgten von nun an in der Zeitung ihr Thema. Die Ergebnisse waren im Klassenraum an einer Wandzeitung nachzulesen, und natürlich aktualisierten die Schülerinnen und Schüler täglich ihre „Spalten". Die alten Arbeiten sammelten sie in einer Mappe.

Die einzelnen Aufträge sollen kurz vorgestellt werden:
Lokales – Diese Gruppe kommentierte aktuelle Ereignisse oder Meldungen aus unserer Region.
Sport – Speziell zum Thema Fußball wurden Artikel gesammelt und eigene Kommentare zu Spielen oder Fußballberichten der Zeitung geschrieben.
Wetter – Diese Gruppe beschäftigte sich mit der Wettervorhersage, die sie durch Temperaturmessungen überprüfte. Die Kinder trugen in ein Wetterkurvendiagramm die vorhergesagten und die realen Temperaturen ein und machten so deutlich, welche Abweichungen vorlagen (manchmal waren sie gravierend).
Hägar-Comic – Hier wurden eigene Comics geschrieben oder Fehlersuchbilder hergestellt. Die Gruppe erarbeitete aber auch kurze Charakterisierungen der einzelnen Personen des Hägar-Comic-Strips.

Unfälle – Die Schülerinnen und Schüler sammelten Artikel über Verkehrsunfälle und notierten, wie viele Verletzte und/oder Tote es gegeben hatte oder ob es nur zu Blechschäden gekommen war.
Termine – Diese Gruppe stellte für die Klasse Termine zusammen, die in unseren näheren Umgebung zur Freizeitgestaltung von Kindern interessant waren, z.B. Kinofilme, Kindertheater usw.

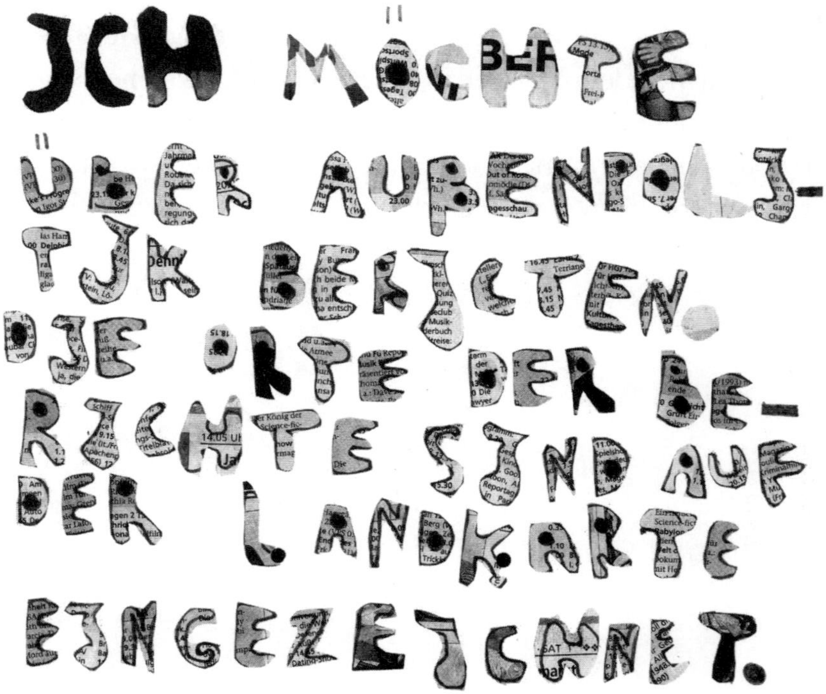
ICH MÖCHTE
ÜBER AUßENPOLI-
TIK BERICHTEN.
DIE ORTE DER BE-
RICHTE SIND AUF
DER LANDKARTE
EINGEZEICHNET.

Michaela Matz

Langzeitarbeiten – mit Expertenrunden

Nachdem die Kinder erste Erfahrungen im Umgang mit der Zeitung gesammelt hatten, wählten sie, je nach individuellem Interesse, einen Themenbereich aus, den sie über mehrere Wochen in der Zeitung verfolgen wollten. Es fanden sich fünf Gruppen zusammen, die Ausschnitte zu den Themen: Tiere, Umwelt, Wetter, Ereignisse in der Heimatregion und Unterhaltung (z.B.: Witze) zusammentrugen. Ausgewählte Zeitungsartikel hängten sie unter der Überschrift des entsprechenden Themenbereichs an eine dafür vorgesehenen Pinnwand. So entstand eine Wandzeitung. Da ich jeden Tag Gelegenheit zum Durchschmökern der Zeitung gab, wurde sie während des gesamten Projektverlaufs täglich aktualisiert.

Mir war es wichtig, die Kinder darauf aufmerksam zu machen, dass sie nicht alle Beiträge ausschneiden müssen, die in ihr „Gebiet“ fallen. Bei einem umfassenden Thema wie „Ereignisse in der Heimatregion“ würde die Sammlung zu umfangreich. Sie sollten sich vielmehr auf die für sie interessanten und verständlichen Artikel beschränken.

Um die Ergebnisse der Langzeitarbeiten für die Klasse nutzbar zu machen, veranstalteten wir regelmäßige Expertenrunden. Bei diesen Zusammentreffen hatten die Kinder, die gemeinsam ein Thema bearbeiteten, die Möglichkeit, ihr Wissen über die von ihnen behandelte Fragestellung vorzutragen. Die Vorbereitung hierfür sah folgendermaßen aus: Die ausgeschnittenen Artikel wurden gelesen, die wichtigsten Informationen unterstrichen und schließlich auf Karteikarten notiert. Ich habe gute Erfahrungen damit gemacht, diese Expertenrunden auf eine Weise durchzuführen, die auch als „Aquarium" bezeichnet wird. Hierbei bildet die jeweils vortragende Gruppe einen kleinen Kreis, in dessen Mitte sich ein unbesetzter Stuhl befindet. Die restliche Klasse sitzt um die Gruppe herum, die nun beginnt, über ihr Thema zu berichten und miteinander zu diskutieren. Währenddessen haben die Schülerinnen und Schüler im Außenkreis das Recht, sich auf den leeren Stuhl zu setzen, sobald sie Fragen zum Thema stellen möchten oder Aspekte einbringen wollen, die noch nicht erwähnt wurden. Ist die Frage beantwortet bzw. das Anliegen dargestellt, wechselt das jeweilige Kind wieder in den Außenkreis.

Der Vorteil dieser Methode liegt darin, dass diejenigen, die im Außenkreis sitzen, äußerst aufmerksam zuhören, denn sie sind sehr motiviert, Fragen zu stellen. Andererseits bereiten sich die Expertinnen und Experten intensiv auf die Runde vor, da sie sich keine Blöße bei der Beantwortung der an sie gerichteten Fragen geben wollen.

Ein weiterer Vorteil dieser Methode liegt darin, dass sich die Kinder die sogenannten W-Fragen selber erarbeiten.

- Was ist geschehen?
- Wer war daran beteiligt?
- Wann ist es geschehen?
- Wo ist es geschehen?
- Wie ist es geschehen?
- Warum ist es geschehen?

Damit lernen sie ein Prinzip kennen, nach dem sich Nachrichten gestalten lassen. Zwar gibt nicht jede Nachricht auf alle diese Fragen eine Antwort, die „vier harten W“: Was, Wer, Wann, Wo? werden aber meist beantwortet. Wer über die „harten W“ keine Auskunft gab, musste bei den Expertinnen und Expertenrunden mit Nachfragen der Kinder im Außenkreis rechnen.

Wir behandelten die Leitfragen zur Erstellung einer Nachricht im Anschluss an eine solche Expertenrunde. Die Klasse las eine ausgewählte Meldung aus der Tageszeitung und untersuchte, welche W-Fragen im Text beantwortet wurden.

Langzeitarbeit

Ich habe mich für das Thema Anzeigen (Er sucht sie, sie sucht ihn) entschieden.
Die Aufgabe besteht darin, eine Tabelle zu erstellen, in der je 20 Annoncen von Männern und Frauen ausgewertet werden. Es werden Dinge gegenübergestellt, die in den Annoncen gefordert bzw. angegeben werden.
Ich werde dann die Dinge markieren, die mir wichtig wären, und eine eigene Annonce formulieren.

Bruno Dütsch

Präsentation von Langzeitprojekten

Zwei Wochen nach Beginn der Arbeit mit der Tageszeitung legten sich die Kinder provisorisch auf ein Thema fest. Während der folgenden Woche überprüften sie ihre Entscheidung, um dann definitiv ein Thema zu wählen. In dieser Phase ging es in erster Linie darum zu ermitteln, ob das Thema längerfristig interessant ist und die Zeitung genügend Beiträge bietet. Es kam während dieser Phase zu wenigen kleinen Korrekturen in der Themenwahl.

Nach einigen Wochen gaben alle Kinder in der Klasse einen ersten Zwischenbericht, in dem sie sich zu den folgenden Punkten äusserten:

- Was habe ich ursprünglich erwartet?
- Wie sehen meine ersten Resultate aus?
- Welche Erwartungen habe ich für die verbleibende Zeit?

Während der gesamten Zeit arbeiteten die Kinder sehr selbstständig. Sie sammelten alle in der Zeitung auffindbaren Informationen und werteten sie anschließend aus. Gleichzeitig befassten sie sich mit der Frage, wie sie ihre Resultate am Elternabend präsentieren wollten. Es standen ihnen dabei die Geräte und Hilfsmittel im Klassenzimmer zur Verfügung (Wandtafel, Stellwände, Hellraumprojektor, Beamer). Um für alle Mitschülerinnen und Mitschüler die Spannung aufrecht zu erhalten, übten wir die Präsentationen für den Elternabend nicht im Detail ein. Festgelegt war nur die Reihenfolge. Im Probedurchgang achteten wir darauf, dass die richtigen Mittel am richtigen Ort verfügbar waren. Jedes Kind kündigte seine Präsentation selbst an. Die eigentlichen Resultate, die Inhalte der Präsentation blieben geheim.

Der Präsentationsabend und seine Auswertung

Eine halbe Stunde vor Beginn war Türöffnung. Die Eltern und interessierten Behördenmitglieder fanden im Klassenzimmer eine grosse Ausstellung mit den gesammelten Informationen. Die Kinder zeigten ihren Eltern und den anderen Gästen ihren Beitrag zur Ausstellung, wobei es bereits zu ersten Gesprächen zum gewählten Thema kam.

Am häufigsten präsentierten die Kinder ihre Arbeiten in Form eines mündlichen Berichts, den sie durch die Visualisierung ihrer Resultate oftmals mittels Hellraumprojektor unterstützen. Da bei vielen Themen Zahlen eine wichtige Rolle spielten, waren auf den Folien hauptsächlich Tabellen zu sehen, die die Schülerinnen und Schüler erklärten und interpretierten. Ihren Vortragstext hatten sie in den meisten Fällen schriftlich vorbereitet, einige Kinder sprachen aber relativ frei. Vollständig frei mussten die Kinder in der auf die Präsentation folgenden Fragerunde reden. Oft ging es dabei um Verständnisfragen, um Detailklärungen; manchmal konnten die Besucherinnen und Besucher interessante Ergänzungen zum Thema einbringen. Für die Kinder war diese Phase nicht ganz einfach, da sie die Fragerunde nur beschränkt üben konnten. Deshalb waren sie etwas unsicher, ob sie den Ansprüchen der Erwachsenen genügen würden; es zeigte sich aber, dass ihnen dies bei einem wohlwollenden Publikum keine Probleme machte.

Sehr beliebt war die Präsentation an der Stellwand. Sie eignete sich vor allem für die Vorstellung von Arbeiten, bei denen die Kinder viele Bilder gesammelt hatten. Als Nachteil erwies sich bei dieser Präsentationsform Folgendes: Die Kinder selbst konnten zwar alles gut lesen und sehen, da sie in direkter Nähe zur Wand standen, nicht aber das Publikum. Sie wiesen deshalb während der Präsentation oft darauf hin, man möge während des anschliessenden Apéros doch ihren Ausstellungsbeitrag noch genauer ansehen.

Erstaunlicherweise entschied sich keines der Kinder für eine Powerpointpräsentation, obwohl das möglich gewesen wäre. Als wir im Anschluss an den Elternabend darüber sprachen, zeigte sich, dass Powerpoint zwar im Schulzimmer verfügbar war, nicht aber zuhause, wo die Präsentationen weitgehend vorbereitet wurden.

Bei der Besprechung des Elternabends entwickelten die Kinder weitere Ideen, wie sie die Resultate ihrer Arbeiten hätten präsentieren können. Als besonders attraktiv erschien ihnen dabei das Rollenspiel, insbesondere dann, wenn sie während der Projektphase mit einem Partner oder einer Partnerin zusammengearbeitet hatten. Bei dieser Präsentationsform kann ein Kind die Rolle des Sachverständigen übernehmen, das andere stellt die Fragen. Möglich ist auch eine Art Streitgespräch, etwa zu einem Sportthema, bei dem man mit gutem Gewissen verschiedener Ansicht sein kann und zu dem in der Zeitung unterschiedliche Auffassungen vertreten werden.

Die Präsentationen der Langzeitprojekte genügten meiner Meinung nach relativ hohen Ansprüchen. Ich bin überzeugt, dass in einer zweiten Runde die Vielfalt der Präsentationsformen wesentlich grösser wäre, da die Kinder nach den guten Erfahrungen mutiger, experimentierfreudiger sein würden.

Der Stellenwert der Präsentation

Nicht nur für die Kinder, sondern auch für die Eltern war der Präsentationsabend ein ausserordentlich wichtiges Ereignis. Viele Eltern waren überrascht, wie vielfältig die Themen waren, wie interessant die Resultate.

Am überzeugendsten waren die Präsentationen, die aus einer persönlichen Betroffenheit heraus entstanden. So beschäftigte sich ein Mädchen, das in einem Alters- und Pflegeheim wohnt und dort fast täglich mit dem Tod konfrontiert ist, mit den Todesanzeigen in der Tageszeitung. Diese Arbeit war für das Mädchen eine Möglichkeit, seine Gedanken zum Thema „Tod" zu ordnen und in gewisser Weise von aussen auf die eigene Situation zu blicken. Nicht nur seine Eltern waren tief beeindruckt von der Ernsthaftigkeit der Präsentation, von der Fähigkeit, die eigenen Gefühle und Gedanken öffentlich zu machen und sie mit anderen zu teilen.

Die Aussprache über die Präsentationstechniken und das Suchen nach weiteren Möglichkeiten empfanden die Schülerinnen und Schüler als sehr wertvoll; ein grösserer Teil der Kinder trat wenige Monate nach dem Abend in ein Gymnasium ein und profitierte dort von den Erfahrungen und deren Auswertung.

Ebenso wichtig war es, die von den Kindern erstellten Statistiken richtig einzuordnen, zu zeigen, dass diese nicht unbedingt allgemeine Geltung beanspruchen können. Eine Schülerin beschäftigte sich beispielsweise mit Sportunfällen und wertete dazu die Berichterstattung in der Zeitung aus. Da unsere Projektphase von September bis Dezember dauerte, war es klar, dass mehr über Eishockey- als über Schwimmunfälle berichtet wurde. Die Schülerin stellte dies rechtzeitig fest und schloss ihre Präsentation mit folgenden Worten ab: „Was kann man bei diesem Thema besser machen? Wenn man sich ein richtiges Bild über die Sportverletzungen machen möchte, müsste man die Berichterstattung ein ganzes Jahr untersuchen. Denn viele Sportarten betreibt man nur in bestimmten Jahreszeiten."

Wenn neben der Arbeit an den Langzeitprojekten und deren Präsentation auch die medienkundlichen Aspekte behandelt werden, zeigt sich, dass es beim Projekt „Zeitung in der Primarschule" um viel mehr geht als eine weitere Art, Deutschunterricht zu betreiben. Die Auseinandersetzung mit der Zeitung, mit ihrer Bedeutung für die Gesellschaft, mit ihrer Tendenz usw. ist ein wesentlicher Beitrag, um unsere Schülerinnen und Schüler zu befähigen, mit den Medien unserer Zeit kritisch umzugehen.

Ich hoffe, bald wieder an diesem Projekt teilnehmen zu können, um die Erfahrungen, die ich gemacht habe, nutzen zu können. In Bezug auf das Langzeitprojekt würde ich Folgendes vorgängig tun: Ich würde den Kindern

- verschiedene Präsentationstechniken zeigen; sie motivieren, mutig zu sein und gestalterisch zu experimentieren und ihnen
- verdeutlichen, dass sie bei jeder Präsentation einleitend oder abschliessend darauf hinweisen sollten, wie sie ihre Resultate werten: Sind sie allgemeingültig? Sind sie durch Schwerpunktsetzungen der Zeitung geprägt? Sind sie eher zufällig?

Es geht dabei nicht darum, die Kinder zu Statistikern zu machen, sondern sie dazu zu bringen, sich solche Fragen im Umgang mit den Medien zu stellen.

Todesanzeigen

Ich habe mich entschlossen eine Studie über die Todesanzeigen zu machen.
Da ich schon mehr als einmal gesehen habe, wie die verstorbenen Leute im Altersheim abgeholt werden, kam ich auf die Idee, die Todesanzeigen zu untersuchen.
Ich vermutete, dass die Frauen im Durchschnitt älter werden als die Männer, was sich dann auch bestätigt hat, wenn auch während meiner Studie nur minim. Im Ganzen wurden die Leute gar nicht so alt wie ich erwartet habe.
Was auffällig ist, ist dass in diesen 3 Monaten viel mehr Männer als Frauen gestorben sind. Auf 99 Frauen starben 142 Männer.
Ich habe die Kategorien: Alter, Name, Geschlecht und Besonderes bearbeitet.
Einige Anzeigen haben mich auch ziemlich erschüttert, wie zum Beispiel die von Thomas von Allmen-Schmid, der mit 36 Jahren bei einem Verkehrsunfall ums Leben kam. Er hinterlässt seine Frau und fünf Kinder. (Pause!!!)

Es gibt verschiedene Arten wie Todesanzeigen aufgebaut sind, aber meistens steht:

- oben rechts das Datum
- dann um wen es sich handelt
- darunter Geburtsdatum und Sterbedatum
- dann sind die Hinterbliebenen erwähnt, also Familie, Verwandte Freunde oder die Firma und Arbeitskollegen
- und zu unterst wo und wann die Person bestattet wird

Auch gibt es beträchtliche Grössenunterschiede, wie man dies auf dieser Folie gut sieht. Was auch bedeutet: je grösser die Anzeige desto teurer die Kosten.

Hier in Zürich sieht man selten ein Foto auf Todesanzeigen. In katholischen Regionen ist das jedoch üblich.

Todesanzeigen werden von Familien, Freunden, Bekannten, Firmen oder sogar auch selbst verfasst und aufgegeben. Niemand ist verpflichtet, eine Todesanzeige zu veröffentlichen, wenn jemand gestorben ist. Deshalb möchte ich erwähnen, dass in diesen drei Monaten, in denen ich diese Statistik erstellt habe, selbstverständlich noch viel mehr Leute gestorben sind.

Für mich war es spannend, durch diese Studie einen ernsthaften Blick auf die Vergänglichkeit des Lebens zu werfen und zu realisieren, wie schnell und unverhofft der Tod eintreten kann.

Todesanzeigen

Todesanzeigen Total: **241**

davon Männer: **142**
davon Frauen: **99**

Durchschnittsalter aller Personen	**73 Jahre**

Die jüngste Frau wurde **25** Jahre alt
Die älteste Frau wurde **99** Jahre alt

Der jüngste Mann wurde **28** Jahre alt
Der älteste Mann wurde **97** Jahre alt

Durchschnittsalter der 142 verstorbenen Männer	**73.19 Jahre**
Durchschnittsalter der 99 verstorbenen Frauen	**73.27 Jahre**

Die Frauen wurden durchschnittlich um nur 0.08 Jahre älter.

SCHREIBEN

Kinder verfassen Texte für die Zeitung

Kinder können ihre Projektzeitung nicht nur lesen, sie können auch für sie schreiben. Dabei lernen sie die redaktionellen Abläufe kennen, die das tägliche Informationsangebot ermöglichen. Wenn sie einen selbst verfassten Artikel in der Tageszeitung lesen, setzt sich der kindliche Stolz, „berühmt" zu sein, in Leistungsbereitschaft um.

- Um einen Beitrag für die Zeitung zu verfassen, besuchen die Kinder eine außerschulische Lehr- und Lernveranstaltung, über die sie berichten. Bei ihrem Außentermin machen sie sich vor Ort mit der Welt vertraut, in der sie leben. So können sie etwa die Aufgaben von Feuerwehr oder Polizei kennenlernen, einen Bauernhof erkunden oder ein Museum besichtigen.
- Damit ein Zeitungsbeitrag zuverlässig informiert, ist eine gründliche Recherche erforderlich. Für die Zeitung zu schreiben bedeutet aber auch, an potentielle Leserinnen und Leser zu denken. Sowohl beim Zusammentragen der wichtigsten Informationen als auch bei der Aufgabe, einen Text zu verfassen, der Interesse weckt, können Redakteurinnen und Redakteure den Kindern Hilfestellung leisten.
- Führen die Kinder eine Recherche durch, so müssen sie nicht nur gezielte Fragen stellen. Stehen ihnen Erwachsene Rede und Antwort, fühlen sie sich auch ernst genommen. Ihre unvoreingenommene Herangehensweise eröffnet dann oft den Zeitungsleserinnen und -lesern unerwartete Perspektiven.

Regina Herrmann

Tierheim und Friedrichstadtpalast. Eine dritte und vierte Klasse schreibt für die Zeitung

„Eine Reportage ist, wenn eine Reporter dabei war und man das spürt.“ So versuchte eine Schülerin zu erklären, was eine Reportage ist.

Dieser Satz skizziert nicht nur treffend, worauf es bei einer gelungenen Reportage ankommt. Er eignet sich auch dazu, Grundschulkinder auf ihre Aufgabe vorzubereiten, für die Projektzeitung zu schreiben. Denn die Schülerin bringt auf den Punkt, wie die Kinder ihren Text für die Zeitungsleserinnen und -leser attraktiv gestalten können. Dazu ist es nämlich ratsam, sich an den Kriterien für eine Reportage zu orientieren, d.h. so konkret und anschaulich wie möglich zu formulieren. Sachliche Informationen sind unverzichtbar. Damit das Leseinteresse geweckt wird, sollten aber auch die eigenen Erlebnisse und Beobachtungen in den Text eingehen, und zwar am besten so, dass die Lesenden das Gefühl haben, sie wären selbst beim Ortstermin dabei gewesen.

Doch bevor die Kinder sich vor Ort kundig machen, muss die außerschulische Lehr- und Lernveranstaltung, über die sie berichten, gründlich vorbereitet werden. Zunächst einmal gilt es, den Unterrichtsgang organisatorisch zu planen. Dann sollten sich die angehenden Reporterinnen und Reporter, genau wie die Profis, vorab über ihren Recherchegegenstand informieren.

Ich besuchte mit der gleichen Klasse im dritten Schuljahr ein Tierheim und im vierten Schuljahr den Friedrichstadtpalast. Nachdem ausreichend Vorwissen zusammengetragen war, überlegten wir gemeinsam, worauf wir bei dem Besuch achten wollten. Außerdem stellten wir eine Liste von Fragen an unsere jeweiligen Gesprächspartner zusammen. Eine solche Vorbereitung ist gerade für Grundschulkinder wichtig, da sie sonst von ihren Erlebnissen so beeindruckt sind, dass sie sich am nächsten Tag im Unterricht nur noch an wenig erinnern.

Ich ließ die Kinder also in einem ersten Schritt frei äußern, was sie bei der außerschulischen Veranstaltung sehen und worüber sie etwas erfahren wollten. Ihre Vorschläge ordnete ich thematisch und fasste sie unter verschiedenen Überschriften zusammen. Während der Veranstaltung durfte jedes Kind die von ihm eingebrachte Frage selbst stellen, wobei möglichst alle zu Wort kommen sollten.

Beim Recherchetermin selbst war zu berücksichtigen, dass es Grundschulkindern schwer fällt, in Stichpunkten zu notieren. Darüber hinaus erkennen sie oft nicht, dass ihre Frage schon in einem anderen Zusammenhang beantwortet wurde. Als Lehrerin gab ich daher Hilfestellungen und schaltete mich steuernd ein. Beim Beobachten, Fragen und Notieren kann die Klasse auch arbeitsteilig vorgehen. Ich bemühte mich, selbst mitzuschreiben, ohne dabei die Schülerinnen und Schüler aus dem Auge zu verlieren.

Zurück in der Schule, die Mitschriften lagen vor, und es stellte sich die Frage: was nun? Zunächst war in Absprache mit der Projektredaktion zu klären, ob wir einen längeren oder mehre kürzere Beiträge einreichen sollten. Im dritten Schuljahr entschieden wir uns für die zweite Variante und fanden acht von zwölf Texte über unseren Besuch im Tierheim, mit den Namen der Autorinnen und

Autoren gezeichnet, in der Zeitung wieder. Im vierten Schuljahr verfassten zwei Kinder einen einleitenden Text über den Ortstermin im Friedrichstadtpalast. Unsere weiteren Erfahrungen und Erlebnisse hatten wir als Schlaglichter in einem oder zwei Sätzen formuliert. Der Zeitungsredakteur, dem wir persönlich unser Werk übergeben konnten, verarbeitete einige der Schlaglichter in einem eigenen Bericht und ordnete andere unter dem Stichwort „Aufgeschnappt“ ein.

Doch wie hatten wir unsere Beiträge erarbeitet? Wir begannen mit einer erzählenden Wiedergabe des Erlebten, bei der die Kinder zahlreiche persönliche und oft sehr unterschiedliche Wahrnehmungen und Empfindungen äußerten. Vorarbeit war durch die Zusammenfassung der Fragen unter verschiedenen Überschriften bereits geleistet. Im auswertenden Gespräch konnten konkrete Antworten gegeben werden, wobei alle Schülerinnen und Schüler die Möglichkeit hatten zu ergänzen. Fragen wie: „Was hat uns besonders beeindruckt?“ oder „Was haben wir unseren Eltern und Freunden erzählt?“ boten Hilfe bei der Auswahl der wichtigsten Informationen und Eindrücke. Anschließend setzten sich die Kinder in Gruppen zur freien Arbeit zusammen und formulierten ihre Zeitungsbeiträge, wobei sie darauf achten sollten, möglichst anschaulich und lebendig über unseren außerschulischen Lernort zu berichten. Ich überarbeitete die Texte leicht und ließ sie ins Reine schreiben. Die jeweils beteiligten Autorinnen und Autoren setzten ihren Namen unter das fertige Werk.

Die Kinder, das kann als positive Bilanz gesagt werden, waren beim Schreiben für die Zeitung gefordert und wurden durch die Ergebnisse ihrer Arbeit belohnt. Nach Veröffentlichung ihrer Artikel hatten sie sogar das Gefühl, berühmt zu sein.

Ich hatte mit alles anders vorgestellt: Zum Beispiel dachte ich, dass die Hasen in ganz kleinen Käfigen sitzen. Aber nein, sie hatten eine große saubere Hoppelstrecke mit Heu. Die Hunde, dachte ich, leben in Zwingern, kleiner als ein Laufgitter. Aber nein, zwei Hunde leben gemeinsam in einem Zwinger, der etwa zwei Meter breit und fünf Meter lang ist. Der Boden ist leider aus Beton, und Zwinger grenzt an Zwinger. Da gibt es schon manchmal lautes Gekläff. Ein großer weißer Hund schaute mich auch ganz traurig an. Ich konnte ihm leider nicht helfen.

Rebecca

Ein Besuch im Friedrichstadtpalast

Schüler der Klasse 4i sahen sich im 50 Jahre alten Traditions-Varieté um

Die Klasse 4 i der Hellersdorfer Schule für Sprachbehinderte besuchte den Friedrichstadtpalast in Berlin-Mitte. Die Schüler wurden durch das Haus geführt und erfuhren interessante Dinge über die Geschichte des Hauses und die Arbeit von Regisseuren, Kostümbildnern und Schauspielern. Hier der Bericht der Klasse:

Bevor wir von unserem „Blick hinter die Kulissen des Friedrichstadtpalastes" berichten, erst etwas Geschichtliches. Vor 129 Jahren war der Friedrichstadtpalast eine große Markthalle. Später bevorzugten die Menschen den offenen Markt und ein Zirkus zog ein. 1947 war dann das Geburtsjahr des heute weltbekannten Revuetheaters.

Das neue Gebäude, im Volksmund auch „Bunter Bahnhof" genannt, wurde am 27. April 1984 eröffnet. Schon immer war der Friedrichstadtpalast inmitten der ehemaligen Gemeinde Friedrichstadt eine gute Adresse in der Kulturlandschaft Berlins. Friedrichstadtpalast-Mitarbeiter Herr von Lenski beantwortete unsere Fragen geduldig. Oft mußte er schmunzeln und machte große Augen.

BERLINER ZEITUNG/HENRIK POHL

Als Reporter im Friedrichstadtpalast im Einsatz: Schüler der 4i der Hellersdorfer Schule für Sprachbehinderte.

So erfuhren wir zum Beispiel, daß seit der Eröffnung des neuen Hauses 76 verschiedene Aufführungen gezeigt wurden. Die Kostüme werden nach Beendigung der Aufführungen meist an Schülertheater und Amateure abgegeben.

Vor jedem Stück gibt es etwa 400 Proben. Im Palast traten schon echte Alligatoren, Schlangen und Elefanten auf. Außerdem berichtete Herr von Lenski, daß die Synchronschwimmerinnen, die im Schwimmbecken ihre Kunststücke vortragen, vom TSC Berlin „ausgeborgt" werden.

AUFGESCHNAPPT

200 Garderoben

Im Friedrichstadtpalast gibt es 200 Garderoben. Nicht mehr benötigte Kulissen werden meistens verschrottet.
Philipp Eisenträger

Die kürzeste Vorstellung dauerte drei Minuten - der eiserne Vorhang ging nicht auf.
Lisa Planer-Friedrich

Der Regisseur darf bestimmen und hat immer das letzte Wort.
Rebecca Grumbach

Die längsten Engagements hatten bisher Helga Hahnemann und Alfred Müller. Die 77 Tänzer und Tänzerinnen essen am liebsten Milchreis.
Sarah Fehrmann

Im Wasserbecken sind 180000 Liter Wasser. Im Lager liegen 114 Kostüme für eine riesige Revue.
Johannes Zappe

Michaela Matz:

Schokoladenmuseum. Eine vierte Klasse schreibt für die Zeitung

Durch den täglichen Umgang mit der Zeitung hatten die Schülerinnen und Schüler bereits verschiedene Arten von Zeitungsartikeln kennengelernt. So waren sie vorbereitet, selbst einen Beitrag für die Projektzeitung zu verfassen.

Meine Klasse und ich entschieden uns, über einen Besuch des Schokoladenmuseums in Köln zu berichten. Die Kinder waren beim Schreiben für die Zeitung sehr motiviert, nicht zuletzt deswegen, weil sie Ort und Gegenstand ihrer Recherche selbst ausgewählt hatten.

Die Recherche „vorab“ und Gliederung in Unterthemen

Unserem außerschulischen Lernort entsprechend gab ich den Kindern zunächst die Hausaufgabe, über den Themenbereich „Kakao und Schokolade“ zu recherchieren. Das Ergebnis ihrer Nachforschungen bestand überwiegend aus Lexikon- und CD-Rom-Texten. Einige brachten aber auch Kakao- und Schokoladendosen mit, denen sie Wissenswertes zu unserem Thema entnehmen konnten.

Um die Arbeit übersichtlicher zu gestalten, entschloss ich mich, das Thema, über das wir berichten wollten, gemeinsam mit den Kindern zu gliedern. Dazu machten wir uns zunächst über unseren außerschulischen Lernort kundig. Indem wir uns am aktuellen Ausstellungsangebot des Schokoladenmuseums orientierten, kamen wir zu einer Einteilung, für die wir folgende Überschriften fanden: „Rund um den Kakaobaum“, „Heimat des Kakaobaums und Ernte des Kakaos“, „Herstellung und Weiterverarbeitung von Schokolade“, „Schokoladenverkauf und Werbung“ und „Kakao hat eine lange Geschichte“.

Die Kinder konnten sich anschließend entsprechend ihrem individuellen Interesse für eins der Unterthemen entscheiden. Über dieses informierten sie sich vor Ort besonders intensiv, um später auch in der Tageszeitung darüber schreiben zu können.

Die Recherche vor Ort und ihre Auswertung

Kurz vor dem Besuch des außerschulischen Lernortes besprachen wir, welche Arbeitsgeräte wir benötigten: Jedes Kind sollte mit Notizblock und Stift ausgerüstet sein.

Im Anschluss an den Besuch verfassten die Kinder jeweils über ihren Themenbereich einen kurzen Artikel. Wir stellten Schildchen in unterschiedlichen Farben mit den einzelnen Themenbereichen auf die Tische. Hier konferierten die einzelnen Arbeitsgruppen.

Zur Einstimmung reflektierte ich mit den Kindern noch einmal ihre Erlebnisse während unseres Außentermins. In diesem Zusammenhang hat sich die Spielsituation „Na, wie war’s?“ bewährt, die ein Zerreden der von den Kindern gemachten Erfahrungen verhindert. Die Kinder gingen zunächst ungeordnet durch die Klasse. Ertönte ein Glöckchen, fanden sie sich zu Paaren zusammen. Simuliert wurde die Situation des Zu-Hause-Ankommens. Tippte ich das „zu Hause gebliebene“ Kind an, so fragte es sein

Gegenüber: „Na, wie war's im Schokoladenmuseum?" Das andere Kind gab darauf eine kurze Antwort. Aussagen wie „schön" reichten jedoch nicht aus, denn wir hatten vorher als Spielregel festgelegt, dass die Kinder kurz sagen mussten, was genau für sie schön war. Innerhalb des Spiels sollte jedes Kind einmal beide Rollen einnehmen.

Anschließend ging es an die Arbeit. In den Gruppen übernahm jeweils ein Kind die Aufgabe des Aufschreibens. Ich machte die Kinder darauf aufmerksam, dass auch ihre persönlichen Eindrücke im Text eine Rolle spielen sollten. Mit Hilfe ihrer Vorab-Recherchen, der am außerschulischen Lernort gewonnenen Eindrücke und der dort gemachten Notizen begannen die Kinder, den Artikel spontan zu schreiben. Gruppen, die ihre Texte fertig gestellt hatten, händigte ich Schreibhinweise aus (im Sinne der Schreibkonferenz):

Schreibhilfen für rasende Reporterinnen und Reporter

Schreibhilfe 1: Habt ihr so geschrieben, dass sich die Leserinnen und Leser gut vorstellen können, was ihr beschreibt? Auch eure eigene Meinung spielt dabei eine wichtige Rolle! Was hat euch besonders gut gefallen?

Schreibhilfe 2: Überprüft, ob ihr alle wichtigen Informationen in euren Text eingearbeitet habt! Würde eine Leserin oder ein Leser verstehen, worum es in diesem Bereich der Ausstellung ging und wie es dort aussah?

Schreibhilfe 3: Habt ihr leserfreundlich geschrieben? - Sind eure Sätze kurz? - Sind nicht zu viele Informationen in einem Satz?

Mit Hilfe der Schreibhinweise konnten die Gruppen ihre Texte zunächst selbstständig überarbeiten.

Die Reflexion über die einzelnen Artikel fand im Klassenverband als eine Art Redaktionskonferenz statt. Um die Wichtigkeit dieses Zusammentreffens zu unterstreichen, ließ ich die kleinen Redakteurinnen und Redakteure jeweils vor der Klasse an einem Tisch sitzen. Von hier aus trugen sie ihre Texte vor. Die Zuhörenden konnten ihre Meinung äußern und Verbesserungsvorschläge machen.

Auch in der Grundschule

Die Jugendlichen, die in Köln an „Zeitung in der Schule" teilnehmen, besuchen weiterführende Schulen. Aber auch Grundschüler interessieren sich für die Tageszeitung. Das beweisen Mädchen und Jungen aus dem vierten Schuljahr der Wilhelm-Busch-Gemeinschaftsgrundschule in Bedburg. Sie arbeiten begeistert mit dem „Stadt-Anzeiger". Und sie bekamen auch die Chance, Berichte für die Zeitung zu schreiben. Ihr Thema: ein Besuch im Schokoladenmuseum.

Es duftet verführerisch

Im Museum gibt es eine kleine Schokoladenfabrik. Dort riecht es sehr verführerisch, und man kann sehen, wie Schokolade gemacht wird. Die Kakaobohnen werden auf ein Laufband befördert, in einem Kasten geröstet und danach gemahlen. Es entsteht eine Masse. Sie ist sehr bitter. Jetzt wird sie mit Zucker und Milch vermischt und gewalzt. Dadurch wird die Schokolade cremig und zart. Zum Schluß wird die Masse gerührt und auf fast 100 Grad erhitzt. Hierdurch entfaltet sich das Aroma. Die Schokolade ist jetzt fertig. Sie wird in Formen gefüllt und gekühlt. Dann legt ein Roboter sie auf ein Förderband, das in die Verpackungsmaschine läuft. Man kann auch sehen, wie Schokoladenfiguren hergestellt werden. In dem Raum, wo die Fabrik steht, gibt es auch einen schönen Schokoladenbrunnen. Man kann dort warme Schokolade naschen.

Sascha, Niklas, Philipp,Sven, Marc

Automat rief „Mama"

In der ersten Etage des Museums stehen in einem 100 Jahre alten Kaufmannsladen alte Dosen und Schachteln, in denen früher Schokolade aufbewahrt und verkauft wurde. In der zweiten Etage findet man ein Kino. Dort laufen witzige Werbespots über Süßigkeiten. Links hinter dem Ausgang des Kinos sieht man Werbeplakate für Schokolade. Ein Stück weiter stehen in einem großen Raum viele Automaten. Einer davon heißt „Storch-Automat". Wenn er noch funktionieren würde, könnte man einen Groschen hineinwerfen und an einer Kurbel drehen. Dann käme eine Schokoladenpuppe heraus und der Automat würde schreien: „Mama".

Nicole M., Nicole G., Jan Philipp, Torsten, Kris, Katarina

Einst war Kakao auch Medizin

Indianer mischten ihn mit Chili und Pfeffer

Kakao hat eine lange Geschichte. Die Indianer in Mexiko waren vor circa 3000 Jahren die ersten Menschen, die den Kakao entdeckten. Er war damals so wertvoll, daß der Medizinmann den Regengott bat, Regen zu machen, damit die Kakaobäume nicht eingehen. Die Indianer kannten keinen Zucker. Sie taten Chili und Pfeffer hinein. Dieses Getränk wurde aus einem ganz großen Becher, der fast so groß war wie ein Topf, getrunken. Jeder durfte einen Schluck nehmen.

Der Kakao hatte eine medizinische Wirkung. Man benutzte ihn gegen Fieber, Vergiftungen, Schlangenbisse und zum Desinfizieren von Schnittwunden. Gleichzeitig war der Kakao Zahlungsmittel. Für zehn Bohnen gab es zum Beispiel ein Kaninchen.

In Europa wurde der Kakao um 1600 von den Spaniern eingeführt, erst etwa hundert Jahre später war er auch in Deutschland bekannt. Er wurde nur von reichen Leuten getrunken. Tassen und Untertassen, die von Dienern an die Betten der Reichen gebracht wurden hatten eine Halterung, damit sie nicht herunterfallen konnten.

Heute kann jeder Kakao trinken.

Sascha, Arno

Ziemlich bitter

Auf riesengroßen Tafeln sieht man im Schokoladenmuseum, wo der Kakaobaum wächst: nämlich in Ghana, Brasilien, Nigeria und an der Elfenbeinküste. Man sieht auch Bilder von Menschen, die mit dem Messer die Früchte vom Baum abschlagen. Danach öffnen sie mit einem Buschmesser die Frucht und holen das Innere heraus. Dieses Innere besteht aus Fruchtfleisch und Kakaobohnen. Die Bohnen werden in Säcken in alle Welt transportiert. Wir durften auch die Bohnen im Museum probieren. Sie schmeckten ziemlich bitter.

Daniel, Stefan, Tina

Jede Stunde Regen

Wir gingen in ein Tropenhaus, wo der Kakaobaum wächst. Drinnen ist es ganz warm; man kriegt eine feuchte Haut. Jede Stunde „regnet" es hier, denn der Kakaobaum wächst nur in warmen und regenreichen Gebieten. Der Baum hat ovale Blätter und kann bis zu 100 Meter hoch werden. Wenn die Bäume fünf Jahre alt sind, bekommen sie Früchte. Sie sind gurkenförmig und werden bis 30 Zentimeter groß. 30 bis 60 Bohnen sind in einer Frucht. Die Kakaobäume im Tropenhaus sind noch jung und haben noch keine Früchte.

Christina, Judith, Melanie, Dennis, Sandra

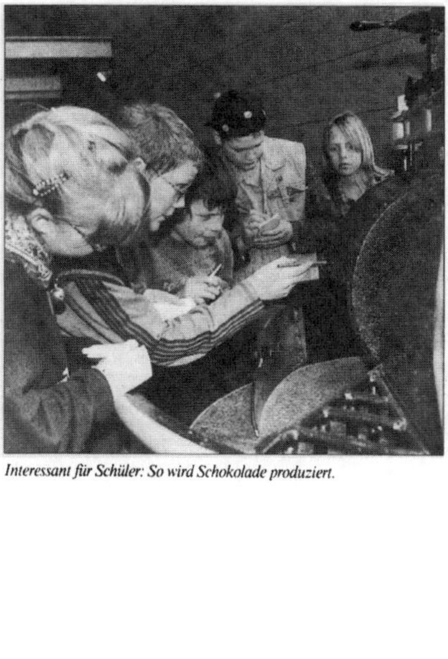

Interessant für Schüler: So wird Schokolade produziert.

GEW Eine Aktion des Kölner Stadt-Anzeiger mit Unterstützung der GEW Köln AG

Kölner Stadt-Anzeiger

SO LOKAL WIE INTERNATIONAL

Sie erreichen die Projektredaktion „Zeitung in der Schule" unter folgenden Telefonnummern:
224 2474 (Klaus Zöller) und
224 3313 (Evelyn Binder).
Faxnummer: 224 2133.

Vom Koch zum Segelmacher

Klasse 4 der Grundschule Hasede besucht Segelmacherei Lishke

„Erstmal Schuhe ausziehen!“ sagt Ralf Kohrs, als er uns in der Werkstatt in Empfang nimmt. Wir wundern uns alle. Warum Schuhe ausziehen? Ralf Kohrs erklärt, dass der Fußboden der riesigen Halle ein großer Tisch für die Segel ist und nicht schmutzig werden darf. Jetzt hören wir auch ein lautes Rattern. „Das sind Industrienähmaschinen“ sagt Ralf Kohrs und zeigt auf fünf Vertiefungen, in denen Nähmaschinen und Stühle stehen. Da können er und seine Mitarbeiter besser nähen. Denn auf normale Tische würden Segel nicht passen, dazu sind sie mit rund 140 Quadratmetern zu groß. „Man könnte mit dem größten Segel den Fußboden in eurem Klassenraum auslegen“ lacht er.

Segelmachen ist echte Handarbeit, erklärt er uns. Die Segel werden zwar am Computer entworfen, aber ausgeschnitten und gebaut werden sie mit der Hand. Wir staunen, wie fest sich die Segel anfühlen. Sie sind aus Polyester, einem Kunststoff. Ralf Kohrs zeigt auf ein orangefarbenes Segel. „Das ist ein Sturmsegel, die sind fester als normale.“

In der Segelmacherei werden aber nicht nur Segel hergestellt, sondern auch Persenninge (das sind Abdeckplanen für Boote), Leichtbau-Zirkuszelte, Sonnensegel und sogar Feuerwehrsprungtücher. Schade, dass wir das nicht ausprobieren durften. Die Segelmacherei in Hasede ist übrigens die einzige weit und breit, die Zirkuszelte baut.

Segelmachen kann fast jeder lernen,

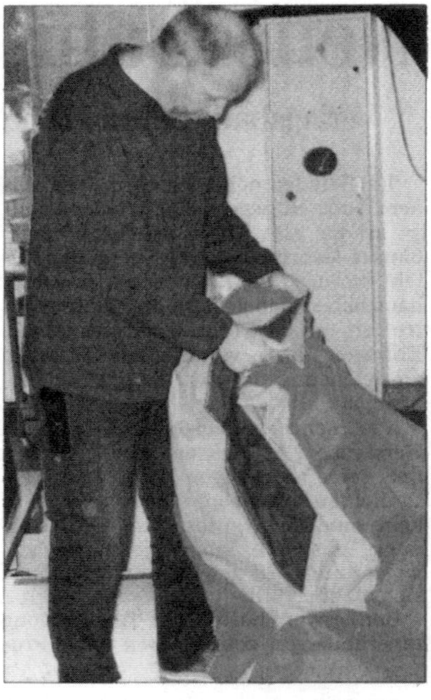

Ralf Kohrs mit einem prächtig bunten Zirus-zelt Fotos: Seifert

meint Ralf Kohrs, Man muss nur Spaß am Nähen haben. „Ich selbst bin eigentlich gelernter Koch, aber mein Lieblingshobby war schon immer das Segeln. So bin ich Segelmacher geworden und koche heute nur noch zum Spaß für meine Kinder oder meine Freunde.“ Er hat also sein Hobby zum Beruf gemacht – und umgekehrt.

Die Segelmacherei Lishke gibt es schon seit 1989 in Hasede. Ralf Kohrs hat sie 2003 gekauft und seitdem schon viele Segel hergestellt. Das Meer ist ganz schön weit weg von Hasede, aber dennoch kaufen viele Segler ihre Segel bei ihm oder lassen kaputte reparieren. „Mit unseren Segeln wurden schon viele Regatten gewonnen“ sagt Ralf Kohrs stolz. So ein Segel ist übrigens ganz schön teuer, es kann mehrere 1000 Euro kosten.

Bruno Dütsch

Interview mit der Bildungsdirektorin. Eine sechste Klasse schreibt für die Zeitung

Das Recherchethema und die Lerngruppe

Als ich erfuhr, dass die Bildungsdirektorin unseres Kantons sich bereit erklärt hatte, Schülerinnen und Schülern für die Zeitung ein Interview zu geben, stand für mich fest: diese Gelegenheit sollten wir uns nicht entgehen lassen. Mit Interesse von Seiten der Klasse konnte ich rechnen, denn die Schülerinnen und Schüler sind direkt von den Entscheidungen der Bildungsdirektorin betroffen. Darüber hinaus bin ich selbst im Kanton schulpolitisch engagiert.

Regine Aeppli ist als amtierende Bildungsdirektorin Teil der Zürcher Kantonsregierung, einer siebenköpfigen Kollegialbehörde. In dieser Funktion präsidiert sie den Bildungsrat, der die grundsätzlichen Leitlinien im Bildungswesen des Kantons festlegt und abschließend für die Stundentafel zuständig ist. Vor etwa zwei Jahren musste die Volksschule des Kantons Zürich eine gewaltige Sparübung über sich ergehen lassen. Dies wurde für meine Schülerinnen und Schüler direkt spürbar und veranlasste sie Unterschriften zu sammeln und sich in Briefen an die Bildungsdirektorin zu wenden. Im Einzelnen ging es um Einschränkungen der Unterrichtsstunden im Werkunterricht und in Biblischer Geschichte und Veränderungen in Bezug auf die Zugangsberechtigung zum Gymnasium. All diese Massnahmen wurden von den Kindern in direktem Zusammenhang mit Regine Aeppli gesehen. Sie war für die Kinder, die das komplizierte politische System nicht immer ganz verstehen konnten, die Verantwortliche für die Massnahmen, durch welche sich meine Klasse benachteiligt fühlte. Sie waren also hoch motiviert, Regine Aeppli zu treffen und sie mit ihren Anliegen zu konfrontieren.

Darüber hinaus waren die Kinder an der Diskussion interessiert, ob Französisch oder Englisch als erste Fremdsprache in der Primarschule unterrichtet werden soll.

Meine Klasse stand am Anfang des sechsten Schuljahres, als ich mit dem Projekt begann. Das sechste Schuljahr ist das letzte der Primarschule, nach der erstmals selektioniert wird. Mit dem Bestehen einer Aufnahmeprüfung treten die leistungsstärksten Schülerinnen und Schüler ins Gymnasium ein; der größere Teil setzt die Schule in zwei bis drei Niveaustufen an der Sekundarschule fort. Mein Schulhaus liegt in einer eher privilegierten Wohngegend mit einer sehr bildungsnahen und –freundlichen Elternschaft. Vor allem im sprachlichen Bereich liegt das Niveau der Kinder in diesem Quartier weit über dem kantonalen Durchschnitt.

Die Vorbereitung der Recherche

Bevor ich mit den Vorbereitungen in der Klasse begann, traf ich mich auf Wunsch von Regine Aeppli mit einer ihrer engen Mitarbeiterinnen, um die Rahmenbedingungen des Interviews zu besprechen und festzulegen. Wir einigten uns, dass es nicht einfach ein Frage- und Antwortspiel zwischen der Bildungsdirektorin und den Kindern werden sollte. Regine Aeppli wollte mit den Kindern ins Gespräch kommen, ihre Anliegen hören und dazu Stellung nehmen. Um den Kindern einen interessanten Rahmen zu bieten, sollte vorgängig ein Besuch im Rathaus stattfinden, wo neben dem Zürcher Kantonalparlament auch das Parlament der Stadt Zürich tagt. Ausserdem wurde ich gebeten, die wichtigsten Gesprächsthemen vorgängig einzureichen, damit sich Regine Aeppli detailliert darauf vorbereiten konnte.

Nach diesen Vorabklärungen organisierte sich meine Klasse in einer Redaktion, die folgende Ressorts umfasste:

- Chefredaktion (verantwortlich für den fertigen Zeitungsartikel),
- Technik (Bild und Ton),
- Fünf Ressorts: Handarbeit und Werken, Fremdsprachen, Biblische Geschichte, Schulkarrieren, Frau Aeppli persönlich.

Die Kinder, die in einem der fünf Ressorts arbeiteten, bereiteten sich nun inhaltlich auf ihr Thema vor, indem sie zuerst versuchten, zu einer klaren Meinung zu kommen. Dann sammelten sie Argumente, die sie Regine Aeppli vortragen wollten. Sie formulierten Fragen und Statements als Vorbereitung für das Gespräch. Diese Phase war sehr intensiv, denn es zeigte sich bald, dass es viel einfacher ist, in Briefform eine Forderung zu stellen, als sich darauf vorzubereiten, diese Forderung bei der dafür zuständigen Bildungsdirektorin persönlich vorzutragen und zu begründen. Auch das Ressort „Frau Aeppli persönlich" sah sich gruppenintern mit schwierigen Fragen konfrontiert: Dürfen wir das Frau Aeppli fragen, ohne dass sie wütend wird? Ist das nicht zu indiskret? Würde ich selbst diese Frage beantworten wollen? Ist es nicht respektlos, das zu fragen?

Nach mehreren Lektionen waren dann aber die Hauptthemen- und -fragen auf dem Tisch, und diese sandten wir an die Bildungsdirektorin.

Sehr viel profitierten die Kinder vom Besuch eines Redaktors der Zeitung, welcher ihnen erklärte, was alles hinter einer tagesaktuellen Seite in der Zeitung steckt. Er schilderte, dass ein grosser Teil der Arbeit darin besteht, geschickt aus der Informationsflut auszuwählen, was die Leserinnen und Leser wohl am ehesten interessiert und der Verantwortung der Zeitung entspricht. Er sprach von dem Zeitdruck, der entstehen kann; er berichtete vom Problem, noch rechtzeitig ein geeignetes Bild zu finden usw. Mit vielen dieser Probleme wurden auch meine Schülerinnen und Schüler direkt konfrontiert, als es darum ging, den Artikel rechtzeitig fertig redigiert der Zeitung einzureichen.

Die Recherche

Am 10. November war es so weit. Wir wurden beim Rathaus von einem Mitarbeiter der Parlamentsdienste des Kantons Zürich und von der bei der Tageszeitung verantwortlichen Redaktorin empfangen. Im Ratsaal wurde den Kindern erklärt, wie eine Parlamentsdebatte abläuft, welche elektronischen Mittel dem Ratspräsidenten zur Verfügung stehen und wie sich die Parlamentarier verhalten. Sie durften sich auf die Sitze des Ratspräsidiums setzen und alle Knöpfe ausprobieren. Im Anschluss daran konnten sie das Sitzungszimmer der Zürcher Regierung besichtigen. Anschließend wurden sie von Regine Aeppli, der Bildungsdirektorin des Kantons Zürich freundlich empfangen. Der für die Tonbandaufnahme verantwortliche Schüler richtete sich ein, der Fotograf machte sich bereit.

Zuerst wollten die Kinder ihre oberste Chefin persönlich kennen lernen. Deshalb begannen die Schülerinnen und Schüler aus dem Ressort „Frau Aeppli persönlich". Nach den ersten Fragen, erwiderte Regine Aeppli: „Aber ihr schreibt doch nicht etwa ein Homestory?" Ich bin überzeugt, dass sie dies humorvoll gemeint hat. Die betroffenen Schülerinnen und Schüler reagierten aber ganz anders darauf. Sie stellten noch zwei, drei Fragen und sagten dann, sie seien nun mit ihrem Thema durch. Sie waren offensichtlich etwas eingeschüchtert, denn sie hatten noch zahlreiche Fragen vorbereitet, von denen sie glaubten, dass sie auch für die Leserinnen und Leser der Tageszeitung interessant seien.

Regine Aeppli hatte sich zu allen Themen sehr gut vorbereitet und konnte auf die Fragen und Argumente der Kinder detailliert eingehen.

Auch wenn nur eine Stunde für das Gespräch vorgesehen war, dauerte es doch fast anderthalb Stunden. Gegen Schluss wurde es für die weniger interessierten Kinder schwierig, gedanklich dabei zu bleiben, denn Regine Aepplis Ausführungen waren so, dass man es sich nicht erlauben konnte, zwischendrin gedanklich abzuhängen. Die Gesprächsführung lag jeweils bei den Leitern der einzelnen Ressorts. Vereinbart war eigentlich, dass die Mitarbeiterin von Regine Aeppli die Moderation übernimmt; sie war aber so beeindruckt vom selbstbewussten Auftreten der Kinder, dass sie sich in eine Beobachterrolle zurückgezogen hat, in der Annahme, ihre Hilfe sei nicht unbedingt nötig oder vielleicht sogar hemmend.

Die Kinder wurden anschließend von der Regierung des Kantons Zürich noch zu einem kleinen Apero eingeladen, was sie sehr genossen.

Das Schreiben des Artikels

Der Nachmittag im Klassenzimmer stand ganz im Zeichen der Verarbeitung des Vormittags. Die Klasse wurde dabei von der für die Schülerbeiträge verantwortlichen Redaktorin der Tageszeitung betreut. Es gelang ihr, die Kinder dazu zu bringen, sowohl ihre Freuden als auch ihre Enttäuschungen auszudrücken. Sie versuchte auch, die Kinder zu motivieren, ihren ursprünglichen Plan, im Artikel vor allem die schon angesprochenen Schulthemen in den Vordergrund zu stellen, fallen zu lassen und sich mehr mit ihren Gefühlen zu befassen. Nach der langen inhaltlichen Vorbereitung waren die Kinder damit aber überfordert und sie blieben bei ihrem Konzept, den Leserinnen und Lesern zu vermitteln, was Frau Aeppli zu den Anliegen einer sechsten Klasse aus der Stadt Zürich sagte.

Ungefähr drei Wochen später erschien dann der Artikel auf der von den Klassen, die am Projekt „Zeitung in der Schule" mitwirkten, gestalteten Seite. Er fand eine recht hohe Beachtung, nicht zuletzt weil im redaktionellen Teil der Zeitung in der gleichen Ausgabe auch ein Hintergrundbericht der Redaktorin über den Besuch im Rathaus und die Arbeit der Klasse erschien. Mit ihrem Bericht waren die Kinder sehr zufrieden; es wurde weder von Frau Aeppli wesentlich verändert noch von der Redaktion. Darauf waren die Kinder sehr stolz. Nur der Chefredaktor war nicht ganz zufrieden, da sein Lead neu formuliert worden war.

Ich wurde im Nachhinein oft auf den Artikel und den Prozess, der dazu geführt hat, angesprochen. Es war während der gesamten Zeit kein Problem, die Kinder bei der Stange zu halten – nicht zuletzt deshalb, da sich die ganze Klasse im Rahmen des Projektes auch sonst intensiv mit dem Medium Zeitung beschäftigt hat, sei es bei ihren Langzeitprojekten, sei es bei der täglichen Lektüre ausgewählter Artikel. Für die Vorbereitung eines Interviews bzw. Gesprächs mit einer Magistratsperson haben sich für mich aber doch einige Lehren ergeben, die ich bei einer weiteren, ähnlichen Gelegenheit beachten würde, um das Ganze für alle Beteiligten noch befriedigender zu gestalten.

Ausblick

Bei der Vorbereitung mit der Klasse würde ich den Kindern vermitteln, dass sie auch darüber schreiben sollten, ob das Gespräch ihre Erwartungen erfüllt hat und wie sie sich gefühlt haben. Ich bin überzeugt, dass ein Artikel in der Zeitung gewinnt, wenn die Kinder sich auch darüber äussern und sich nicht weitgehend auf Sachfragen beschränken. Ich teile die Ansicht der Redaktorin, dass ein Artikel so für die Leserschaft mehr Tiefe enthält, auch mehr Neues, denn die Ansichten mancher Interviewpartner sind der Leserschaft bekannt.

Auch wenn es mir gelungen ist, in der Vorbereitung mit der Mitarbeiterin von Regine Aeppli vieles regeln, möchte ich bei einer anderen Gelegenheit auch mit der Magistratsperson oder anderen Gesprächspartnern selbst besprechen, was von den Kindern erwartet werden kann, wie sie reagieren, auf welchem sprachlichen Niveau sie sind.

Mit Blick auf die praktische Durchführung des Interviews würde ich die Gesprächsführung genauer regeln. Die Kinder sollen sich auf ihre Anliegen konzentrieren können, ohne dabei auch noch darauf achten zu müssen, dass sie nicht zu viel Redezeit in Anspruch nehmen, dass die Antworten nicht zu lang ausfallen usw.

Wichtig war, dass die Recherche meiner Klasse in das Projekt „Zeitung in der Primarschule“ eingebettet war. Die Arbeit meiner Klasse mit der Zeitung durchlief während der dreimonatigen Dauer dieses Projektes drei Phasen, die gleichermaßen zur Heranführung der Kinder an die Zeitung beigetragen haben:

Während der ersten Wochen lernten die Kinder, sich in ihrer Tageszeitung zu orientieren und die für sie interessanten Beiträge zu finden. Darüber hinaus entschieden sie sich für ein Thema, das sie im Rahmen eines eigenen Langzeitprojekts über mehrere Wochen in der Zeitung verfolgen wollten. Die Kinder konnten so üben, ihre Tageszeitung für sie massgeschneidert zu nutzen. Nach drei Wochen hatten die meisten Kinder sich für ein Langzeitprojekt entschieden und begonnen, täglich Beiträge zu ihrem Thema zu sammeln.

In der zweiten Phase des Projektes stand der eigene Artikel im Mittelpunkt unserer Arbeit. Die Schülerinnen und Schüler waren stolz, dass sie mit der Aufgabe betraut wurden, ein Gespräch mit der obersten Chefin des Bildungswesens im Kanton Zürich zu führen und darüber einer großen Leserschaft berichten zu können.

In der dritten Phase kümmerten sie sich abgesehen von der täglichen Lektüre hauptsächlich um ihr Langzeitprojekt, wobei neben dem Inhalt, also den ermittelten Resultaten, auch die Art der Präsentation von großer Bedeutung war.

Über die ganzen drei Monate verteilt waren all drei beschriebenen Phasen wichtig. Ich bin überzeugt, dass für ein erfolgreiches Arbeiten über den Projektzeitraum verteilt unterschiedliche Schwerpunkte gesetzt werden müssen, um die Kinder nicht zu überfordern, sondern so gut wie möglich zu fördern.

Ich hoffe, dass sich die Tageszeitungen im Grossraum Zürich weiterhin an diesem Projekt beteiligen und damit unseren Schülerinnen und Schülern eine Plattform bieten, auch ihre Ansichten und Anliegen einer grösseren Leserschaft zugänglich zu machen. Für die Kinder hat es einen hohen Stellenwert, wenn ihre Texte nicht in irgendeinem Ordner im Schulhaus archiviert werden, sondern von vielen, ihnen unbekannten Leuten gelesen werden. Wenn sie dann auch noch Rückmeldungen erhalten, kann man wohl von einem überzeugenden, motivierenden Schreibanlass reden.

BILD THOMAS BURLA

Sechstklässler vom Schulhaus Kartaus bei Regine Aeppli. «Wir hätten mutiger sein sollen», fanden sie nachher.

Die Klasse als Redaktion

Was passiert, wenn Sechstklässler für das Projekt «Zeitung in der Schule» ein Interview mit der Zürcher Bildungsdirektorin führen? Eine Beobachtung vor Ort.

Von **Barbara Bürer**

Zürich. – Dem Chefredaktor ist die Grippe ins Gesicht gezeichnet. Aber er wollte dabei sein, beim Interview mit der Bildungsdirektorin. Blass sitzt er in der Runde am grossen Tisch im Festsaal des Zürcher Rathauses (am Nachmittag, an der Redaktionskonferenz, wird er dann fehlen), und für ihn übernimmt sein Stellvertreter, der sich vom Stuhl erhoben hat, die Begrüssung: «Liebe Frau Aeppli, wir freuen uns sehr auf das Interview mit Ihnen!» Er stellt sich und sein Team vor. Frau Aeppli ist sichtlich gerührt.

Chefredaktion von der Basis gewählt

Der stellvertretende Chefredaktor heisst Yvain, ist zwölfjährig und ziemlich tough. Er hat sich für dieses Amt beworben, «weil ich die Verantwortung, die eine Chefredaktion hat, nicht scheue»; zudem möchte er ganz gerne «oben» sein. Er und sein Chefredaktor (Philipp) wurden von der Klasse einstimmig gewählt. Und sodann erwidert er jetzt auf Frau Aepplis Frage, ob sie gleich die Antworten geben soll, da sie ja den Fragenkatalog der Kinder im Voraus verlangt und das Blatt vor sich liegen hat: Nein, so hätten sie das nicht vorgehabt, die Redaktorinnen und Redaktoren würden ihr gerne die Fragen persönlich stellen, um je nachdem spontan reagieren zu können!

Wie im wirklichen Redaktionsalltag hat die sechste Klasse von Lehrer Bruno Dütsch (Schulhaus Kartaus in Zürich) für das dreimonatige Projekt «Zeitung in der Schule» ein Redaktionsteam gebildet: mit Chefs, gewöhnlichen Journalistinnen und Journalisten, Zeichnerin und Zeichner, einem Fotografen und dem Techniker, der sich beim Interview abmüht, das schwere Tonbandgerät zur richtigen Zeit in Richtung der Redenden zu bringen.

Die Jung-Redaktion hat sich bestens vorbereitet. Hat in Gruppen Themen aufgegriffen, die brisant sind und Schülerinnen und Schüler interessieren. Fremdsprachen zum Beispiel (da fühlen sie sich benachteiligt, weil sie erst in der Sek oder im Gymi Englischunterricht erhalten, hingegen jetzt, ab diesem Schuljahr, bereits Zweitklässler Englisch lernen). Andere Themen sind: Warum Hochdeutsch im Klassenzimmer? Wie steht es um das Fach Biblische Geschichte? Weshalb wurde die Handarbeit abgeschafft – «halt, halt», greift Frau Aeppli da energisch ein, Handarbeit sei ja nicht abgeschafft, nur die Stunden seien reduziert worden!

Eine Bemerkung, die einschüchtert

Zuerst aber geht es, sozusagen als lockerer Einstieg, ums «Persönliche». Regine Aeppli macht (im Wissen darob) noch vor der ersten Frage die Bemerkung: «Aber ihr wollt nicht eine Homestory schreiben?!» – was die Kinder, so hielten sie an der nachmittäglichen Redaktionskonferenz Rückblick, etwas eingeschüchtert hat. «Ja, ich traute mich gar nicht mehr richtig», sagt ein Mädchen, die andern nicken, meinen, sie hätten deswegen die persönlichsten Fragen weggelassen. Die über ihren Mann. Oder ob sie ein Haustier habe.

Das Interview dauert an diesem Morgen mehr als eine Stunde. Die Kinder hören aufmerksam zu, fragen immer mal nach, wenn sie etwas nicht verstehen («äxgüsi, was heisst Kapazität?» oder «Struktur?»), der Fotograf knipst unentwegt, ein Redaktor protokolliert ins linierte Heft, der Techniker mit dem Tonband hat, weil ihm vermutlich heiss geworden ist, ein Hosenbein hochgerollt. Regine Aeppli nimmt sich viel Zeit, weil sie, das hat sie zu Beginn erwähnt, dieses Zeitungsprojekt spannend finde. Kurz vor zwölf schielt sie dann doch ab und an auf ihre Armbanduhr.

Yvain, der stellvertretende Chefredaktor, beschliesst das Interview mit einem Dankeswort. Frau Aeppli geht. Die Kinder bekommen Wasser und Orangensaft.

Kritik an Aeppli und Selbstkritik

Am Nachmittag, im Schulzimmer, steht auf der Wandtafel: 1. Wichtigste Informationen sammeln. 2. Welche Inhalte sollten in den Artikel kommen? Wie? 3. Gewichtung, Aufteilung festlegen. Yvain leitet die Redaktionssitzung. Fragt alle, wie sie das Interview gefunden haben, was sie über ihren Themenbereich nun wissen. Er führt straff. Hört sich an, (unter anderem) dass Frau Aeppli manchmal zu lange und zu komplizierte Antworten gegeben habe, gespickt mit zu vielen Fremdwörtern («als hätte sie mit Erwachsenen und nicht mit Kindern gesprochen») – Yvain sagt, ihm sei das auch aufgefallen. Er übt aber auch Selbstkritik: «Wir hätten eben mutiger sein sollen, sie zu unterbrechen.»

Sie beraten, ob sie das Interview in der Form eines Interviews (also: Frage/Antwort) schreiben wollen. Oder doch eher als «fortlaufenden Text» mit «vielen Zitaten». Und was denn wirklich wichtig sei? Und was man weglassen könne? Und wie man die Führung durchs Rathaus (vorgängig des Interviews) in den Artikel integrieren soll? Yvain runzelt die Stirn. Noch hat er keine Antworten. Er sagt, er überlege sich das übers Wochenende. Am Montag habe er dann bestimmt eine Idee. Und am Montag sei der kranke Chefredaktor wohl auch wieder gesund.

Das war vor drei Wochen. Heute nun lesen Sie im Kinder-Tagi das Resultat (natürlich von Regine Aeppli gegengelesen und leicht korrigiert).

«Frau Aeppli fand ihre Handsgi langweilig», Seite 16

Frau Aeppli fand ihre Handsgi langweilig

Bildungsdirektorin Regine Aeppli empfing uns im Festsaal des Rathauses. Wir sassen an einem grossen Tisch und durften sie befragen. Zuvor gab es noch einiges zu sehen und zu drücken – nicht ohne Folgen.

Von der 6. Klasse, Schulhaus Kartaus, Zürich

Als wir im Zürcher Rathaus ankamen, begrüsste uns Herr Mittl. Er führte uns zuerst in den Ratsaal. Dort erzählte er uns, dass das Rathaus schon über 300 Jahre alt sei und 1698 gebaut wurde. Wir durften fast alle Knöpfe im Saal einmal testen. Sebastien stand gerade vor der Tür, als Camille den Knopf «Türe auf» drückte. Die Türe ging wie von Geisterhand auf, und Sebastien, unser Fotograf, der voll in seine Arbeit vertieft war, wurde fast erschlagen.

Im Ratsaal haben 180 Leute Platz. Es hängen überall Bilder von den ehemaligen Bürgermeistern. Als wir nach unten gingen, zum Interview mit Frau Aeppli, war die Anti-Terrortruppe der Polizei da. Es hiess, wir hätten einen Alarm ausgelöst und sollten die technischen Geräte nicht mehr benutzen. Noch immer fragen wir uns, welches Gespenst den Alarmknopf gedrückt hat.

Dann trafen wir die Bildungsdirektorin. Als Erstes wollten wir von Regine Aeppli wissen, wieso wir in der Schule Hochdeutsch reden. «Wir reden in der Schule kein Schweizerdeutsch, weil es keine Schriftsprache ist und fast jeder Schweizer seinen eigenen Dialekt hat. Deutschland ist sowieso unser wichtigstes Nachbarland, und man spricht meistens in Fernseh- oder Radioprogrammen Hochdeutsch», antwortete sie.

Man lernt in der Primarschule kein Italienisch, weil das Tessin sehr klein ist und es auch weniger Italienisch Sprechende in der Schweiz hat. Frau Aepplis Lieblingssprache ist Französisch, doch sie ist besser in Englisch, weil sie in Amerika ein Austauschjahr machte. Frau Aeppli ist dafür, so früh wie möglich mit Fremdsprachen zu beginnen, weil kleine Kinder schneller Sprachen lernen als ältere.

Für sie ist Hochdeutsch auch keine Fremdsprache, weil kleine Schweizer Kinder oft schon Hochdeutsch verstehen.

«Das Werken wurde nicht abgeschafft, sondern nur gekürzt», betonte sie. Sie denkt aber nicht, dass das Werken noch ganz abgeschafft wird. «Die Schule soll alle Aspekte des Kindes fördern», findet Frau Aeppli. Sie selbst fand jedoch ihren Handarbeitsunterricht langweilig. «Wir mussten Maschen sticheln, Fersen stricken und Babydolls nähen.» Wir fragten sie, ob das der Grund sei, wieso das Werken in der 5. und 6. Klasse abgeschafft wurde. « Nein, sicher nicht!», antwortete die Bildungsdirektorin. Frau Aeppli näht übrigens heute noch gerne etwas auf ihrer Nähmaschine. Zum Schluss sagte sie, wir sollten auch in der Handarbeit und im Turnen Hochdeutsch reden. Das fanden wir jedoch ein bisschen übertrieben.

«Ich bin keine Raserin»

Frau Aeppli hat eine Familie mit zwei Kindern. Ihre Tochter ist 15 Jahre alt und ist in Argentinien in einem Austauschjahr. Ihr Sohn ist jetzt im dritten Lehrjahr und ging ins Oberstufen-Schulhaus Hofacker. Frau Aeppli störte es schon als Kind, dass die Frauen kein Stimmrecht hatten. Es gab damals Abstimmungen des Volkes, aber die Wähler waren damals nur Männer! Als sie älter wurde, ging sie daher zur Uni und studierte Jus. Sie spielte ab und zu auch einen Jass mit den Kollegen. Ihr Lieblingssport ist Skifahren. Sie ist aber keine Raserin! Heute findet sie es schade, dass sie sich nicht genug Zeit für ihr Studium genommen hat, sondern viel Zeit mit Studentenpolitik verbracht hat.

Die Vision: Religion und Kultur

Wir fragten Frau Aeppli, wie man überhaupt auf die Idee gekommen sei, die Biblische Geschichte trotz Religionsfreiheit zu unterrichten. Sie antwortete: «Die Bedingung der Kirche war, dass es mindestens ein Religionsfach gab, welches man dann Biblische Geschichte nannte. In unserer Zeit werden die Kinder nicht mehr zum Unterricht in Biblischer Geschichte gezwungen. Jeder darf sich abmelden, nicht nur Kinder mit einer anderen Religion. Das machten auch viele, weil ihnen das Fach «gestunken» hat. oder die Lehrperson ihnen nicht passte. - Wie würde man die Biblische Geschichte wieder einführen, wenn Geld dafür vorhanden wäre? «Ich möchte lieber ein Fach, in dem alle grossen Religionen zur Sprache kommen und für alle Schülerinnen und Schüler obligatorisch ist. Ich finde es sehr interessant zu sehen, wie z. B. die Freunde meiner Kinder aus anderen Kulturen Feste feiern, andere Rituale haben und an einen anderen Gott glauben. Wichtig ist auch; dass man weiss, wie sich der Islam oder das Judentum vom Christentum unterscheidet. Ich würde das Fach Religion und Kultur nennen.»

Gymischüler im Vorteil

Es ist sehr schwierig, heute eine Lehrstelle zu finden, das liegt an der Lehrstellenknappheit, und da wollen viele Schüler ins Gymi. Am schwersten haben es die Sek.-C-Schüler. In der Sek. C sind meistens die fremdsprachigen Schüler. Frau Aeppli hat klar gesagt, dass es in den Zürcher Gymnasien nicht zu einem Numerus clausus kommt wie in anderen Kantonen Im Tessin gibt es nur eine Oberstufen schule, die alle nach der Primarschule besuchen, doch nicht alle sind in der gleichen Kategorie, abgesehen vom Alter, denn auch dort gibt es verschiedene Niveaus.

Es gibt in der Schweiz 26 verschieden Schulsysteme, weil es schon vor der Gründung der modernen Schweiz Schulen gab.

In den einen Kantonen wurden sie von der katholischen und in den andern von der reformierten Kirche bestimmt. Heute werden die Schulen von den Gemeinden oder den Kantonen geführt, und darum werden die Unterschiede immer kleiner.

Wir danken Frau Aeppli, dass sie sich die Zeit für uns genommen hat, um mit uns ein Interview durchzuführen.

GESTALTEN

Künstlerische Verarbeitung von Zeitungen

Was macht man mit der Zeitung, nachdem man sie gelesen hat? Neben der Alternative, sie entweder zu archivieren oder wegzuschmeißen, gibt es eine dritte Möglichkeit, die gerade für die Arbeit mit Kindern vielfältige Perspektiven eröffnet. Denn wenn man alte Zeitungen weder zum Altpapier geben will noch sie behalten möchte, recycelt man sie zu Kunstwerken.

- Wenn die Kinder hierbei Dokumentarmaterial zum künstlerischen Gestalten heranziehen, so schulen sie nicht nur ihre feinmotorische und ästhetische Kompetenz. Vielmehr werden sie auch auf die Manipulationsmöglichkeiten bei der Darstellung von Wirklichkeit aufmerksam.
- Die Kinder können anhand der Zeitung die Funktion der verschiedenen Schriften kennen lernen. Bei der Verwendung von Zeitung lassen sich im Kunstunterricht auch Konflikte innerhalb der Klasse aufgegreifen. Die Mittel visueller Kommunikation tragen so dazu bei, Sprachlosigkeit zu überwinden.
- Doch das spielerische Moment sollte nicht vergessen werden. Zeitungshäuser, Zeitungsenten, Selbstporträts: die verschiedensten Sujets lassen sich aus alten Zeitungen reißen, schneiden, kleben, falten und auch plastizieren. Nicht zuletzt ist Zeitungspapier Grundstoff zur Herstellung von Pappmaché. Vom Kantenhocker bis zur Skulptur auf dem Pausenhof reichen die Möglichkeiten, mit diesem Material zu arbeiten.

Silke Iser

Unterrichtsideen für Künstlerisches Gestalten und Visuelle Kommunikation

1. Lasst Bilder sprechen

Wie oft gibt es in Grundschulklassen Reibereien und Cliquenbildung, die für unerfreuliche „action“ sorgen! Probleme werden weniger durch Sprache als mit den Fäusten ausgetragen. Darüber reden will niemand; schon gar nicht, wenn es gilt, Einsicht zu zeigen.

Auch während des Projekts „Zeitung in der Grundschule“ blieben Konflikte innerhalb der Klasse nicht aus. Die Zeitung als ein Gestaltungsmittel im Kunstunterricht bot uns allerdings Möglichkeiten, Alltagskonflikte sichtbar zu machen und so über einen Umweg zu thematisieren.

Als ich den Schülerinnen und Schülern vorschlug, mit künstlerischen Mitteln Probleme innerhalb der Klasse zu behandeln, zeigten sich richtige Denkfalten auf der Stirn der Kinder, der erste Schritt war getan! Nun musste ich der Aufgabe genügend Zündstoff geben, um sie zur freiwilligen Darstellung zu bewegen und das Vorhaben lebendig werden zu lassen.

Zunächst ging es „theoretisch“ und abstrakt zu: Ich zeichnete mehrere gleich große Rechtecke an die Tafel, die ungefähr einem A4-Zeichenblatt entsprachen. Mit großen und kleinen, dicht und vereinzelt angeordneten Kreisen, als Ersatz für Köpfe und Gesichter, skizzierte ich verschiedene Bilder und behauptete, dass sich in ihnen menschliche Beziehungen und Verhaltensweisen verbergen, wobei je nach Betrachtungsweise unterschiedliche Auslegungen möglich sind. Nun spürte ich die Neugier der Schülerinnen und Schüler. Das Interesse war geweckt. Die Kinder betrachteten die Abbildungen kritisch. Sie sollten besonders auf die schraffierten Kreise achten. Aufgabe war: Erfasse das abgebildete Problem und formuliere es! Begründe deine Aussage! Die Kinder mussten also die Beziehung zwischen Form und Inhalt der Zeichnungen erkennen. Darüber hinaus sollten sie üben, ihre Meinung zu äußern, zu argumentieren und ihre subjektiven Ansichten zu verteidigen. So fanden die Schülerinnen und Schüler, gestützt auf eigene Lebenserfahrung, folgende Deutungen für die Skizzen:

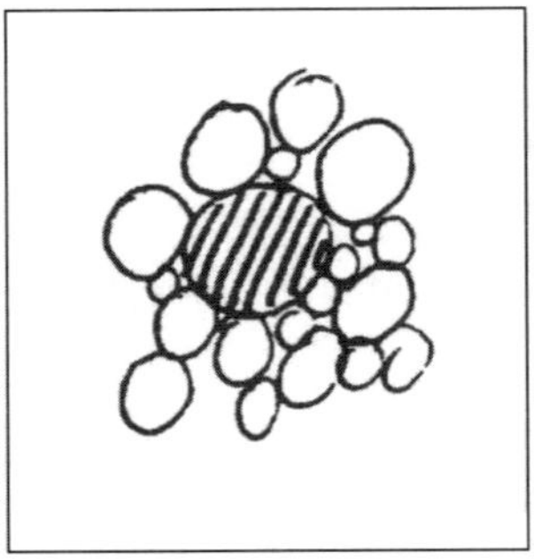

Nadine: Die einzelne steht im Mittelpunkt. Sie wird geachtet. Sie kann etwas Besonderes und ist immer gut gelaunt. Jeder mag sie.
Martin: Die Figur in der Mitte will ständig Aufmerksamkeit, auch durch negatives Verhalten, z. B. als „Klassenclown".
Claudia: Die Masse erdrückt die einzelne. Ihre Gedanken und Ideen gehen unter. Sie muss sich geschlagen geben.

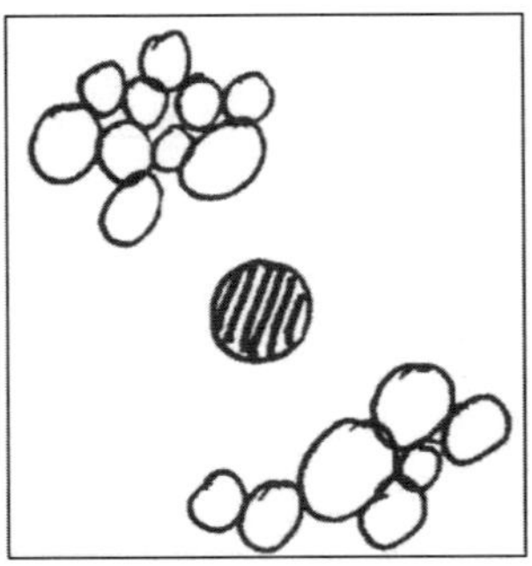

Constanze: Die gekennzeichnete Person pendelt zwischen zwei Gruppen. Sie übernimmt die Rolle einer Vermittlerin bei Streitigkeiten. Sie kommt aber mit beiden Gruppen aus.
Sandra: Die schraffierte Person leidet unter der Cliquenbildung. Sie hat die schmerzliche Aufgabe, sich entscheiden zu müssen. Sie kann es aber nicht. Die Person wird zum Spielball von Intrigen und ist eigentlich isoliert.

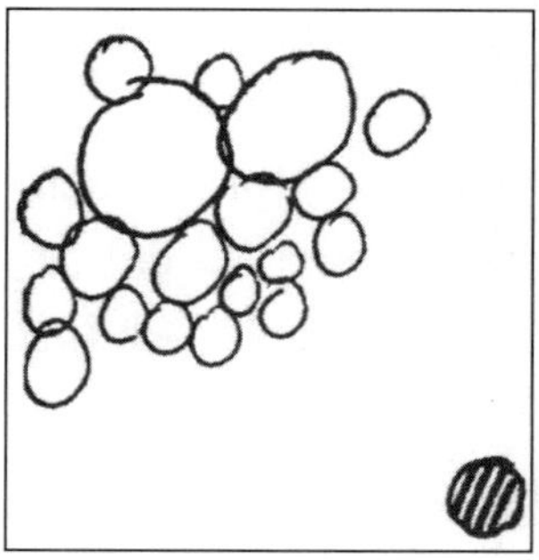

Diese Abbildung wirkte besonders negativ.
Annika, Kathrin: Die Person ist ausgestoßen, ohne Freundinnen und Freunde. Jede Chance, in der Gruppe aktiv zu sein, wird durch das Isolieren und Wegstoßen genommen.
Claudia: Selbst Schuld! Die Gruppe verbündet sich gegen eine, die ständig meckert, Streit sucht und immer nur bestimmen will. Sie ist sozusagen ein Ekel und wird bestraft. Vielleicht merkt sie etwas und ändert sich.

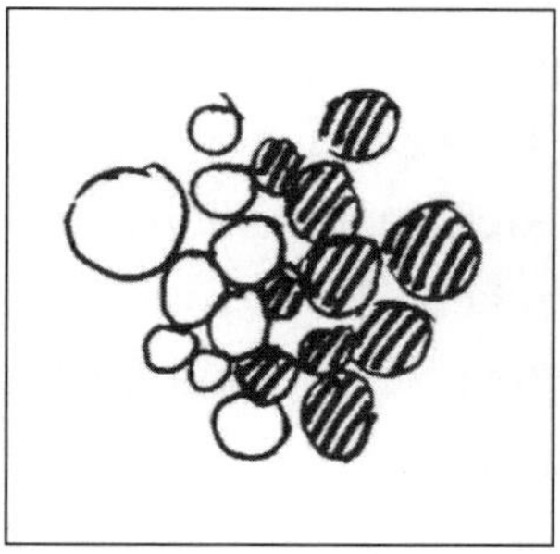

Stefan, Thomas: Dieses Bild zeigt einen Konflikt. Menschen streiten massiv. Reden hilft nicht mehr, jedenfalls nicht ohne fremde Hilfe. Aber jeder Streit bringt auch einen Fortschritt. Vielleicht gehen die Personen danach behutsamer miteinander um. Man hat die Grenzen abgesteckt und achtet oder meidet die anderen.

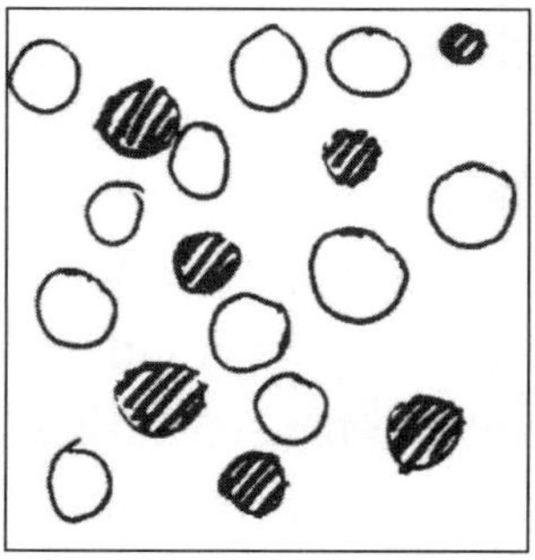

Martin: Es zeigt das Idealbild einer menschlichen Gemeinschaft. Es herrscht Harmonie. Streit gibt es nicht, oder er wird gleich geklärt.
Thomas: Aber dieses Bild birgt auch Gefahren. Alle tun so, als wäre alles in Ordnung. Es brodelt unter der Oberfläche. Eigentlich ist das schlimm, weil die Personen vielleicht anders denken, als sie handeln.

Während der Deutung kam es zu regelrechten Diskussionen zwischen den Kindern. Das Eis war gebrochen. Alle hatten plötzlich Ideen, wieso sich Menschen auf eine bestimmte Art und Weise verhalten. Es ging ja nicht um sie selbst.

Die vermeintliche Anonymität brachte sie dazu, indirekt über die Probleme, die sie beschäftigten, zu reden.

Gleichzeitig konnten sie lernen, dass Kompositionsformen Einfluss auf die Bildaussage haben. Außerdem machten sie die Erfahrung, dass die Inhalte durch die Darstellung verschlüsselt und von den Betrachtenden durch ihre Empfindungen und Worte gedeutet werden, wobei sie jeweils ihre individuelle Auffassungen einbrachten.

Bald wollten die Kinder auch selbst durch ein Bild zu Wort kommen. Köpfe und Gesichter wurden aus der Zeitung ausgeschnitten, angeordnet und ein Problem ins Bild gesetzt.

Erstaunlich war, dass die Möglichkeit, sich hinter anonymen Köpfen und Verhaltensweisen" zu verstecken, ein Ventil bot, um so richtig Dampf abzulassen. Es war den Schülerinnen und Schülern zum Bedürfnis geworden, sich zu ihrem Bild zu äußern. Sie hatten die Scheu verloren, Ängste, Träume, Streit, eben den Alltag, unter die Lupe zu nehmen und bildlich darzustellen. Aus so mancher Bildunterschrift wurde ein ehrliches Bekenntnis des einzelnen Kindes.

Die Resultate der Arbeit hingen an der Tafel. Es war sehr still in der Klasse, kein Kind lachte oder gab, wie sonst des öfteren üblich, seinen Senf dazu. Obwohl niemand den Namen auf die Arbeit zu schreiben brauchte, taten es viele. Die meisten Arbeiten konnte man ja ohnehin dem Gefühlszustand einzelner Schülerinnen und Schüler zuordnen. Durch die Collage hatte ich ein Sprachrohr gefunden, um Spannungen ein wenig zu glätten.

2. Winterliche Landschaft als Collage mit Detailzeichnungen

Die Idee zu dieser zweistündigen Unterrichtseinheit entstand in den vorangegangenen Stunden. Die Kinder waren beim Zeitunglesen auf politische Karikaturen und Bildwitze aufmerksam geworden. Die Darstellungsweise amüsierte sie zwar, aber den Hintersinn der Zeichnungen konnten sie meist nicht verstehen. Diese Nuss wollte ich knacken, indem ich die Kinder dazu anregte, eigene Bildwitze oder witzige Collagen zu erstellen. Großer Überredungskraft bedurfte es nicht, vielmehr musste die sprudelnde Phantasie in die gewünschten Bahnen gelenkt werden.

Die Kinder sollten zunächst mit geschnittenen oder gerissenen Zeitungsschnipseln eine Winterlandschaft gestalten. Aus Textseiten durften Kleinstädte, Dorfidyllen, Berge, zugefrorene Seen oder anderes entstehen. Da das verwendete Zeitungsmaterial vorwiegend schwarzweiß bedruckt war und zunächst trist wirkte, durften auch zusätzliche Bildelemente eingearbeitet werden, die üblicherweise nicht in einer Winterlandschaft vorhanden sind.

Anschließend sollte die geklebte Landschaft mit grafischen Binnenzeichnungen oder Sprechblasen belebt werden, etwa mit einem untalentierten Skifahrer, der als Schneelawine den Berg hinabrollt, Raben oder anderen Vögeln, die krächzend ihren Kommentar zu dem Geschehen geben, Schlittschuh laufenden Schweinen etc. Überall lagen Reste von ehemals geordneten Zeitungsseiten, es roch nach Klebstoff, es knisterte, man kicherte, und eine arbeitsfreudige Atmosphäre war zu spüren. Den meisten fiel es leichter, witzig zu sein, als ich vermutet hatte. Fündig wurden die Kinder vor allem auf den Werbe- und Sportseiten. Wichtig war es, ihnen deutlich zu machen, dass einzelne Bildelemente aus ihrem ursprünglichen Zusammenhang herausgelöst und in ihrer neuen Bildaussage verfremdet werden; es gab z. B. fliegende Sofas, schwimmende Autos, sprechende Tiere und vieles mehr. Besonders gelungen waren einige Collagen, in denen ein Zusammenhang zwischen dem noch lesbaren Inhalt der ausgeschnittenen oder gerissenen Zeitungsschnipsel und dem Bildinhalt bestand.

3. Gestaltung durch Schriftarten und Schriftformen

Aufmerksames Betrachten der Zeitung und die Analyse der verschiedenen Sparten haben uns auf die vielfältigen Schriftformen aufmerksam gemacht. Eine thematische Zuordnung der Artikel kann auch durch das optische Gestaltungsmittel der Schriftarten und Schriftgrößen (teilweise ergänzt durch den Einsatz besonderer Farben wie rot, blau, grün) erleichtert werden.

Aufgabe war es zunächst, Beispiele für verschiedene Schriften auszuschneiden. In Überschriften, Schlagzeilen, Rubriken und Werbeteilen wurden schnell viele Varianten entdeckt. Anschließend sollte das Material geordnet werden. Dabei überließ ich es den Kindern, das Ordnungsprinzip zu wählen. Sie konnten Größe, Auffälligkeit, Wortlänge oder anderes zu ihrem Kriterium erklären.

Herauszufinden, welchen Zweck die unterschiedlichen Schriften bei der Gestaltung einer Zeitung haben, fiel ihnen nicht schwer. Bald entdeckten sie, dass in Lehrbüchern, in der Werbung, auf Plakaten oder im Filmabspann ein ähnliches Prinzip angewandt wird: Schrift macht aufmerksam, Schrift gliedert den Text, Schrift hebt Wesentliches hervor.

Ich machte die Kinder mit einer kleinen Auswahl an Schriften bekannt. Anhand der Zeitung erkannten wir, dass es Druckschriften mit und ohne Serifen gibt. Serifen sind kleine Querstriche an den oberen oder unteren Buchstabenenden. Bei der Gruppe der Antiquaschriften (z.B. Times New Roman, Garamond) sind Serifen vorhanden, bei den Groteskschriften (z.B. Arial, Futura, Helvetica), die zu einem späteren Zeitpunkt entwickelt wurden, fehlen sie.

Darüber hinaus wies ich die Kinder darauf hin, dass viele Schriften in verschiedenen Schriftschnitten vorliegen, und so z.B. kursiv oder fett gesetzt werden können. Als weitere Druckschriften entdeckten wir in der Zeitung die altertümlich wirkende Fraktur sowie Schreib- und Zierschriften. Die Schülerinnen und Schüler erfuhren, dass jede Epoche ihre besonderen Schrifttypen hat. Das 20. und 21. Jahrhundert bedienen sich vieler verschiedener Schriftformen, die auch miteinander kombiniert werden. Die Zuordnung der gefundenen Beispiele zu den gelernten Begriffen erfolgte durch ein Arbeitsblatt. Dabei konnten die Alltagserfahrungen der Kinder mit Plakaten, Textverarbeitung, Videotext u.a. herangezogen werden.

Unsere Erkenntnisse über die verschiedenen in der Zeitung verwendeten Schriften nutzten wir bei einer weiteren Unterrichtseinheit. Ziel war es, mit Hilfe der Zeitung ein individuelles Deckblatt für den Projekthefter zu gestalten. Die Kinder sollten ihre persönlichen Initialen aus Zeitungspapier reißen oder schneiden. Dabei musste eine der Schriften, die zuvor auf dem Arbeitsblatt aufgeklebt worden war, erkennbar sein. Die Initialen sollten das Gesamtbild bestimmen und nicht kleiner als 10 cm sein. Die Buchstaben durften natürlich vorher aufgezeichnet werden. Sie konnten ineinander verschlungen, sachlich gehalten oder phantasievoll gestaltet sein.

Während der Gestaltung des Deckblattes für den Zeitungshefter wurden auch neue Ideen entwickelt. Einem Schüler gefiel die Arbeit mit den verschiedenen Schriften so gut, dass seine Anfrage als neue Idee zur Gestaltung übernommen wurde: Er berichtete, daß sein Lieblingsbuch zu Hause schon unansehnlich geworden war und wollte gerne einen neuen Umschlag dafür basteln. Die Idee wurde begeistert aufgenommen, und ich musste zunächst eingreifen, damit der eigentliche Auftrag nicht in Vergessenheit geriet.

Wir stellten später an der Tafel einige weitere Ideen zum Ausprobieren zusammen: Wie wäre es z. B. mit Zeitungspapier mit weihnachtlichen Motiven zum Verpacken der Geschenke oder mit lustig bemalten Kartons mit ausgeschnittenen Wünschen aus Schlagzeilen unter dem Motto: „Was ich mir wünsche“: Treffen mit ..., Lottogewinn, Reise, Immobilien, ...

Als freiwillige Langzeitarbeit schließlich konnten die Kinder eine Sammlung verschiedenen Schrifttypen anlegen und täglich ergänzen.

4. Bildtitelsuche

Erste Variante:

Die Kinder bekamen vier aus der Zeitung ausgeschnittene Fotos, die ich verschiedenen Rubriken entnommen hatte, als Vorlage. Ohne die Bildunterschriften zu kennen, sollten sie zum Foto ihrer Wahl einen Bildtitel oder eine kurze Bildunterschrift finden. Es war Stillarbeit angesagt. Nach 20 Minuten verglichen wir, wie aussagekräftig unsere und die ursprünglichen Bilduntertitel waren. Einige unserer Formulierungen ähnelten denen aus der Zeitung, andere waren eintönig und sagten nicht allzuviel aus.

Die Kinder lasen ihre Vorschläge vor, ohne zu verraten, welches Foto sie gewählt hatten; das sollten die anderen herausfinden. So mußten sie sich intensiv mit dem möglichen Zusammenhang zwischen Bild und Text auseinandersetzen.

Zweite Variante:
Bildwitze oder lustige Klebebilder sollten als Collage gestaltet werden. Aus Werbeanzeigen schnitten wir einzelne Objekte, Figuren, Tiere etc. aus. Die gefundenen Bildelemente wurden aus ihrem ursprünglichen Kontext herausgenommen und durch Kombination mit anderen Bildelementen in neue Zusammenhänge gebracht. Die neue Zusammensetzung der ausgeschnittenen Bildelemente und die lustigen Bildunterschriften verfremdeten und karikierten bekannte Werbestrategien und -slogans. So griff ich die Alltagserfahrung der Kinder mit optischer wie akustischer Werbung auf, um ihnen auf humorvolle Weise eine kritische Haltung gegenüber dem Kaufanreiz Werbung zu ermöglichen.

5. Plastisches Gestalten mit Zeitung
Im Laufe der Projektzeit sammeln sich erfahrungsgemäß wahre Zeitungsberge an. Das Plastizieren bietet hier die Möglichkeit eines künstlerischen Recyclings.

Bildnerisch-praktische Tätigkeiten habe ich im Kunstunterricht verschiedener Jahrgänge an unserer Schule erprobt. Der Phantasie waren keine Grenzen gesetzt. Hier einige Anregungen:

Zur Vorbereitung müssen Zeitungen zerkleinert und in Wasser eingeweicht werden. Der zubereitete Brei kann modelliert werden. Die Masse sollte bald aufgebraucht werden, da der Zersetzungsprozess schnell voranschreitet.

a. Reliefbilder

Mit dieser Technik lassen sich, eventuell für den Sach- oder Erdkundeunterricht, Modelle herstellen, die die heimatliche Landschaft der nahen Umgebung oder die Entstehung eines Gebirges in Teilprozessen zeigen.

Im Fach Bildende Kunst wurde mit einer sechsten Klasse ein Stadtmodell mit dem Namen Modellstadt Vision 2000 modelliert und farbig gestaltet. Als zusätzliche Ergänzung nutzten Kinder recyclebaren Abfall wie Joghurtbecher, Pappkartons und andere Verpackungsmaterialien zur Gestaltung von Brücken, Verkehrsmitteln, Spielgeräten etc.

b. Sparschweine

Diese Gestaltungsaufgabe wird von den meisten Kindern gerne in Angriff genommen. Als Grundlage dient ein Luftballon aus festem Gummi (Form und Größe kann individuell variieren.) Bevor die Kinder anfangen zu modellieren, sollten die typischen Merkmale eines Schweins festgehalten und die Form vereinfacht werden.

Den Luftballon straff aufblasen. Die eingeweichte Zeitung in mehreren Schichten dünn um den Ballon auflegen und festdrücken. Zum besseren Halt kann der Zeitungsmasse etwas Tapetenkleister oder Mehl zugesetzt werden. Die Schichten zwischendurch trocknen lassen! Gleichmäßig und vorsichtig arbeiten, da der Ballon platzen kann. Schnauze, Ohren und Spitzbeine formen; das Ringelschwänzchen mit einem Draht modellieren. Nach ein bis zwei Tagen ist die Figur getrocknet, so dass oben am Rücken vorsichtig ein Schlitz eingeschnitten werden kann. Nun kann das Schwein je nach Phantasie naturgetreu oder expressionistisch angemalt werden. Dazu sind Deckmalfarben zu empfehlen. Um das Sparschwein haltbar zu machen, wird dünn und gleichmäßig Siegellack aufgetragen.

c. Sitztiere für den Schulhof

An der Löwenzahn-Grundschule haben wir uns zum Ziel gesetzt, naturnah, umweltbewusst und kinderfreundlich zu sein. Anfangs lag der Schulhof völlig versiegelt, nur mit einem Baum versehen, in tiefem Schlaf. Das sollte sich ändern. Es kostete Mühe und Durchhaltevermögen, um die Mühlen der Bürokratie in Bewegung zu setzen und in das, mit kommunalen Mitteln unterstützte, Projekt „Grün macht Schule“ einzusteigen.

Eltern, Sponsoren, Lehrpersonen und Kinder überlegten gemeinsam, wie sie den Schulhof gestaltet wollten. Ein Schulhof muss sich in den Pausen zum Toben und zum Ausruhen eignen. Die Umgestaltung sollte billig sein und gemeinsam mit den Kindern vorgenommen werden. So entstand die Idee, Sitztiere herzustellen. Mit großem Engagement entwarfen Kinder und Kunsterzieherinnen Modelle des nützlichen Schulhofschmucks. Es entstanden drei Schildkröten und ein Dinosaurier. Da sich diese Tiere großer Beliebtheit erfreuen, fanden die Entwürfe allgemeine Zustimmung.

Nun begannen unsere Projekttage zur Schulhofgestaltung. Tagelang wurden Zeitungen gesammelt, gestapelt, in Stücke gerissen und in Wannen und Großgefäßen aufbewahrt. Drahtgeflechte aus handelsüblichem kleinmaschigem Kaninchendraht wurden als Gerüst für die Tiere geformt und auf dem Schulhof platziert.

Die Drahtskelette der Tiere waren die Grundlage für die geplanten Figuren. Es gehörte schon eine Portion Phantasie und

Fertigkeit dazu, um die richtige Form zu treffen. In das Drahtgestell stopften wir die Zeitungsschnipsel möglichst fest hinein. Das Verdichten der Zeitung ist für die Stabilität und Festigkeit der Sitztiere besonders wichtig! Die Kinder waren mit Begeisterung dabei, und sie konnten das Entstehen nicht nur optisch wahrnehmen, sondern auch plastisch mit beeinflussen.

Ist das Drahtgestell fest gestopft, wird eine Schicht (etwa 5 cm) angemischter Fertigmörtel (in jedem Baumarkt erhältlich) aufgebracht, sauber verspachtelt und glattgestrichen. Aus Fliesenbruch, entweder von den Baumärkten großzügig geschenkt oder von zu Hause mitgebracht, werden in die noch feuchte Oberfläche Muster gedrückt oder am Ende der fertige Körper mit wasserfesten Farben bunt angestrichen. Die zeitliche Abfolge der Arbeitsschritte muss genau geplant werden! Zum Schluss sollte die Oberfläche noch wetterfest versiegelt werden, damit Frost, Regen oder die Liebkosungen der Kinder dem Tier nichts anhaben können.

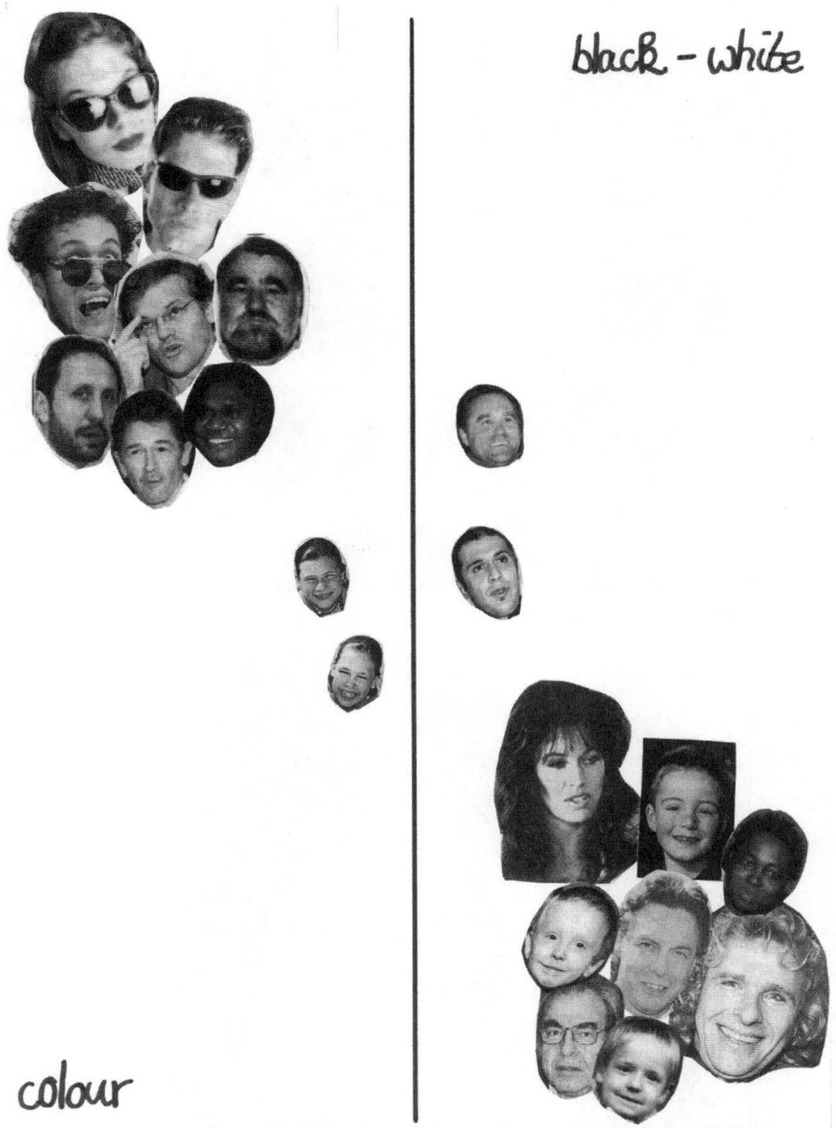

Sandra: Jeweils zwei Leute aus den verschiedenen Gruppen versuchen, die beiden Gruppen zu vereinen. Die Leute aus der Black-white-Gruppe haben sich geeinigt. Sie wollen sich mit der Colour-Gruppe vereinen. Im Moment findet die Colour-Gruppe diese Idee nicht so toll. Vielleicht vertragen sie sich ja noch.

Ole: Die Person in der Mitte wird von allen „toll“ gefunden.
Deshalb ist sie auch eingebildet.

Claudia: Alle gehen auf einen los, weil er nicht ihrer Meinung ist.

... diese Eleganz,
dieser Schwung,
diese Leichtigkeit ....
... oh, brr klirr ~ ...

Schriftbeispiele	Schriftarten
	Antiqua - Ursprung: römische Kapitalis, 2. Jh. v.Chr.
Aachens Fenster	Beispiel: Times New Roman
Chorgesänge	Beispiel: Bodoni
	Grotesk (serifenlose Linearantiqua) Ursprung: Schablonenschrift, 19. Jh.
Die große Gelegenheit	Beispiel: Arial
Sachbearbeiter/in Export	Beispiel: Futura
Zeitung	**Fraktur** (deutsche Schrift) Ursprung: spätgotische Textura, 14.Jh.
Speciale billig	**Schreibschrift** aus der Handschrift entwickelt
Betten Jumbo NUTZEN SIE IHRE CHANCE	**Auszeichnungsschrift/Zierschrift** Varianten der klassischen Formen
	Verschiedene Schriftschnitte: Beispiel: FUTURA
Mitarbeiter (w/m) für unser Rechnungswesen	Futura mager
FARBEN	Futura fett
Küchenspaß!	Futura fett-kursiv

NIKA
AUTENSCHLAG!

Im Unternehmer,
nehmens, nebenbei
entfremdete, sozusagen
person, eben ein Fal
geht. Vor dieser
keit fiel die Kritik

Andrea Rahne

Mobile aus den Namen der Zeitungssparten und -rubriken

In zwei bis drei Unterrichtsstunden entstanden „Zeitungsmobile", die unseren Klassenraum zum Projekt passend ausgestalteten. Schon zu Beginn unserer Auseinandersetzung mit dem Printmedium hatten die Kinder den Aufbau der Zeitung kennengelernt. Ein Vorwissen über die verschiedenen Sparten und Rubriken war für die Herstellung des Mobile notwendig. Denn Gruppen zu je vier Kindern wählten gemeinsam eine Sparte oder Rubrik aus, zu der sie ein Mobile erstellen wollten.

Zunächst mussten die Umrisslinien der Buchstaben, aus denen der Name der Sparte oder Rubrik gebildet ist, in großer Schrift auf eine Zeitungsdoppelseite gezeichnet werden. Die Kinder teilten sich nun in ihrer Gruppe die Buchstaben auf und schnitten sie zuerst aus. Da zwei Zeitungsseiten übereinander lagen, entstand jeweils ein Paar gleicher Buchstaben. Anschließend wurden die Buchstaben auf Pappe geklebt und ausgeschnitten. Den zweiten deckungsgleichen Buchstaben klebten wir auf die Rückseite. Nachdem der Klebstoff etwas getrocknet war, bemalten die Kindern die Buchstaben mit Wasserfarbe. Hierbei sollten sie Wert auf einen hohen Wasseranteil legen, so dass die Zeitung mit ihrer Schrift noch durchschimmerte. Schließlich lochten wir die Pappbuchstaben, verbanden sie mit Schnur und hängten sie im Klassenraum auf.

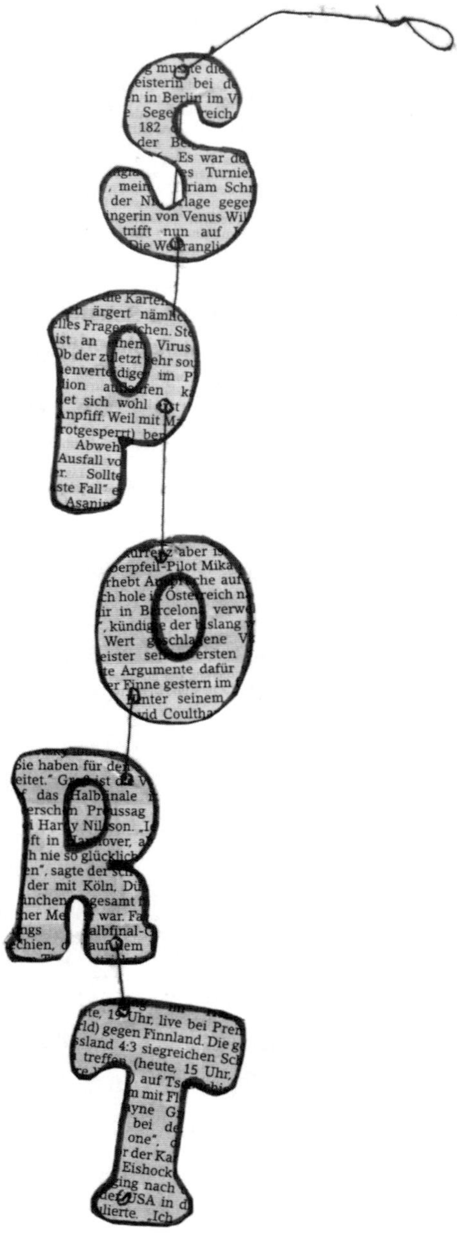
SPORT

Collagen aus Zeitungspapier

Mit Zeitungen lassen sich Collagen vielfältiger Art erstellen. Es ist möglich, die in ihnen enthaltenen Bilder zu nutzen, aber auch Zeitungstexte sind als Gestaltungselemente geeignet. Wenn vom Schriftbild eines Druckerzeugnisses die Rede ist, so zeigt dies: die typographische Gliederung erleichtert nicht nur die Leseorientierung, sondern folgt auch ästhetischen Kriterien. Dichte, Schwärzungsgrad, Schrifttyp und Größe, in der die Buchstaben gesetzt sind, bilden Muster, die unabhängig vom jeweiligen Inhalt ihren Reiz haben. Aus den unterschiedlichen Texturen lassen sich schwarzweiße Kunstarbeiten montieren. In eine Collage können Texte und Wörter jedoch auch so eingebaut werden, dass sich beim „Lesen im Bild" eine weitere Bedeutungsebene erschließt.

Drei Ideen für Zeitungscollagen sollen kurz vorgestellt und mit Beispielen illustriert werden.

Zeitungsenten

Ein Begriff wird beim Wort genommen: Im Kunstunterricht ist eine Zeitungsente keine Falschmeldung, sondern ein mit Zeitungspapier gestalteter Wasservogel.

Zeitungshäuser

Aus Zeitungen lassen sich Bausteine reißen oder schneiden. Stein auf Stein kann man dieses Baumaterial zu einem zweidimensionalen Zeitungshaus zusammensetzen. Andere der Zeitung entnommene Elemente ergänzen das Bild: Ein Blumenstrauß ziert den Vorgarten, eine Frau schaut aus dem Fenster, ein Hund wacht vor der Tür. Zuletzt muss das Zeitungshaus mit Pinsel und Farbe verputzt werden.

Zeitungs-Selbstporträts

Die Textseiten der Zeitung bieten die Möglichkeit zu einer interessanten Variante des Selbstporträts. Warum sollte man sich nicht mit Wörtern selbst darstellen, die aus der Zeitung ausgeschnitten sind? So entsteht ein Selbstporträt, das gelesen und als Bild gesehen werden kann. Natürlich darf der aus Zeitungsbuchstaben zusammengesetzte Name bei einer solchen Selbstdarstellung nicht fehlen.

isa

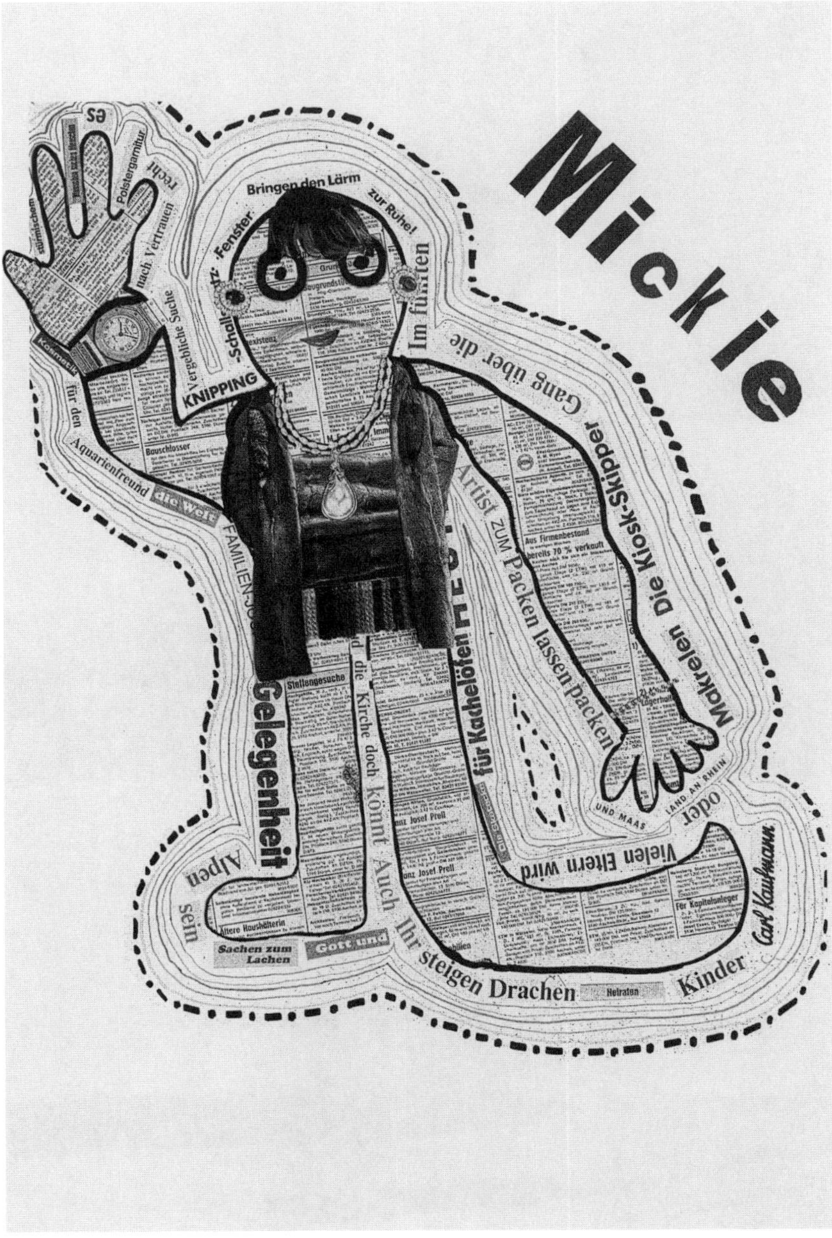
Mickie
es
stürmischem
Polstergarnitur
recht
nach Vertrauen
Vergebliche Suche
KNIPPING
Bringen den Lärm
zur Ruhe!
Fenster
Schall
Im fünften
Gang über die
Die Kiosk-Skipper
Makrelen
Artist
ZUM Packen lassen packen
für Kachelöfen
für den
Aquarienfreund
die Welt
FAMILIEN
Stellengesuche
Gelegenheit
die Kirche doch kömmt Auch Ihr steigen Drachen
Heiraten
Kinder
Carl Kaufmann
Vielen Eltern wird
oder
UND MAAS
LAND AN RHEIN
Alpen
sein
Sachen zum Lachen
Gott und
Aus Firmenbestand
Für Kapitalanleger
Ältere Haushälterin

AZ lokal
Eine Stadt bewegt sich
des Festivals auf.
AZ Sport

Björna

Von einem Zeitungsschnipsel zum Kantenhocker

Im Fach Kunst sollten wir Kinder der Klasse 4a Kantenhocker aus der Zeitung herstellen. Damit wir noch mehr Spaß und Lust hatten, war unser Bastelspaß draußen, auf dem Schulhof.

Zuerst formten wir eine Zeitungswurst. Sie wurde ins Wasser gelegt, damit man den Körperumriss besser formen konnte. Aus einer ganzen Zeitungsseite knüllten wir den Kopf. Dann musste erst einmal ein riesiger Berg von Zeitungsschnipseln auf dem Zeitungsuntergrund liegen, damit wir weitermachen konnten. Also mussten wir ziemlich viele Zeitungen zerreißen. Als das getan war, legten wir den Kopf auf die Zeitungswurst, die später den Körper darstellen sollte, und klebten ihn mit in Kleister getauchten Zeitungsschnipseln fest. Auch den Körper umwickelten wir mit in Kleister getauchten Zeitungsschnipseln.

Darauf folgten die Einzelheiten wie: Beine, Arme, Augen, Mund ... Außerdem musste das, was man sich ausgedacht hatte (Haare, Schnurrhaare, Fühler usw.), ausgestaltet und verdickt werden. Der Kleister musste zunächst ein bis zwei Tage trocknen. Als das Zeitungsgeschöpf dann endlich trocken war, wurde es zuerst mit Deckweiß bemalt, damit man die Zeitungsschrift nicht mehr erkennen konnte. Das Deckweiß musste dann auch trocknen. Dann endlich konnte man den Kantenhocker anmalen und danach war er fertig.

(Geschrieben für die Klasse 4a der Städt. Kath. Grundschule am Römerhof, Aachen, die mit ihrer Lehrerin Maria Linden am Projekt „Zeitung in der Grundschule" teilnahm)

Zeitung in der Grundschule: Schüler schreiben der Redaktion

KLASSE 4B

„Bringt doch mehr Bilder und dafür weniger Werbung!"

Die Schüler der 4b wollen vor allem wissen, wie lange es dauert, bis eine Zeitung fertig ist? Einen ganzen Tag! Etwa um 10 Uhr beginnen die Redakteure mit der Arbeit, schauen, was passiert ist. Die Texterfasserinnen schreiben die Texte, die Werbemitarbeiter sorgen für Anzeigen, die Bürofrauen und Männer, dass alles organisiert ist. So gegen 20 Uhr sind die Redakteure fertig, die Seiten wandern in das Druckzentrum Oggersheim. Dort wird bis kurz nach Mitternacht gedruckt, die fertigen Zeitungen werden in Transporter verpackt. Und spätestens morgens gegen 4 Uhr sind die Zeitungen bei den Austrägern – und dann spätestens um 6 Uhr bei Euch im Zeitungskasten.

Warum so viel Werbung?
Hallo liebes Rheinpfalz-Team! (...) Über eine Fortsetzung der Deutschlandreise auf der Nils-Nager-Seite würde ich mich sehr freuen! Könntet Ihr nicht etwas weniger Werbung, aber dafür mehr Bilder drucken? Ansonsten finde ich die Rheinpfalz super und werde sie auch weiterhin eifrig lesen! *Svenja Leiner*

Liebe Rheinpfalz! (...) Wenn ich morgens die Zeitung auf meiner Bank vorfinde, freue ich mich immer besonders auf den Spruch des Tages: „Heit schunn gelacht" und auf das Kalenderblatt. Gut gefallen würde es mir, wenn mehr für Kinder in der Zeitung stehen könnte. *Fabian Wolf*

Tierberichte sind interessant!
(...) Mir gefällt samstags die Seite mit Nils Nager am besten. Ich finde die Tierberichte in der Zeitung sehr interessant. Ich habe die Geschichte der Tiger aus Massweiler verfolgt und finde es schade, dass die Tiger jetzt nach Holland gebracht wurden. Könnt Ihr vielleicht die Deutschlandreise auf der Biber-Seite wieder weiter machen? (...) Mich würde es freuen, wenn Ihr als nächstes Rheinland-Pfalz nehmen würdet, weil wir hier wohnen. Die Wetterkarte schaue ich mir auch immer an. Obwohl das Wetter oft nicht stimmt, finde ich die Zeitung trotzdem super. *Melina Hoffmann*

Todesanzeigen sind interessant!
(...) Was ich fragen wollte: Warum gibt es den Baby Blues nicht montags, sondern nur den Montags-Cartoon? Mir selbst gefällt die Zeitung sehr gut. (...) Ich interessiere mich auch für Todesanzeigen. Aber manche Berichte über Tiere gefallen mir nicht so gut. Die Kinderseite ist auch sehr schön. (...) Ich würde es toll finden, wenn es zweimal in der Woche eine Kinderseite geben würde. Die Rätsel finde ich auch sehr sehr gut. *Michelle Bold*

RHEINPFALZ ist spitze!
Liebe Frau Renzikowski! Wir haben in der Grundschule schon seit fünf Wochen das Projekt Zeitung eingeführt. Bis jetzt finde ich es spitze! Die Berichte über Tiere gefallen mir am besten. (...) *Antonia Schafranek*

Fußballberichte lese ich!
Liebe Rheinpfalz! (...) Mir gefallen am besten die Berichte über Fußball, weil ich selbst in der E-Jugend Oberauerbach spiele. Als Thema habe ich mir Unfälle ausgesucht. Die Nils-Nagerseite am Samstag ist spannend. Zeitungslesen finde ich toll. *Manuel Weimann*

Die Zeitung macht auch Fehler!
Liebe Frau Renzikowski! (...) Mir gefällt besonders „Heit schun gelacht" oder der Babyblues. In der Zeitung sieht man auch, ob es schönes Wetter oder schlechtes Wetter gibt. Die Zeitung macht auch manchmal Fehler. Mir gefällt es aber gut, die Zeitung zu lesen. *Nico*

„Nils-Nager"-Seite ganz schön!
Sehr geehrte Frau Renzikowski! Ich finde die Rheinpfalz toll. (...) Mir gefallen am besten die Berichte über die Tiere. Die „Nils Nager"-Seite finde ich auch ganz schön. Vor kurzem hatte meine Klasse bei dem Fußballrätsel mitgemacht. Aber jetzt zu meiner Frage: Wie lange dauert es, bis eine Zeitung fertig ist? *Nora Olschewski*

Sonntags den Baby Blues!
Liebe Rheinpfalz! (...) Ich habe das Thema Baby Blues und ich würde mich freuen, wenn auch sonntags ein Baby Blues drin wäre. *Matthias Wenz*

Mehr Comics auf die Biber-Seite!
Liebe Rheinpfalz-Redakteure! (...) Ich interessiere mich für die Seite mit dem Biber. Aber mir würde sie noch besser gefallen, wenn noch ein Comic auf der Seite wäre. (...) *Felix Schmidt*

Mehr Rätsel in die Zeitung!
Liebe Rheinpfalz, mir gefallen die Tiere. Sie könnten mehr über die Tiere schreiben. Was mir noch gefallen hat, ist auch noch die Seite mit den Nils Nager. Vielleicht könnten Sie noch mehrere Rätsel schreiben. *Amina Lazreg*

Schreiben Sie mehr über Tiere!
Liebe Rheinpfalz! Ich würde mich sehr freuen, wenn Sie mehr über Tiere schreiben würden. Ich und meine Klasse haben das Projekt Zeitung und jeder hat ein Thema. Ich habe das Thema Tiere und interessiere mich für Tiere. (...) *Anna Babenko*

Mir gefällt das Wetter!
Liebe Frau Renzikowski! (...) Am besten gefällt mir das Wetter und die Nager-Seite. (...) *Kai*

Kalenderblatt ist super!
Liebe Frau Renzikowski! (...9 Ich finde das Wetter und das Kalenderblatt sehr toll. Wir fragen uns, wann wieder ein Bundesland auf der Nils-Nager-Seite kommt. *Tomy Lindner*

Es gefällt mir sehr gut!
Liebe Rheinpfalz! Wir lesen die Zeitung schon fast fünf Wochen. Es gefällt mir sehr gut. Mir würde es gefallen, wenn Ihr die Bundesländerreise fortsetzen würdet. *Steffen Wagner*

Sportseite macht Spaß!
Liebe Frau Renzikowski, wir lesen jetzt fast schon fünf Wochen die Rheinpfalz. Mir gefällt am besten die Sportseite. Die Seite mit dem Biber gefällt uns sehr gut. Wir würden uns freuen, wenn bald die Deutschlandreise weiter ginge. *Jan Laborenz*

Am liebsten gucke ich Boxen!
Hallo Rheinpfalz, wir lesen die Rheinpfalz schon fünf Wochen lang. Ich finde den Sportteil echt super, da sind viele Sportarten drin. Am liebsten gucke ich mir Boxen durch. Ich finde, ihr könntet die Deutschlandreise fortsetzen. **Marco Leiner**

1.FCK gewinnt!
(...) Am besten gefällt mir, wenn der 1. FCK gewonnen hat und ihr berichtet darüber. *Hendrik Nathem*

KLASSE 2B

Toll!

Fußball – das ist eines der Lieblingsthemen der Klasse 2b. Und vor allem wünschen sich die Buben mehr Berichte vom 1. FC Kaiserslautern und mehr Bilder – denn wer will nicht sehen, wie in ein paar Wochen vielleicht Olaf Marschall und „Youri" die Bayern aus München abschießen? Mehr Bilder in der aktuellen Ausgabe zu bringen, ist sicher, liebe junge Fußballfans, nicht so einfach. Aber Ihr könnt sicher sein, dass sich die Sportredaktion der RHEINPFALZ etwas einfallen lässt.

Mehr Berichte über Kinder!
Liebe Rheinpfalz! Ich finde die Nils-Nager-Seite am Samstag ganz toll. Mich interessiert aber auch, was auf der Welt so alles passiert. Ganz schlimm finde ich, dass so viele Menschen beim Tunnelbrand in Österreich ums Leben kamen. Aber etwas könnte auch verändert werden an der Rheinpfalz. Ihr könntet mehr Berichte für und über Kinder schreiben. *Natalie*

Tolles Schlangen-Bild!
Liebe Rheinpfalz! Ich finde es schön, dass Ihr immer die Rheinpfalz schreibt und mir gefällt das Bild heute in der Zeitung vom Mann mit der Schlange im Kindergarten besonders gut. Ich finde es cool, dass viele Bilder und das Wetter drin sind, und ich finde es cool, dass da so Sachen drin sind, wo ich immer Lachen muss. *Miriam Anna Ringeisen*

Ich finde Fußball cool!
Liebe Rheinpfalz! Ich finde Fußball cool. Am coolsten finde ich die Seite mit dem Biber. Ich löse am liebsten die Rätsel. *Lars Uhland*

Super, wenn ich jemand kenne!
Liebe Rheinpfalz! Ich finde es schön, dass es die Rheinpfalz gibt. Ich hoffe, dass immer mehr von Tieren drinnen ist. Mich interessieren am meisten die Todesanzeigen und das Wetter. Jeden Samstag gucke ich sofort in die Biberseite. Mich interessiert auch, wenn jemand drinnen ist, den ich kenne. *Maike Puder*

Ich sammele Todesanzeigen!
Liebe Rheinpfalz-Redaktion! Ich bin Schülerin der Klasse 2 b der Grundschule Sechsmorgen in Zweibrücken. Ich bin froh, dass es die RHEINPFALZ gibt! Wir bekommen jeden Morgen die Zeitung zum Lesen. Ich sammele Todesanzeigen und den Wetterbericht. Jeden Samstag sehe ich die Seite mit dem Biber und mache beim Rätsel mit. Ich sammele auch, was mich interessiert. Manchmal sind sehr schlimme Sachen passiert, worüber die Rheinpfalz berichtet. *Anne-Kathrin Kiefer*

Ich grüße alle, die mich kennen!
Liebe Rheinpfalz! Ich finde die Zeitung echt super. Ich bin froh, dass es die Zeitung gibt. Sonst hätten wir gar nicht erfahren, was in der Welt alles passieren kann. Und es wäre schöner, wenn Ihr ein paarmal in der Woche die Kinderseite hättet. Und ich mag noch grüßen alle, wo mich kennen. *Jasmin*

Schade, dass die Zeitung geht!
Liebe Rheinpfalz-Redaktion! Mir tut es leid, weil das Projekt schon in zwei Wochen aufhört. Am besten fand ich Baby Blues und samstags die Kinderseite. *Nina Stuhlfauth*

Jeden Tag Biberseite, bitte!
Liebe Rheinpfalz, ich finde die Seite mit dem Biber cool. Ich finde die Tierbilder toll. Könntet Ihr jeden Tag die Seite mit dem Biber bringen? *Marvin Uhland*

Mehr Tierbilder!
Liebe Rheinpfalz, ich finde die Zeitung cool. Was ich sehr cool finde, ist die Seite mit dem Biber und den tollen Preisrätseln. Was ich nicht so schön finde, ist, dass so wenig Tierbilder in der Zeitung sind. *Patrick Wagner*

Schade, dass es keine Formel 1 gibt!
Liebe Rheinpfalz, ich finde es toll, dass jeden Samstag die Seite mit dem Biber kommt. Ich finde es schade, dass es keine Formel 1 mehr gibt. *Robin Koch*

Mehr FCK-Bilder in die Zeitung!
Liebe Rheinpfalz! Auch ich finde die Zeitung einfach toll, besonders die Seite mit dem Biber. Warum sind nicht jeden Tag mehr FCK-Bilder in der Zeitung? *Sascha Booz*

KLASSE 1B

Schnipp-Schnapp!

Die kleinen Jungs und Mädels aus der Klasse 1b brauchten Schere und Klebstoff, um die RHEINPFALZ klein zu kriegen – aber dafür ist sie ja gemacht, die Zeitung, sie soll Spaß machen.

Eure Schülerzeitung gefällt mir!
Hallo Leute! Mit ein paar Sätzen möchte ich Euch mitteilen, was mir an Eurer Schülerzeitung gefällt und was nicht. Gefallen haben mir die Bilder mit den Kürbissen und dem Wald. Ebenso hat mir das Ausschneiden zum Thema „Fußball" aus der Tageszeitung sehr viel Spaß gemacht. Das Ausschneiden des Buchstabens „S" war nicht so gut. *Thorsten Kaspar*

Schiffebauen hat Spaß gemacht!
Liebe Rheinpfalz, mir hat gefallen, Gesichter auszuschneiden und dazu einen Körper zu malen. Das Schiffebauen hat mir keinen Spaß gemacht. *Aline Lanzrath*

Blöder Buchstabe „S"!
Das hat mir gefallen: Wir haben aus der Zeitung Hüte, Schiffe, Figuren und Fische gebastelt. (...) Das Ausschneiden des Buchstaben „S" hat mir nicht gefallen. *Franziska Bast*

Thema Musik gefällt mir sehr!
Das Thema Musik hat mir sehr gefallen und auch das Basteln des Musikbuches, der Zeitungsschiffchen und Bälle, dann die Kürbisse für Halloween, die Fische und das Turnen mit Zeitung. Mir haben die die Zeitungsmännchen nicht gefallen. | *Jasmin Lohr*

Das Tierbuch war so schön!
Hallo Ihr von der Rheinpfalz! Hier schreibt Euch die Alexandra aus der Klasse 1 b der Grundschule Sechsmorgen. Nun zähle ich Euch auf, was mir mit der Zeitung alles gefallen hat, was wir in der Schule dann machten. Also: Mir hat das gut gefallen, als wir Fische ausgeschnitten haben und diese auf blaues Papier klebten. Frau Holaus malte mit Bleistift ein „S" und wir haben „S" aus der Zeitung geschnitten und Frau Holaus hat die „S" aufgeklebt. Das Programm mit dem Tierbuch, was wir selber gemacht haben, war auch schön, sowie das Musikbuch, Sportbuch und Fußballbuch. Dann haben wir zum Turnen aus der Zeitung Bälle geknüllt, Frau Holaus band Stoff darum, das war dann ein Wurfball. Schiffe-Falten war auch toll. Dann haben wir fast jeden Buchstaben auf Papier geklebt und passende Dinge dazu gemalt. Einmal haben wir einen Kopf von einer Frau ausgeschnitten und dann selber alle möglichen Sachen dazu gemalt. *Alexandra*

Langweilig: Fische basteln!
Ich heiße Marco. Mir haben die Wurfbälle gut gefallen, aber die Fische zu basteln, hat mir nicht gefallen. *Marco Nikolaus*

Endlich Sport ausschneiden dürfen!
Was mir gut gefallen hat: 1. dass wir Sport ausschneiden durften, 2. das Fischeausschneiden. Was mir nicht gut gefallen hat: 1. das mit dem „S" ausschneiden. *Christian Wistowski*

Wurfbälle sind super!
Schiffe falten, Fische ausschneiden, Thema Sport ausschneiden, Wurfbälle aus Zeitung hat mir gefallen. Kürbisse ausschneiden für Halloween hat mir nicht gefallen. *Denis Zimmermann*

Echt toll, Kürbisse zu machen!
Was mir gefallen hat: Kürbisse, die wir in der Schule gemacht haben. Was mir nicht gefallen hat: Boote falten. *Velia Buchholz*

Schöne Bilder!
Mir hat gefallen, wie wir die Bilder ausgeschnitten haben. Mir hat nicht gefallen, wie wir die Boote gebastelt haben. *Jan Murawski*

Aquarium hat Spaß gemacht!
Meine Meinung zu der Tageszeitung „Die Rheinpfalz". Mir hat sehr gut gefallen: das Turnen mit der Zeitung, aus der Zeitung einen Kopf ausgeschnitten und dann einen Körper und Kleidung dazu gemalt, Fische ausgeschnitten und auf Papier geklebt als Aquarium, Thema: Tiere ausschneiden und aufkleben, Kürbisse ausgeschnitten und aufgeklebt. Mir hat nicht gefallen: Schiffe gefaltet, Wald ausschneiden. *Denise Weber*

Mathias freut sich aufs Sportheft!
Die Zeitungsausschnitte für das Sportheft, das Basteln der Bälle und den Meeresschiffen hat dem *Mathias* sehr gefallen. Er freut sich schon darauf, wenn das Sportheft endlich fertig ist. Nicht gefallen hat ihm: das Ausschneiden der Kürbisse aus der Zeitung, das Ausschneiden der gemalten Fische und Aufkleben auf das Blatt.

Ich hatte große Freude an: Schiffe zu falten aus alten Zeitungen, Kürbisse auszuschneiden, Zeitungen zusammen zu knüllen, danach in Stoffe einzuwickeln und zuzubinden, „Thema Musik" auszuschneiden. Was ich nicht gerne mag: das Ausschneiden war zu lange. *Celina Schöller*

Zeitung in allen Klassen

Erlebnisse und Ergebnisse aus der Grundschule Sechsmorgen in Zweibrücken

Ein besonderes Experiment fand an der Grundschule Sechsmorgen in Zweibrücken statt. Nicht nur in der 4a oder 3b, sondern in allen Klassen der Schule hieß es: Für sechs Wochen werden die Schulbücher in den Schrank gesperrt, und die Zeitung ist das zentrale Unterrichtsmedium.

- Im Vorfeld veranstalteten die Lehrerinnen und Lehrer eine Ideenbörse zur Frage: „Wie kann die Zeitung im ersten und zweiten Schuljahr zur Unterrichtsgestaltung eingesetzt werden?" Ein Erfahrungsbericht der 1b zeigt, was umgesetzt wurde.
- Bei der Projektarbeit kann sich auch Unvorhersehbares und Unplanbares ereignen. So erging es der Klasse 4b, die mit einem Maler in Briefwechsel trat. Es kam zu einem für beide Seiten inspirierenden Gedankenaustausch.
- Auch nach der Projektzeit soll die Zeitung an der Grundschule Sechsmorgen ihren festen Ort haben. Die dritten und vierten Klassen gestalten aus ausgewählte Beiträgen eine Wandzeitung, die zunehmend Interesse findet. In den ersten und zweiten Klassen wird regelmäßig eine „Zeitungsrunde" stattfinden. Dort sollen interessante Zeitungsartikel und -fotos vorgestellt werden.

Ideen für den Unterricht im ersten Schuljahr (Protokoll einer Ideenbörse)

Deutsch

Zeitungsbuchstabenheft

Die Kinder suchen einen bestimmten Buchstaben in den Schlagzeilen der Zeitung, z.B. das „A“. Jedes „A“, das sie finden, schneiden sie aus und kleben es auf ein Blatt Papier. Für alle Buchstaben können solche Seiten gestaltet werden. Anschließend lassen sich die Einzelseiten zu einem Buchstabenheft binden.
Differenzierung: Die Buchstabenblätter (DIN-A4 oder DIN-A5) können mehr oder weniger aufwendig gestaltet werden: Die Möglichkeiten reichen vom reinen Aufkleben über das Anmalen und Verzieren der Buchstaben bis zum Entwerfen von Piktogrammen.

Leseheft „Das kann ich schon lesen“

Die Kinder suchen in der Zeitung Wörter, die sie schon lesen können, schneiden sie aus und kleben sie auf ein Blatt Papier. Auch die Wörterblätter können zu einem Leseheft gebunden werden.
Differenzierung: 1. Die Kinder schneiden gemäß ihrem Lesevermögen einfache oder schwierige Wörter aus. 2. Sie setzen aus den Wörtern kurze Sätze zusammen.

Wörter ergänzen

Die Kinder schneiden einen bestimmten Buchstaben mehrmals aus der Zeitung aus, bilden mit ihm Wörter.

Differenzierung: 1. Die Wörter können aus dem bekannten Wortschatz stammen oder neu gebildet werden. 2. Der Zeitungsbuchstabe kann der Anfangsbuchstabe, ein Buchstabe in der Mitte des Wortes oder dessen Endbuchstabe sein.

Gestalten von Buchstabenmännchen
Die Kinder schneiden einen Buchstaben aus, zum Beispiel aus dem Zeitungstitel, und gestalten ihn zeichnerisch zu einer Figur um.

Buchstabendetektiv
Die Kinder suchen in kurzen Beiträgen einen bestimmten Buchstaben und markieren ihn.
Differenzierung: Die Kinder durchsuchen einzelne Abschnitte.

Mathematik
Zahlenübungen
- Die Kinder zählen die Seiten einer Zeitung oder die Buchstaben vorgegebener Wörter.
- Die Kinder suchen ein Wort oder mehrere mit vorgegebener Buchstabenzahl.

Zahlendetektiv
Die Kinder suchen Ziffern in der Zeitung, kreisen sie ein und kleben sie auf. Aus den so entstehenden Blättern kann ein „Zahlenbuch“ gebunden werden.
Differenzierung: 1. Neben die aufgeklebten Ziffern malen die Kinder die entsprechende Menge. 2. Die Kinder gestalten aus den gefundenen Ziffern Zahlenmännchen.

Sachunterricht

Arbeit mit Zeitungsbildern

- Die Aufmerksamkeit der Kinder wird auf die Fotos der Zeitung gelenkt. Es eignen sich etwa solche, auf denen die unmittelbare Umgebung der Kinder zu sehen ist, und solche, die jahreszeitlliche Besonderheiten spiegeln.
- Die Kinder betrachten und beschreiben die Fotos.
- Zusätzliches Wissen über die Bildinhalte wird zusammengetragen.

Arbeit mit Zeitungsartikeln

Die Lehrperson liest ausgewählte Artikel vor, wobei sie gegebenenfalls sprachliche Vereinfachungen vornimmt. Im anschließenden Gespräch können die Inhalte des Artikels weiterführend behandelt werden.

Kunstunterricht

Falten: Hut, Schiff, Himmel und Hölle u.a.

Falten und Schneiden: Apfel, Baum, Herz, Kerze u.a.

Reißen: Fisch, Stacheln für Igel u.a.

Puzzle aus einem Zeitungsfoto erstellen

Basteln: kleine Bälle für Pausenspiele, Stabpuppen mit Köpfen aus Zeitungspapier für kleine Spielszenen

ch
ND SAAR
Pressesprecher He
die Maßnahmen mit Ku
dem Veranstalter abgespro
seien übereingekommen, den S
mit knapp 500 Besuchern nicht räu-
zu lassen. Obwohl kein Spreng-
funden wurde, blieb die Poli-
bereitschaft. Leitender
Liebig erklär-
der Polizei

Ideen für den Unterricht im zweiten Schuljahr (Protokoll einer Ideenbörse)

Deutsch

Abschreibübung

Die Kinder schreiben Texte von der Kinderseite der Zeitung ab. Differenzierung: Die Texte können unterschiedlich lang sein.

Unsinnsätze

Die Kinder schneiden Wörter aus der Zeitung aus, bilden daraus Spaßsätze und kleben sie auf. So ensteht ein „Spaßbuch“.

Substantive (Namenwörter) und ihre Artikel

Die Kinder suchen in der Zeitung Substantive, schneiden sie aus, kleben sie auf und schreiben die Artikel (Begleiter) davor.

Verben und Adjektive suchen

Die Kinder suchen Verben oder Adjektive in der Zeitung und bilden anschließend Sätze mit ihnen.

Zeitungs-ABC-Buch

Die Kinder gestalten zu jedem Buchstaben ein Blatt, auf das sie Wörter kleben, die mit dem jeweiligen Buchstaben beginnen. Die Wörter schneiden sie aus der Zeitung aus.

Wörtersuchspiel
Die Kinder suchen Wörter in einem vorgegebenen Text markieren sie (Bsp.: 2. Zeile, 3. Wort) und lesen sie vor.

Die Kinder suchen Wörter mit bestimmten Buchstabenverbindungen (Wörter mit „au“, „ei“, „ie“ u.a.)

Mathematik
In Mathematik bieten sich Übungen wie in der ersten Klasse an, nur mit erweitertem Zahlenraum.

Sachunterricht
Auch hier kann wie in der ersten Klasse vorgegangen werden, allerdings erlesen einige Kinder der zweiten Klasse die Texte selbstständig, andere mit Hilfe.

Ein „Erfahrungsbericht“ der Klasse 1b
Wir setzten die Zeitung vielfach im Sportunterricht ein. Unter anderem stellten wir Bälle her, die wir uns zuwarfen. Besondere Beiträge, die uns Kinder interessierten, haben wir vorgelesen und besprochen (z.B. über Halloween und St. Martin). Jedes Kind schnitt Bilder zu einem eigenen Themenbuch aus (Sport, Musik, Tiere). Wir haben auch einige Bastel- und Klebearbeiten hergestellt: Aquarium, Collagen, Schiffe falten, Köpfe ausschneiden und Körper dazu malen usw. Jedes Kind fertigte auch ein Buchstabenbuch an. Mit ausgeschnittenen Buchstaben gestalteten wir verschiedene Blätter:

Wir bildeten Wörter zu den ausgeschnittenen Buchstaben. Wir zeichneten die Umrisse der Buchstaben nach. Auch haben wir Buchstabenmännchen gezeichnet.

Ein Bild in der Zeitung und seine Folgen – Die Klasse 4 b tauscht sich mit einem Maler aus

1. Vorgeschichte

Eines Tages kam Frau Goebes in die Klasse. Sie zeigte uns ein Bild aus der Zeitung von Ralph-Joachim Petschat. Wir schauten uns das Bild an und es gefiel uns. Wir lasen auch den Text zu dem Bild. Da entdeckten wir den Namen des Bildes. Es hieß „Sonnenwind".

Nun hatten wir eine sehr gute Idee: Wir wollen das Bild nachmalen! Als wir alles gerichtet hatten, suchten wir uns eine Farbfamilie und zeichneten ein Muster aus Vierecken, Streifen und anderen Formen. Dann nahmen wir die Wasserfarben, die zu der Farbfamilie passten, und malten die Flächen aus. Als wir mit dem Malen fertig waren, nahmen wir Karton und schnitten einen Rahmen aus. Nun beklebten wir den Rand mit kleinen Zeitungsstückchen.

Nach ein paar Tagen gingen wir mit Frau Goebes in die Ausstellung von Ralph-Joachim Petschat. Wir stellten fest, dass Petschat sein Bild ganz anders gemalt hatte als wir. Er malte Papier an, ließ es etwas trocknen und schnitt dann Streifen aus. Die Streifen klebte er auf Leinwand ganz genau aneinander. So entstand sein Bild „Sonnenwind" Das war für uns sehr interessant.

Michelle, 4b

2. Brief der Klasse 4 b an Ralph-Joachim Petschat

Lieber Herr Petschat,
wir nehmen an dem Projekt „Zeitung in der Grundschule“ teil. Dadurch entdeckten wir in der Zeitung Ihr Bild „Sonnenwind“. Wir haben versucht, ihr Bild nachzumalen.

Unsere Kunstlehrerin Frau Goebes schlug vor, Ihre Ausstellung in der Parkvilla Zweibrücken zu besuchen. Der nette Herr Kirmse machte eine Führung für uns. Er erklärte uns Ihre Maltechnik.

Da bemerkten wir, dass unsere Technik ganz anders war: Wir haben uns eigene Farbfamilien ausgesucht, danach zeichneten wir mit dem passenden Buntstift ein Muster vor. Nun mischten wir die Wasserfarben und malten damit die Flächen aus. Manchmal sind dabei die Farben ineinander gelaufen und die Flächen hatten keinen genauen Rand wie bei Ihrem Bild „Sonnenwind“. Aber trotzdem finden wir unsere Bilder auch schön.

Aus Plakatkarton gestalteten wir einen Rahmen und beklebten ihn mit kleinen Streifen aus Zeitungspapier. Nachdem wir unsere Bilder hinten am Rahmen befestigt hatten, leuchteten sie uns richtig entgegen. Weil unsere Bilder so gut gelungen sind, haben wir in der Eingangshalle unserer Schule eine Ausstellung eröffnet. Alle, die unsere Bilder sehen, bleiben erstaunt stehen.

Damit auch Sie unsere Malereien sehen können, haben wir zwei Fotos in den Umschlag gelegt. Die Bilder in Ihrer Ausstellung haben uns sehr gut gefallen. Trotzdem waren wir ein bisschen enttäuscht. Denn das Bild „Sonnenwind“, das wir im Original sehen wollten, war bereits verkauft. Gut für Sie, aber Pech für uns. Wir würden uns freuen, wenn Sie uns zurückschreiben würden.

Viele Grüße
Nora, Anna, Melina und Felix, Klasse 4 b, GS Sechsmorgen

3. Brief von Ralph-Joachim Petschat an die Klasse 4 b

Liebe Klasse 4b!

Vielen Dank für euren schönen Brief. Ich habe mich sehr darüber gefreut, dass euch meine Bilder gut gefallen haben. Die Bilder, die ihr gemalt habt, sind wirklich gut gelungen. Ich glaube, nachdem ihr von meinem Bild „Sonnenwind" angeregt wurdet, werde ich mich von euren Bildern anregen lassen – mal sehen, was dann daraus wird. Wenn es soweit ist, schicke ich euch auch ein Foto davon.

Leider ist die Entfernung von euch zu mir zu groß – es sind beinahe 7 Stunden mit dem Auto – um mich einmal in meinem Atelier zu besuchen. Sonst hätte ich euch noch einmal genau zeigen können, wie ich meine Bilder mache. Aber vielleicht kommt ihr ja mal auf einer Klassenfahrt in den Norden, dann seid ihr auf jeden Fall zu einem Atelierbesuch eingeladen.

Mein Atelier ist in einem ganz alten, etwas windschiefen Bauernhäuschen in einem Dorf, in dem es nur 12 Häuser gibt. Aus meinem Fenster sehe ich auf eine große Kuhweide. In den letzten Tagen hatten wir manchmal Bodennebel und dann sah man von den Kühen nur die Köpfe und die Hälse aus dem Nebel ragen. Das sah schon ein bißchen unheimlich aus.

Ich wünsche euch gutes Gelingen für eure weiteren Projekte. Viele Grüße auch an eure Kunstlehrerin,

euer Ralph Petschat

4. Brief der Klasse 4 b an Ralph-Joachim Petschat

Lieber Herr Petschat,

wir haben uns sehr gefreut, dass Sie uns auf unseren Brief geantwortet haben. Wir finden es toll, dass Sie sich von unseren Bildern anregen lassen, neue Bilder zu malen. Auch wir haben uns zum Malen anregen lassen.

Wir fanden nämlich Ihre Erzählung von den Kühen, von denen nur die Köpfe aus dem Nebel herausragten, sehr lustig. Jan aus unserer Klasse hatte gleich die Idee, die Kühe im Nebel zu malen. Wir überlegten hin und her, wie wir dieses Bild gestalten sollten. Ein großes Problem war für viele von uns, Kuhköpfe zu malen. Doch da hatten wir den Gedanken, Kuhbilder aus der Zeitung auszuschneiden (Wegen des BSE-Skandals gab es ja genug!). So gelang es uns allen, das Bild „Kühe im Nebel“ zu gestalten. Wir legen Ihnen wieder ein Foto in den Brief, damit auch Sie unsere Kunstwerke sehen können.

In der Zwischenzeit ist bei uns einiges passiert:

1. In der Zeitung erschien am 11. Januar ein großer Bericht über Ihre Kunstausstellung in Zweibrücken und unsere Idee, Ihr Bild „Sonnenwind“ nachzumalen. Allerdings gab es dabei einen Fehler. Die Studie in rot wurde von Melina gemalt und die Studie in grün von Kai.

2. Am 12. Januar meldete sich Frau Werner bei Frau Goebes und sagte, sie hätte das Bild „Sonnenwind“ gekauft und würde uns das Bild gerne zeigen. Als Frau Goebes uns das berichtete, haben wir uns sehr gefreut. Am 23. Januar kam Frau Werner in die Schule und stellte uns das Bild vor. Die meisten von uns hatten sich das Bild nicht so groß vorgestellt. Wir fanden, dass das Bild mit seinen hellen, leuchtenden Farben uns fröhlich stimmte.

Auch Frau Werner sagte: „Wenn ich traurig bin, muss ich nur das Bild betrachten und werde wieder fröhlich.“ Wir hoffen, dass auch Sie fröhlich von unseren „Kühen im Nebel“ werden.

Viele Grüße
Ihre Klasse 4 b

P.S.: Viele Grüße auch von Frau Werner und Frau Goebes, unserer Kunstlehrerin

DER „SONNENWIND" IST AN ALLEM SCHULD

Schüler der Grundschule Sechsmorgen malen ein Werk von Ralph Petschat in neuen Farbtönen nach – Reger Briefwechsel

VON UNSERER REDAKTEURIN
ANDREA DITTGEN

▸ Das gelbe Bild, das am 18. Oktober in der RHEINPFALZ zu sehen war, hatte es Kunsterzieherin Christa Goebes und den 19 Kindern der 4b angetan: Keine Tiere, keine Häuser, sondern nur abstrakte Flächen, Rechtecke, ein bisschen krumm, in hellem Gelb, in dunklem Gelb und noch ein paar Gelbtönen dazwischen.

Das Foto gehörte zu einem Bericht über die Kunstausstellung des norddeutschen Malers Ralph Petschat in der Zweibrücker Park Villa. „Wir betrachten das Bild und kamen auf die Idee, dass wir es nachmalen können", erzählt Christa Goebes. Aber nur nachmalen, wäre zu langweilig. So kam eine Idee zur anderen: Man könnte Wasserfarben nehmen und eine Farbfamilie mischen – oder gleich mehrere, eine in Gelb, eine in Rot, eine in Grün... Das war gar nicht so einfach, denn so akkurat, wie es der Maler konnte, waren die Konturen der Flächen gar nicht hinzukriegen. Dafür bastelten die Kinder gleich einen Rahmen um ihre Bilder – aus Zeitungspapier, weil sie bei der Aktion „Zeitung in der Grundschule" mitmachten.

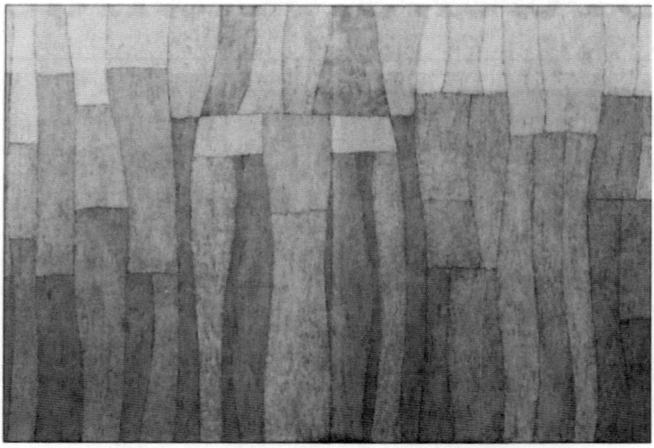

Der Auslöser: Das Collagenbild „Sonnenwind" von Ralph Petschat, das in der Park Villa hing. —ARCHIVFOTO: STEINMETZ

Als alle Bilder fertig waren und die Kinder sich den „Sonnenwind" im Original ansehen wollten, war es schon zu spät. Der letzte Öffnungstag der Ausstellung war gerade vorbei. Doch Ausstellungsmacher Egon Kirmse sperrte den jungen Malern doch noch auf und erklärte ihnen Petschats Bilder. Erstaunt mussten Christa Goebes und ihre Schützlinge hören, dass es gar keine gemalten Bildern waren, sondern Collagen – der Künstler hatte also eine ganz andere Technik angewandt. Doch größer war die Enttäuschung darüber, dass der „Sonnenwind" verschwunden war – einem anderen Besucher hatte er so gut gefallen, dass er ihn gekauft hat.

Dann hatten die Kinder eine neue Idee: Warum soll man nicht dem Maler einen Brief schreiben und ihm Fotos von ihren Bildern schicken? Darin erklärten die Kinder dem Maler in schönster Schreibschrift nicht nur ihre ganz andere Technik, sondern berichteten von ihrer Enttäuschung und offenbarten großes Einfühlungsvermögen in die finanzielle Situation des Malers: „Die Bilder in Ihrer Ausstellung haben uns sehr gut gefallen. Trotzdem waren wir ein bisschen enttäuscht. Denn das Bild ‚Sonnenwind', das wir im Original sehen wollten, war bereits verkauft. Gut für Sie, aber Pech für uns. Wir würden uns freuen, wenn Sie uns zurückschreiben würden."

Studie in Rot: Gemalt von Kai Wirchau, umrandet von Zeitungspapier.

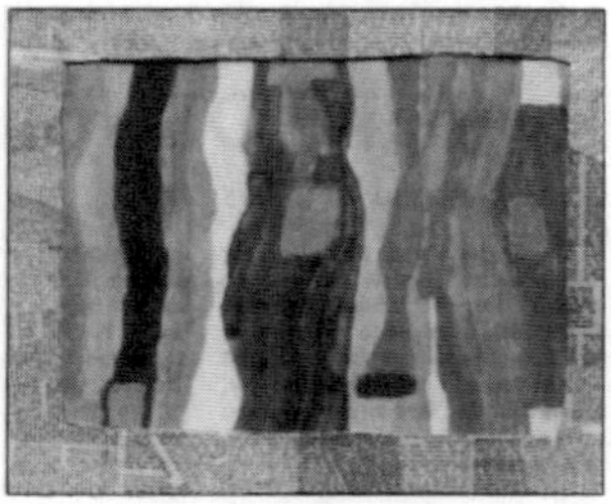

Studie in Grün: Gemalt von Melina Hoffmann, ebenfalls mit Zeitungspapier-Rahmen. —FOTOS: STEINMETZ

Das tat der 36-jährige Maler aus Sottrum (zwischen Bremen und Hamburg) auch. Dass Kinder seine Bilder nachmalen, sei ihm noch nie passiert, erzählte er der RHEINPFALZ, aber er fühlt sich geschmeichelt, und es inspiriert ihn: „Nachdem Ihr nun von meinem Bild ‚Sonnenwind' angeregt wurdet, werde ich mich von euren Bildern anregen lassen, mal sehen, was dann daraus wird", schrieb er den Kindern zurück. Er schrieb auch, dass er in einem alten, etwas windschiefen Bauernhäuschen in einem Dorf wohnt, in dem er nur zwölf Häuser gibt, dass er von seinem Fenster auf eine große Kuhweide sehen kann. Und dass er bei Bodennebel nur die Köpfe und die Hälse der Kühe aus dem Nebel ragen sieht, was unheimlich sei.

Das wiederum hat den Neun- und Zehnjährigen gut gefallen – jetzt wollen sie Kühe im Nebel malen und sie dem Maler schicken. Als Petschat das hörte, musste er lachen: Kühe im Nebel hat er noch nie gemalt, seine Vorliebe sind eher architektonisch inspirierte abstrakte Bilder. Arbeiten, mit den Grundschüler normalerweise nichts anfangen können. Genauso wenig wie mit der großen Entfernung zwischen Sottrum und Zweibrücken, die aus pädagogischer Sicht aber wohl auch ganz gut sei, meinte Petschat, denn sonst hätten die Kinder wohl kaum einen Brief geschrieben, so etwas sei heute eine Seltenheit. Aber wer weiß, vielleicht ist das Beginn einer wunderbaren Freundschaft.

Zeitung in der Grundschule

Berichte aus Projektredaktionen

Grundschulklassen, die am Projekt „Zeitung in der Grundschule“ teilnehmen, werden beim Verfassen eines eigenen Artikels für die Tageszeitung von einer Projektredaktion unterstützt. Sabine Kroy begleitete das Projekt in Aachen, Susanne Streit in Frankfurt, Barbara Weber-Ruppli im Großraum Zürich. Die drei Redakteurinnen berichten über ihrer Erfahrungen und geben Tipps für die Schreibwerkstatt.

Sabine Kroy

Artikel, Geschichten und Bilder. Erfahrungen bei der Projektbegleitung

Als das Ende des Projekts näher rückte, verbreitete sich eine fast wehmütige Stimmung. Die von mir interviewten Kinder versicherten, dass sie die Schulbücher am liebsten für den Rest ihrer Schulzeit im Schrank lassen würden. Aber auch die Eltern hatten bemerkenswerte Erfahrungen gesammelt. Ein Vater sagte mir: „Mein Sohn ist eigentlich eher introvertiert. Das Projekt ließ ihn richtig aufblühen. Seitdem kommt er nach Hause und erzählt von der Schule. Er will sogar mit mir über bestimmte Meldungen reden.“ Eine Lehrerin hob hervor: „In der Tageszeitung werden Dinge angesprochen, die wirklich von Interesse sind. Jeden Tag lasse ich mich aufs Neue überraschen, wo uns der Weg hinführt. Das ist spannend für die Kinder und natürlich auch für mich.“ Eine andere Lehrerin berichtete, dass ihre vierte Klasse, nicht zuletzt durch das Recherchieren für den in der Projektzeitung veröffentlichten Artikel, gelernt hätte, Fragen zu stellen, eigenständig zu arbeiten und selbstsicherer aufzutreten.

Tatsächlich war ich überrascht, welcher Ehrgeiz und Einfallsreichtum und welche Selbstständigkeit in den Kindern bei ihren ersten journalistischen Gehversuchen erwachte. Natürlich benötigten sie zunächst eine gewisse Zeit, um den täglichen Umgang mit der Projektzeitung zu beherrschen und ihren Aufbau kennenzulernen. Ich konnte jedoch beobachten, dass die Schülerinnen und Schüler bereits am ersten Tag die Arbeit mit dem Medium nicht als solche empfanden und sich deshalb Einsatz, Engagement und Begeisterung in den Klassen breit machten. Indem die Kinder Wissen über die Zeitung erwarben, hatten sie eigentlich schon begonnen, sich auf das Verfassen eines eigenen Artikels vorzubereiten.

Beim Schreiben für die Zeitung selbst scheint es mir wichtig, den Kindern deutlich zu machen, dass sie die Rolle von Reportern und Reporterinnen übernehmen. Hilfreich ist dabei sicherlich das Basteln von Presseausweisen, wie es in einigen Klassen auch umgesetzt wurde.

Empfehlenswert ist darüber hinaus vorab ein Besuch aus der Projektredaktion in den Klassen, bei dem journalistische Fragen über den Aufbau von Zeitungsartikeln geklärt werden können: Wie sieht eine Einleitung aus? Wie genau geht man auf welche Details ein? Welche Länge hat welcher Text und warum? Bei meinen Besuchen merkte ich immer wieder, wie neugierig die Kinder waren. Die Fragen an mich nahmen oft auch nach einer Stunde kein Ende. Alles, was meinen Beruf, aber auch meine Person betrifft, war von Interesse. Ein Mädchen wollte beispielsweise wissen, ob mir bei der vielen Arbeit noch Zeit zum Putzen bliebe, oder ob ich bereits eine Putzhilfe eingestellt hätte.

Ein weiterer Vorbereitungsschritt kann in der Beschaffung eines Aufnahmegeräts bestehen. Der Interviewmitschnitt ist zwar kein Ersatz für die eigenen Notizen. Die professionelle Ausrüstung hilft allerdings, die Ergebnisse der Recherche festzuhalten, und verstärkt bei den Kindern den Eindruck, als Nachwuchsreporter und -reporterinnen für die Zeitung unterwegs zu sein.

Auch wenn sich die Kinder auf den Lehr- und Lernveranstaltungen anfangs schüchtern präsentierten, dominierte kindliche Neugier die Ortstermine. Ich sah meine Aufgabe darin, gerade diese wenigen „sprachlosen“ Zeiträume zu überbrücken, indem ich meinerseits Anstöße gab, die den Schülerinnen und Schülern wiederum zu neuen Ideen verhalfen. Ohne weiteres können die Lehrpersonen oder begleitende Eltern in die Vermittlerrolle schlüpfen.

Der Besuch im Tierheim mit einer vierten Klasse ist in meiner Erinnerung besonders haften geblieben. Ausgerüstet mit einem Kinderkassettenrekorder inklusive Mikrofon interviewten die Kinder den Leiter des Tierheims. Reihum stellten alle eine vorher ausgedachte Frage, aber auch spontane Äußerungen brachten überraschende Informationen ans Tageslicht. Eine gelungene Mischung aus guter Vorarbeit und unmittelbarer Reaktion.

Wie im Anschluss an den Unterrichtsgang die Zeitungsbeiträge verfasst werden, müssen natürlich die Lehrerinnen und Lehrer entscheiden. Ich halte es jedoch für ungünstig, jedes Kind einen eigenen Artikel schreiben zu lassen. Denn meistens findet nachher nur ein Text tatsächlich Platz auf den Zeitungsseiten, lediglich ein Kind kann seine Zeilen später in der Zeitung lesen, die anderen gehen sozusagen leer aus. Diese Vorgehensweise fördert weder die Motivation noch das Selbstbewusstsein.

Ist der Artikel ein Gemeinschaftsprodukt, können alle auf ihren Auftritt in der Zeitung stolz sein. Aufgrund meiner Erfahrungen würde ich die Lehrerinnen und Lehrer ermuntern, bei der Endredaktion eines solchen Textes nicht zu stark einzugreifen: die Schülerinnen und Schüler sollten wirklich zu Wort kommen. Ist auch am Stil erkennbar, dass der Text von Kindern geschrieben wurde, so erhöht dies seine Attraktivität für die Zeitungsleserinnen und -leser. Eine Lehrerin löste das Problem diplomatisch. Ein anschaulicher Text von Kinderhand geschrieben war das positive Resultat. Sie ließ in Gruppenarbeit Texte erstellen, die wiederum zum Gegenlesen, Redigieren und Überarbeiten an die nächste Gruppe weitergegeben wurden. Jedes Kind konnte seine Verbesserungsvorschläe einbringen. Zum Schluss suchte sich die Klasse aus jedem Artikel das Beste heraus und fügte es zu einem Ganzen zusammen. So hatten alle das Gefühl, an dem Text beteiligt zu sein. Auch leistungsschwächere Kinder konnten ihre Ideen einbringen.

Für die Arbeit der Projektredaktion ist das rasche Zusenden des Manuskripts von wesentlicher Bedeutung: Je schneller die Texte in die Redaktion gelangen, desto schneller entstehen die „Zeitung in der Grundschule"- Seiten, was sowohl die Autorinnen und Autoren des veröffentlichten Textes selbst als auch die anderen teilnehmenden Klassen motiviert und inspiriert.

Von Vorteil zeigte sich ebenfalls das Erstellen eigenen Fotomaterials, nicht immer kann ein Fotograf der Zeitung die Exkursion begleiten. Schließlich sind bebilderte Artikel nicht nur für die Kinder interessanter.

Im Verlaufe des Projekts entwickelten die Kinder überraschende Kreativität: So wurden mir Gedichte, Geschichten und selbst gemalte Bilder geschenkt, die ich ebenfalls veröffentlichte. Passend zum bevorstehenden Osterfest schickte mir ein Kind eine „Hasengeschichte". Ein anderes war von dem Besuch auf dem Bauernhof so beeindruckt, dass es seiner Kreativität freien Lauf ließ und ein wunderschönes Bild in schillernden Farben malte, auf dem alle Tiere glücklich und zufrieden aus der Scheune herausguckten. Eine Schülerin dokumentierte malerisch ihre Eindrücke beim TÜV: Ein Haus, in dem sich ein Auto und ein Mann befanden, waren darauf zu sehen. Dominiert wurde das Gemälde allerdings von den drei, in orange ausgemalten Buchstaben, die überdimensional auf dem Gebäude prangten.

Auch informierten mich Lehrerinnen und Lehrer über das Geschehen an ihrer Schule – abseits vom Projekt „Zeitung in der Grundschule“. Ein Lehrer berichtete von einer Aktion, bei der rund 100 Autoreifen zu einer Kletterburg aufgestapelt wurden. Besonders geschmeichelt fühlte ich mich, als eines Tages ein DIN-A4-Umschlag auf meinem Schreibtisch lag, der das Schreiben einer Lehrerin einer zweiten Grundschulklasse enthielt. Sie und ihre Klasse würden sich schon darauf freuen, im nächsten Jahr endlich an dem Projekt teilnehmen zu können. Anbei befand sich eine Schülerzeitung, die sie zusammen mit den Kindern erarbeitet und herausgegeben hatte.

Vorsicht: Freilaufende, bissige Hamster!

Ausflug der 4c der GGS Laurensberg führt in Tierheim Feldchen – Gemischte Gefühle

Klasse 4c der Gemeinschaftsgrundschule Laurensberg: Die Schulranzen blieben zu Hause, der Kassettenrekorder wurde eingepackt und wir, die Klasse 4c der GGS Laurensberg, machten uns mit dem Bus auf den Weg ins Tierheim Feldchen. Mit großer Spannung hatten wir schon auf diesen Tag gewartet. Einige Kinder unserer Klasse kamen Ende letzten Jahres auf die Idee, einen Club zu gründen. Dort wurde gebastelt, das Gebastelte verkauft, und den Erlös von 220 Mark wollten wir dem Tierheim als Spende übergeben.

Im Tierheim angekommen, erwartete uns bereits Herr Josef Schumacher, der Tierheimleiter, um unsere vielen Fragen zu beantworten und uns im Tierheim herumzuführen. Mona überreichte ihm feierlich unsere Spende. Danach kam der Kassettenrekorder zum Einsatz. Franz-Carl, Kim, Raoul, Nina und Valentina fühlten sich fast wie echte Reporter, als sie unser gemeinsam vorbereitetes Interview mit Herrn Schumacher am Mikrophon führten. Wir wollten zum Beispiel wissen, wie viele Mitarbeiter das Tierheim hat, wie die Tiere überhaupt ins Tierheim kommen oder was passiert, wenn kein Platz mehr da ist.

Nachdem uns Herr Schumacher alle Fragen geduldig beantwortet hatte, durften wir uns die Tiere anschauen, an den laut bellenden Hunden vorbei ging es zunächst ins Haus für Kleintiere. Dort hatten wir viel Spaß an einem witzigen Schild: Vorsicht – freilaufende Hamster! Wenn der Hamster kommt, auf den Boden legen und auf Hilfe warten! Wenn keine Hilfe kommt? Dann viel Glück! Im Kleintierhaus war es aber gar nicht gefährlich. Im Gegenteil, am liebsten hätten wir alle Tiere mitgenommen: die süßen kleinen Kaninchenbabys, die anhänglichen Ratten, die Wüstenrennmäuse und natürlich die witzigen Hamster. Wir bewunderten ein besonders großes Exemplar, das im Tierheim „Kampfhamster" genannt wird und demnächst sogar im Fernsehen in der Rolle eines Feldhamsters auftreten soll. Im Katzengehege durften wir einige Tiere streicheln, viele waren aber auch scheu und huschten schnell weg. Katzen darf man nicht bedrängen, und so musste Ruben schmerzhafte Bekanntschaft mit den Zähnen einer Katze machen, als er sie mal so eben auf den Arm nehmen wollte. Als wir unseren Rundgang fortsetzten und an den vielen Hundekäfigen vorbeikamen, wo auch so genannte Kampfhunde untergebracht sind, machte ein großer Rottweiler der ganzen Klasse Angst, wir trauten uns nicht durch den engen Gang. Wir glauben, dass die Hunde am meisten im Tierheim leiden. „Manche Tiere magern ab, obwohl sie genug zu fressen bekommen, nur aus Stress!" erzählte uns Herr Schumacher. Uta ist überzeugt: „Selbst dem stärksten Typen muss es hier das Herz erweichen! Die meisten Hunde muss man einfach lieb haben!"

Beim Besuch im Tierheim haben wir wirklich gelernt, dass es schlimm ist, sich ein Tier anzuschaffen und es später wieder auszusetzen. „Unser erster Hund kam auch aus dem Tierheim. Er ist 15 Jahre alt geworden", hat Philippe erzählt.

Deshalb bitten wir alle Leser: Wenn Sie sich ein Tier anschaffen wollen, schauen Sie doch erstmal im Tierheim vorbei. Man kann auch eine Patenschaft übernehmen oder ein bisschen Geld spenden, damit die Kleintiere im Sommer ihr Freigehege bekommen, wie es geplant ist. Wir hätten noch stundenlang im Tierheim gucken können, aber schließlich mussten wir uns doch verabschieden. Es war ein schöner Ausflug, der trotzdem irgendwie traurig machte.

Fühlten sich fast wie richtige Reporter: Gut vorbereitet interviewte die Klasse 4c der GGS Laurensberg Josef Schumacher. Foto: Wolfgang Plitzner

Barbara Weber-Ruppli

Zeitung in der Schule ist nicht Schule in der Zeitung

Dieser Buchbeitrag wurde in Form eines Zeitungsartikels geschrieben. Er bietet damit ein anschauliches Beispiel für einen ansprechenden Zeitungstext und möchte dazu ermuntern, das Projekt «Zeitung in der Schule» nicht zur «Schule in der Zeitung» werden zu lassen.

Wie packt man eine Recherche an und verpackt die dabei erworbene Information in einen Artikel, der nicht nur die eigenen Eltern packt? Oder: Darf sich ein Wort dreimal hintereinander wiederholen? Solche Fragen stellen Kids, bevor sie sich als Nachwuchsjournalisten versuchen. Eine engagierte Begleitung der schreibenden Jugend durch die Redaktion garantiert den Zeitungsabonnenten die gewohnte Qualität ihrer täglichen Lektüre. Kinder und Jugendliche wollen nicht mit drolliger «Echtheit» punkten, sondern zeigen, was sie können. Davon ging ich aus, als ich sie für ihre Arbeit coachte. Erfrischend bleiben ihre Texte auch angeleitet und redigiert.

Rund 80 Klassen bekamen innerhalb von zwei dreimonatigen Projekten Gelegenheit, ihre Artikel im «Zürcher Unterländer» zu veröffentlichen. Für eine Regionalzeitung mit beschränktem Umfang stellt sich da die Frage nach Raum und Platz, den sie zur Verfügung stellen kann. Neben Front und Letzter gehört die Seite 3 zu den meistbeachteten Zeitungsseiten. Beim «Zürcher Unterländer» befasst sie sich täglich vertieft mit einem Thema. Zwei Klassen teilten sich jeweils diese Seite und das Thema. Bis zu 50 Kinder mussten dafür zusammenspannen. Wie wird man da dem Anspruch gerecht, dass ein jedes sichtbar etwas beitragen kann? Erstaunlicherweise war das nie ein Problem. Besonders bereichernd erlebten jene die Gemeinschaftsarbeit, die über Klassen- und allfällige Altersgrenzen hinweg bunt zusammengewürfelt vorgingen.

Aus heranwachsender Optik

Artikel schreiben ist integraler Bestandteil von «Zeitung in der Schule». Das beinhaltet für Redaktionen, die das Projekt mittragen, eine spezielle Herausforderung: Die Beiträge der Klassen sollen die Zeitung bereichern. Aber bitte nicht mit dem Abdrucken redaktionell unbearbeiteter Aufsätze hinter dem pädagogisch verkleideten Alibi: «Seht mal, wie authentisch unsere Kleinen sind.» Deshalb lautet die Devise beim «Zürcher Unterländer»: «Keine kleine Zeitung in der Grossen.» Die Befriedigung von ausgewachsenem Informationsbedürfnis aus dem Blickwinkel heranwachsender Optik bringt nach meinem Gefühl allen Seiten mehr.

Die Schülerinnen und Schüler müssen vor dem Selberschreiben erst einmal Zeitung lesen. Denn Kinder lernen (auch) durch Nachahmung. In einer Zeit, da immer weniger Haushalte eine Tageszeitung abonniert haben, ist die Hürde für die Jungen gross, sich auf diese unhandlichen Dinger einzulassen. Welche Wege die Faszination Zeitung wählt, um die grosse weite Welt in Kinderherzen zu tragen, zeigte ein Schüler aus Albanien. Ohne ausgeprägten Newshunger und mit beschränkter Deutschliebe ausgestattet, stiess er beim verordneten Zeitung lesen auf den Namen Alfred Moisiu. «Mein Präsident in eurer Zeitung!», rief er begeistert und wurde ab sofort zum freiwilligen Auslandteil-Konsumenten – zwischen allen Zeilen täglich auf der Suche nach Spuren aus seiner Heimat.

Kommt Presse von pressieren[1]?

Betroffenheit schaffen ist denn auch der erste Tipp für die angehenden Reporter und Journalistinnen. Das garantiert Beachtung, und die beginnt mit einem Thema, das nicht zuvor «kindertauglich» gemacht worden ist. Meine Erfahrung: Sicher lieben Kinder Tiere und schreiben gerne darüber, aber sie wollen nicht einfach in den Zoo gehen, um darüber «Jöö[2]-Geschichten» zu erzählen. Angeleitet, recherchieren sie gezielt. Etwa aus dem ortsansässigen Tierheim, wie dort Ferienkatzen und -hunde gehalten werden. Das Interesse vieler Tierhalter ist ihnen sicher.

Eine andere Klasse befasste sich – aufgewühlt durch den Fall eines Kindergärtlers, der von Hunden zu Tode gebissen wurde – mit dem Projekt «Prevent a bite». Sie bestellte die Frau mit ihren grossen Hunden ins Schulzimmer, erhielt Tipps zum Umgang mit den Tieren, schrieb eine Reportage darüber und machte damit ein innovatives Angebot publik. Richtig terminiert, haben Themen mehr Echo. Das ist für Schule und Zeitung schön. Fazit: Keiner zu klein, sich aktuell an Brisantes zu wagen.

Apropos terminieren: Auch wenn pressieren nicht von Presse kommt, hat es mit dem Zeitungsalltag zu tun. Schnell und vor allem termingerecht arbeiten kann sehr befriedigend sein. Der versprochene Artikel muss geliefert werden, daran halten sich

Nachwuchsreporter, wenn sie wissen, wie es bei der Zeitung zugeht. Und sie freuen sich, die Früchte ihrer Anstrengung – kaum abgegeben – schon in der Zeitung zu sehen.

Professionalität ist kindergerecht

Doch was nützt der spannendste Bericht, wenn er mangels guter «Verpackung» übersehen wird? Auf Alfred Moisiu stiess der schon erwähnte Schüler über den Umweg eines Fotos. Sehr schnell merken zeitunglesende Kinder, wie das mit den Blickfängen funktioniert. Das Auge zieht es über ein auffallendes Bild oder einen süffigen Titel in den Text.

Schlagzeilen erfinden ist anspruchsvoll aber lustig und eine Brainstorming-Aufgabe für zwei bis drei Beteiligte. Ebenso viele können beschäftigt werden, um zusammen eine sinnige Bildlegende zu kreieren, die nicht einfach wiederholt, was ohnehin schon sichtbar ist. Einführungen formulieren und Zwischentitel in den Text streuen, sind weitere Aufgaben. Oder das Erarbeiten von Zusatzinformation zu einem Thema. Diese aus dem Internet zu beschaffen und als Geheimtipp in Form einer www-Adresse speziell interessierten Lesern zu servieren, fasziniert vor allem die Jungs. Derweil bereiten andere Fragen vor, und die Kommunikativsten machten Interview-Termine ab. Das Kreativ-Team beginnt mit der Bildplanung.

Sich an den klassischen Aufbau eines Artikels unter Einbezug all seiner Elemente zu halten, macht den Kindern Spass. Auch an zeilengenaues Schreiben und perfekte Titellängen halten sie sich. Wenn dabei kein Computer hilft, verwenden sie kariertes Papier und setzen in jedes Häuschen ein Zeichen. Diese Grundanforderungen an ihre Arbeit bedeutet für sie keine Einschränkung. Sie nehmen die Anweisungen als Wertschätzung und Vertrauensbeweis in ihr Können entgegen. Kinder arbeiten gerne nach «erwachsenen» Massstäben. Sie lernen spielend, sich geforderten Qualitätsnormen anzunähern. Das ist kindgerechter, als Erzeugnisse wie das wilde Gras spriessen zu lassen, um sich dann köstlich über zwar reizende, aber eben doch falsche Formulierungen zu amüsieren. Die Zusicherung, dass ihre Texte durchs Korrektorat gehen, löste immer grosse Erleichterung aus. Ihre Spontaneität verlieren sorgsam begleitete Texte nicht.

Mit Bildern fängt man Blicke

Zurück zu Fotos und Karikaturen; sie gehören ebenso zur Zeitung wie Buchstaben. Die Kinder durften ihre Artikel auch malend bebildern. Dieses Stilmittel garantiert, weil ungewohnt an dieser Stelle, Beachtung. Und es gibt in jeder Klasse begnadete Zeichner, die ihre Begabung gleichberechtigt oder unterstützend neben den Sprachgenies einsetzen können. Voraussetzung für gute Fotos und Zeichnungen ist die Bildplanung. Schnappschüsse gelingen Laien selten. Wer fotografiert, muss Regie führen, an den Hintergrund und das Licht denken, den Darstellenden Anweisungen geben. Die Fotografierten schätzen Führung. Es ist ein gutes Gefühl, sich nicht nur knipsen lassen zu müssen, sondern aktiv zur Selbstdarstellung beitragen zu dürfen. Auch der Inhalt von Zeichnungen kann bis ins Detail vorbesprochen und als Auftrag an die Ausführenden erteilt werden.

Solche Tipps wurden kreativ umgesetzt. Zeichnerische Gemeinschaftswerke entstanden, Fotos wurden «gebaut». Zu einer Gleichberechtigungsthematik stellte die Klasse einen Jungen ans Bügelbrett und das Mädchen mit Helm und Motorsäge daneben.

Diesen Hingucker krönte der Titel: «Rollentausch am Tochtertag». Poetisch setzten andere zur Weihnachtszeit das Thema Sackgeld[3] in Szene. Aus dem Sack vom Nikolaus purzelten Geldstücke statt Nüsse in die winterliche Landschaft. «Da fällt der Groschen richtig», behaupteten die Titelmacher darunter kühn. So viel Surreales weckt sogar Neugier bei denen, die sich nicht für Taschengeld interessieren. Das Bild mit dem Knaben, der den Sonntagszopf anbeisst, anstatt sich mit einem Stück davon zu begnügen, zwingt fast, im Text herauszufinden, was der Grund für diese Unbescheidenheit ist. Die Bildbauer waren in diesem Fall passionierte Comiczeichner und hatten geschickt eine Gestaltungsidee per Fotoapparat realisiert.

Neugier ist eine Journalistenzier

Themenbilder nennen sich die beschriebenen Gesamtkunstwerke. Darin ist es den Schülerinnen und Schülern gestattet, auch einmal selbst ins Rampenlicht zu treten. Für die restliche Arbeit sind sie keine Hauptdarsteller, sondern Hintergrundtäter. Das musste ganz deutlich gesagt werden. Die Jungen von heute bekennen sich freimütig und fast flächendeckend zu ihrer Lust, berühmt zu werden. Auf Zeitungsseiten aber interessiert das geschriebene Wort mehr als die schreibende Hand. Geblendet von Fernsehserien glauben viele Jugendliche die Medienleute statt ihrer Themen seien der Mittelpunkt des Geschehens, oder sie verwechseln Journalisten mit Detektiven. Deshalb gilt es in Schulstuben oft zuerst das Berufsbild zu klären, ohne der Begeisterung für das bevorstehende Reporterdasein Abbruch zu tun.

Neugier ist eine Zier für Journalisten. Das beflügelte die angehenden Zeitungsleute. Mit dem Presseausweis in der Tasche wagen sie diese ungehemmt auszuleben. Er ist ihre Lizenz, um jedem alle Fragen stellen zu dürfen. Damit stürzen sie sich in Strassenumfragen und auf Interviewpartner. Sie glauben, der coole Presseausweis öffne ihnen Türen, an die sie vorher nicht einmal zu klopfen gewagt hätten. Dabei ist es das Selbstbewusstsein, dadurch autorisiert zu sein.

Hitverdächtiger Journalistenpreis

Die Themenvergabe läuft nicht immer rund. Für einige Klassen ist das Wunschthema schon besetzt und sie bekommen eines verpasst, dass ihnen nicht gefällt. Die Entdeckung, wie Interesse wachsen kann, wäre es eigentlich wert, öfter «Zwangszuweisungen» zu wagen. Fünftklässler beispielsweise kamen murrend zu der unverlangten Ehre, über einen Wirtschaftspartner des Projekts – ein Elektrizitätswerk – zu berichten. Nach anfänglichem Naserümpfen sprang der Funke. Das ganze Schulprogramm erfuhr Umstellung. Die Klasse befasste sich weit über die Projektdauer von «Zeitung in der Schule» hinaus mit Energie, unterstützt von Info-Material vom und Manpower durch den Wirtschaftspartner.

Die Kooperationspartner waren es im Übrigen auch, die dem Projekt zu Event-Charakter verhalfen, ganz nach dem Geschmack der Kids. Eine Rotarier-Sektion setzte nämlich einen Journalistenpreis aus. Die beste Seite, der beste Artikel, die besten Zeichnungen und Fotos wurden mit Geld für die Klassenkasse belohnt. Das wirkte turbomässig auf den Einsatz der Klassen. Jede wollte einen Preis und vor allem die Ehre für die öffentlich wahrgenommene Überfliegerleistung. Dazu gehörte natürlich eine Preisübergabe in gebührendem Rahmen samt Berichterstattung darüber auf der Front der Zeitung.

Wirtschaftspartner infiziert

Der «Zürcher Unterländer» hatte das Glück, Wirtschaftspartner zu haben, die sich im Lauf des Projekts heftig vom Virus «Zeitung in der Schule» anstecken liessen. Schuld daran waren die Kinder. Bei ihren Recherchen in den jeweiligen Betrieben gewannen sie fast ausnahmslos die Herzen der Firmenbosse, die sie gewissenhaft ausfragten. Mit vereinten Kräften finanzierten diese dafür den Abschlussanlass. Die Marketingabteilung unserer Zeitung konnte den hiesigen Eishockeyclub gewinnen, seine nicht ganz ausverkauften Ränge vor einem wichtigen Spiel für die Preisverleihung zur Verfügung zu stellen. Die Veranstaltung musste generalstabsmässig geplant werden, aber der Aufwand hat sich gelohnt.

1580 Tickets fürs Spiel Kloten Flyers gegen Genf-Servette wurden verteilt. So konnten Mama und Papa samt Geschwistern mit an den sonntäglichen Match. Bevor das Spiel begann, wurden zehn Klassendelegationen aufs Eis gebeten. Vertreterinnen der Cheerleader Fly addicts säumten den Rand eines roten Teppichs, auf dem die Klassenvertreter nach vorne schritten. Der Goalie und ein Stürmer von den Kloten Flyers übergaben – vertont vom Speaker über die Mikrofonanlage des Stadions – die Journalistenpreise und verteilten Autogramme. Nach der feierlichen Übergabe war dann das Eis frei für Klotens sportlichen Weg in die Playoffs. Die einheimischen Flyers liessen sich unter den Augen der Schüler nicht lumpen und besiegten Genf-Servette mit 5:1.

Interesse garantiert Erfolg

Leserinnen und Leser, die dem Text bis hierher gefolgt sind, haben einen authentischen Einblick erhalten, wie facettenreich und manchmal chaotisch das Zeitungmachen in den Schulstuben verläuft. Ich begleitete das bei 41 Klassen mit Herzblut und Konzept, schwatzte aber ohne Unterstützung durch Power Point oder Hellraumprojektor auf manchmal 50 Kinder gleichzeitig ein, die sich in einem Schulzimmer zusammendrängten. Verblüffenderweise hörten sie zu – und das zwei lange Stunden.

Als einziges Bild hatte ich unseren Pressehund dabei. Journello[4] ist das Maskottchen und Signet des Projekts «Zeitung in der Schule» beim «Zürcher Unterländer». Seine Ohren flattern im Wind. «Wahrscheinlich, weil es bei der Presse immer pressiert», meinte eine Schülerin und prägte so das schon bekannte Wortspiel. Von mir wollte dasselbe Mädchen wissen, ob ich so schnell und so viel rede, weil der Zeitungsalltag so atemlos sei. Da wurde mir schlagartig klar, dass man heute anders vor Kinder tritt, als in meiner Lichtjahre zurück liegenden Schulzeit. Die Kids aber haben entgegen allen Warnungen der Pädagogen, ihrer Lehrer und Lehrerinnen meistens mucksmäuschenstill die Ohren gespitzt. Das soll allen Berufskolleginnen und -kollegen Mut machen, die demnächst zum ersten Mal in dieser Mission unterwegs sind.

Mir hat es Spass gemacht, in Klassenzimmern von dem zu erzählen, was mein Beruf und meine Leidenschaft ausmacht – den Kindern und Jugendlichen, die ich bequatschte, offenbar auch, trotz meines steinzeitlichen Frontalunterrichts. Am umwerfendsten war für mich die Begeisterung, mit der sich alle, und wirklich alle, auf das Abenteuer stürzten, einmal Journalistin oder Reporter zu sein inklusive der Knochenarbeit, dafür viel lesen und schreiben zu müssen. Seither bin ich noch überzeugter: Journalistin ist tatsächlich ein Traumberuf.

Gängige Dialektausdrücke, die in der Schweiz auch in der Schriftsprache Verwendung finden:

[1] beeilen,

[2] Lautmalerei beim Anblick von Niedlichem,

[3] Taschengeld

[4] Der Hundename ging als Sieger von rund 30 Klassenvorschlägen aus einem Wettbewerb hervor.

© FRIDA

Zürcher Unterländer Montag, 23. Oktober 2006 **Zeitung in der Schule** 3

Journello aus:

Wil im Rafzerfeld

Schon zum zweiten Mal lanciert der «ZU» das Projekt «Zeitung in der Schule». Schülerinnen und Schülern soll es Lust auf Lesen und Schreiben machen. Bis Ende Dezember werden 32 Unterländer Primarschulklassen in loser Folge aktuell aus ihrer Umgebung berichten.

Redaktion: Barbara Weber-Ruppli
Mehr infos: www.zuonline.ch

Wil-Hüntwangen Über 2,5 Millionen Kubikmeter Kies verlassen pro Jahr das Rafzerfeld

Loch oder Lebensraum?

Seit mehr als 45 Jahren prägen Kiesgruben die Landschaft des Rafzerfeldes. Drei Firmen betreiben die Gruben. Die Kiesvorräte sind aber irgendwann verbraucht.

Die Firmen schätzen ihre Vorräte unterschiedlich ein: Die Hastag Kies AG rechnet mit 60, Holcim mit 40 und Toggenburger mit 30 Jahren. Bei diesen Zahlen kommt es sehr darauf an, ob viel oder wenig gebaut wird. In allen drei Werken darf man zwischen 30 bis 40 Meter tief graben. Das jährliche Abbauvolumen von Hastag Kies AG liegt bei etwa 600 000 m³, jenes der Firma Holcim bei 800 000 m³, und in der Firma Toggenburger sind es pro Jahr etwa 500 000 m³ Kies.

Vorbereitung und Abbau

34 Leute arbeiten in der Firma Holcim in verschiedenen Abteilungen: In Abbau und Aufbereitung, Unterhalt und Logistik sowie Administration. Kurt Fehr erklärt, dass der Kies aus Sicherheitsgründen über einer Höhe von ca. 40 m mit Wasser abgebaut wird, um so die grösste Sicherheit gegenüber dem Einstürzen von Kieswänden zu haben. Förderbänder transportieren den abgebauten Kies zur Vorbereitung. Dann wird der Kies gewaschen und sortiert mit der Leistung von 700 Tonnen pro Stunde. Über noch ein Förderband wird der Kies in den Zug verladen. Das dauert etwa 90 Minuten für 20 Wagen. Ein Zug mit 20 Wagen enthält 1200 Tonnen Kies. Alle Förderbänder von Hastag Kies AG haben zusammen eine Länge von 4 Kilometern.

Nachdem eine Grube völlig abgebaut ist, wird sie rekultiviert, damit der Boden wieder für landwirtschaftliche Zwecke genutzt werden kann. Aschi El Tawil von der Firma Holcim erwähnt, dass sie im Jahr 2005 dafür 1,7 Mio. Tonnen Aushub bekamen. Das ist ungewöhnlich, weil in einer Kiesgrube normalerweise weniger aufgefüllt als abgebaut wird. Es lag daran, dass sie per Bahn den grössten Teil vom Aushub des Üetlibergtunnels erhielten.

Dem Kiesabbau müssen auch Wohnhäuser und Strassen weichen.

Landwirtschaft

Rasen, Brot und Wein

Wil. Jungbauer Marco Angst sagt: «Das Grubenland gehört schon seit Generationen uns. Einigen Leuten wurde das ganze Land weggenommen, uns nur das Kies. Die Erde dort unten ist steiniger. Die ersten drei Jahre mussten wir Rasen ansäen. Jetzt wächst Getreide, Raps, Sonnenblumen und Mais in der Grube.» Winzer Daniel Rutschmann schätzt die warme Südlage für seine Reben in der Kiesgrube.

Mit dabei

3., 4. und 5. Klasse

Wir sind 36 Schülerinnen und Schüler aus Wil. Ausgerüstet mit Presseausweis, Tonband, Fotoapparat und vielen Fragen, sind wir in gemischten Gruppen ausgeschwärmt und haben viel Interessantes zurückgebracht. Unsere Lehrerinnen Kathrin Battaglia und Iris Messmer haben uns dabei unterstützt.

Eigene Sicht

Aschi El Tawil erzählt

Hüntwangen. Achraf El Tawil ist Leiter Verkauf/Administration in der Kiesgrube Hüntwangen von Holcim. Er findet seine Arbeit abwechslungsreich. In der Kiesgrube begegnet er Wildschweinen, Raubvögeln, Fischreihern, Enten, Schwänen, Insekten, Fröschen und Schlangen. Im Winter finden Raubvögel manchmal zu wenig Futter und werden zu schwach zum Fliegen. Kiesgrubenarbeiter bergen sie und bringen sie zu Spezialisten, welche sie dann aufpäppeln. Auch aussergewöhnliche Dinge wie Mammutzähne hat man in der Kiesgrube schon gefunden.

Schützenwertes Tiere und Pflanzen erobern die Steinwüste

Salamander, Orchidee und Co.

Seltene Falter sollen kommen.

Feuersalamander im Kies.

Lebensraum für Vögel.

Der Naturschutz interessiert sich sehr für die Kiesgruben. Denn es sind seltene und besondere Lebensräume.

Die Naturschutzleute hoffen, dass sich viele Schmetterlingsarten und Schlingnattern ansiedeln. Sie schauen, dass die Kiesgrube nicht verwaldet. Weil heute alles verbaut wird, ist die karge Kiesgrube als neuer künstlich entstandener Lebensraum wichtig. Jean-Marc Obrecht von der Fachstelle Naturschutz des Kantons Zürich erzählt: «In der Kiesgrube gibt es Geburtshelferkröten und Kreuzkröten, die leben in den Teichen. Schmetterlinge, die den Wundklee gerne haben, Libellen und Uferschwalben.»

Es wachsen nur Pflanzen, die viel Licht vertragen können, dazu gehören Orchideen. Die Pflanzen in der Kiesgrube haben dicke Blätter, um Wasser zu speichern. Mit langen Wurzeln ziehen sie das Wasser aus dem Boden. Es wachsen Pflanzen hier, die Staub und Hitze aushalten.

Die Pflanzen haben sich an die nährstoffarmen Böden angepasst. Die Gruben sind trocken.

Allerlei Wasser in den Gruben

In der Kiesgrube liegt das Grundwasser 50 Meter unter dem gewachsenen Boden. Die Arbeiter müssen gut aufpassen, dass kein Öl ausfliesst und das Grundwasser verschmutzt. Das wäre gefährlich für Menschen und Tiere. Grundwasser entsteht, indem es regnet. Das Regenwasser versickert in der Erde und wird in den vielen Erd- und Kiesschichten gereinigt, bis es in das saubere Grundwasser plätschern kann. Das Grundwasser in der Kiesgrube ergibt einen ganzen See.

Das Grundwasser gehört dem Kanton Zürich, im Jahr werden 1 Mio. m³ für Trinkwasser herausgepumpt. Vom Brunnenmeister Felix Graf aus Wil kann man erfahren, dass die Stadt Bülach am meisten und die Gemeinde Wil am wenigsten Wasser davon braucht, weil es die grössten Quellen hat.

In der Kiesgrube hat es drei Teiche. Der beim Amphitheater ist das Schlammabsetzbecken. Es hat 35 bis 37 Meter Schlamm und nur 3 bis 4 Meter Wasser. Der Teich ist gefährlich. Man kann im Schlamm versinken. Es hat einen Zaun darum herum und Warntafeln. Es hat ausgesetzte Fische in dem Teich, und nur die vom Verein dürfen dort fischen. Die Fische fressen andere mögliche Teichbewohner. Es kommen Enten zum Teich, aber sonst keine grösseren Tiere, wegen des Zauns.

Umfrage

Kiesgrubenanwohner

Wil. 22 Leute gaben Antwort auf Fragen zu den Kiesgruben: Viele gingen in der Grube schon spazieren, holten Kies oder machten eine Party. Sie beobachten die Natur, die Tiere und schossen sogar Wildschweine. Postiv an den Kiesgruben finden sie die Arbeitsplätze, dass es genügend geschützte Natur für Pflanzen und Tiere gibt und mit dem Kies Häuser und Strassen gebaut werden können. Als Nachteile sehen sie die vielen Lastwagen, die Staub, Dreck und Lärm verursachen, und dass grosse Löcher entstehen. In 100 Jahren, denken die Leute, ist das Rafzerfeld ein grosses Loch, vielleicht mit einem See und viel moderner. 13 Leute haben keine Angst, dass die Kiesgrube immer grösser wird und es weniger Platz gibt in Wil, 9 Leute fürchten sich vor einer solchen Entwicklung.

Polizeihunde

Such!

Zürich/Wil. Jean Vollenweider von der Kantonspolizei bildet Polizeihunde aus. Die Kiesgrube eignet sich als Übungsplatz. Es sei schwierig, einen Hund auszubilden, da er nicht sprechen kann. Um Hunde auszubilden, muss man sehr viel mit ihnen sprechen und sie belohnen. Die Ausbildung dauert etwa zweieinhalb Jahre. Am Ende dieser Ausbildung sollte der Hund Sachen und Menschen finden können. Die ausgebildeten Hunde werden sehr oft für die Suche von vermissten Menschen eingesetzt.

Nachgefragt

Raus aus dem Haus

Jana Siegrist: Unser Haus stünde heute am Abgrund.

Jana Siegrist aus Wil musste mit ihrer Familie vor rund zwei Jahren das Haus aufgeben, als die Kiesgrube erweitert wurde.

Wie war es für dich, als du wegziehen musstest?
Es war nicht so schlimm, nur ein wenig traurig.

Was denkst du darüber?
Wenn ich und meine Familie geblieben wären, lebten wir jetzt auf einer Insel. Es war auch laut und sehr staubig.

Hast du zugeschaut, als das Haus abgerissen wurde?
Am Anfang schon.

Vermisst du das alte Haus?
Nur mein kleines Zimmer und mein Zimmer in der «Schütti».

Möchtest du wieder zurück?
Nein, dort war es so staubig.

Was findest du jetzt besser?
Ich habe jetzt ein grösseres Zimmer. Das Haus ist auch schöner als das andere.

Arena frei für ein Theater

Ursula Dober: Wir arbeiten gratis fürs Amphitheater.

Die Firma Holcim schenkte Hüntwangen zur 750-Jahr-Feier ein Amphitheater. Ursula Dober ist Mitglied vom Amphitheaterverein Hüntwangen.

Welche Anlässe wurden schon durchgeführt?
Kino, Theater, Fussballturniere, Musikkonzerte, Gottesdienste und Pfingstlager.

Wie gross ist es?
Das Amphitheater hat einen Durchmesser von 30 Metern.

Wie viele Leute haben Platz im Amphitheater?
700 Leute haben im Amphitheater Platz.

Was gefällt Ihnen an Ihrem Job am besten?
Dass man organisieren, zusammen arbeiten und anderen Leuten Freude machen kann.

Wen würden Sie gerne einmal im Amphitheater auftreten lassen?
DJ BoBo, und ich möchte Kinderfilme zeigen.

Zürcher Unterländer Seite 3

Eglisau 26 Drittklässler haben sich am Projekt «Prevent a bite» beteiligt

Hunde sind keine Knuddeltiere

Wie muss ich mich verhalten, wenn ein Hund mich bedroht? Mit vier Hunden und ihren Besitzerinnen wird der richtige Umgang mit den Vierbeinern geübt.

Hunde sind nicht immer einfach süsse Tiere zum Knuddeln. Hunde können nämlich kräftig zubeissen! Sie haben grosse Zähne und ein starkes Gebiss. Sie stammen nicht umsonst vom Wolf ab.

Umgang mit Vierbeinern

Wenn ein Hund dir hinterherspringt, sollst du nicht davonrennen, sondern ganz ruhig stehen bleiben, sonst kann es ernst werden. Sehr wichtig: Einem Hund, der dich bedroht, darfst du nicht in die Augen schauen. Einfach an ihm vorbeisehen ist richtig.

Wenn ein Hund dich umwirft, sollst du ein «Päckli» machen und deinen Nacken mit den Händen schützen. Wenn du einen Hund streicheln willst, dann musst du zuerst den Besitzer fragen. Erkundige dich nach dem Namen des Tieres. Wenn der Hund frisst oder schläft, will er nicht gestört werden.

Hunde besuchen Klassen

Das alles und noch mehr können Schülerinnen und Schüler von den vier Hunden Alexis, Tonia, Skilla, Eliza und ihren Besitzerinnen lernen. Sie besuchen Klassen im Rahmen des Projektes «Prevent a bite».

Vor mehr als zehn Jahren entwickelte der Brite John Uncle ein Programm zur Vermeidung von Beiss-Unfällen durch Hunde. Nach seinem Vorbild erarbeiteten Pädagogen und Tierärzte gemeinsam ein Projekt, um in Schulen und Kindergärten «Prevent a bite»-Besuche zu machen.
Dabei wird versucht, Ängste vor Hunden abzubauen. Die Kinder sollen einen respekt- und liebevollen Umgang mit Hunden erlernen.

Mehr Infos: Unter
ursulaniggli@bluewin.ch
oder u.hatt@gmx.ch.
Das Projekt wird unterstützt vom Bundesamt für Veterinärwesen und der Schweizerischen Tierärztlichen Vereinigung.

Susanne Streit

Aus der Sicht eines Haargummis. Tipps für die Schreibwerkstatt

Kennen Sie das? Sie sitzen vor einem erschreckend weißen Blatt Papier. In kürzester Zeit soll der Informationsgehalt eines ganzen Vormittags fein säuberlich geordnet in Schriftgut umgesetzt werden. Informativ soll der Text sein und unterhaltsam, sprachlich korrekt und stilistisch ansprechend. Tausend Leute werden ihn lesen, vielleicht zehntausend oder sogar noch viel mehr. Ihr Redaktionsbüro ist die Schule und die Journalistinnen und Journalisten sind kaum älter als zehn Jahre. Die Katastrophe scheint unausweichlich.

Viele Lehrerinnen und Lehrer haben mich besorgt angerufen, als es darum ging, mit ihrer Klasse einen Bericht für die Zeitung zu schreiben. Der Unterrichtsgang ist geplant, das Thema bekannt, die Kinder motiviert und die Bleistifte gespitzt. Nur, wie soll das Werk letztendlich aussehen? Gibt es da nicht genaue Vorgaben? Soll jedes Kind etwas schreiben? In Handschrift oder auf Diskette? „Ich habe in meiner Klasse einen Anteil an Aussiedlerkindern von knapp 50 Prozent. Einige sprechen kaum Deutsch und die meisten haben insbesondere im schriftlichen Ausdruck große Schwierigkeiten", gab eine Lehrerin zusätzlich zu bedenken.

Einige meiner Überlegungen, Hinweise und Empfehlungen zur Vorbereitung, Ausarbeitung und Veröffentlichung der Artikel möchte ich im Folgenden an Lehrerinnen und Lehrer weitergeben, die vor ähnlichen Problemen stehen. Ich hoffe, dass meine Tipps Sie dazu ermuntern, sich auf das Experiment „Schreiben für die Zeitung“ einzulassen.

Nach meiner Erfahrung empfiehlt sich folgende Vorgehensweise: Sobald Sie Ihr Exkursionsziel kennen, versuchen Sie die Thematik in verschiedene Beobachtungsaspekte aufzuteilen. Es hat sich bewährt, dass die Kinder gruppenweise nur zu einzelnen Fragestellungen Notizen machen. Schon im Unterricht können die Fragen überlegt werden. Das erleichtert den Einstieg. Wichtig ist, dass die Schülerinnen und Schüler ein Gespür für „gute“ Fragen entwickeln, „Gute“ Fragen sind solche, die Gesprächspartnerinnen und -partner auffordern, etwas zu erklären oder eine persönliche Einschätzung zu einem Sachverhalt abzugeben. Fragen, die nur mit Ja oder Nein oder einer Mengenangabe zu beantworten sind, lassen sich schwer in einen interessanten Text oder in ein aufschlussreiches Interview verwandeln.

Zugegeben, Ihre „Aktionsanbieter“, eine Museumspädagogin, die Polizei, ein Bäckermeister o.a., werden es wohl schon des öfteren mit Schulklassen zu tun gehabt haben. Seltener standen sie aber wohl knapp dreißig Jungreporterinnen und -reportern gegenüber, die, kaum ist die erste Scheu überwunden, ihre Interviewpartner und -partnerinnen mit Fragen bombardieren. Ich habe nie eine Klasse erlebt, die ihren „Job“, Informationen für einen Zeitungsbericht zu sammeln, nicht ernst genommen hätte. Manchmal fast zu ernst. Fragen vorzubereiten ist wichtig. Erklären Sie Ihren Kindern aber auch, dass Zuhören mindestens genauso wichtig ist.

Nicht jede Frage, die Sie vorher mit der Klasse formuliert haben, muss unbedingt beantwortet werden. Vielleicht ergeben sich aus den neuen Informationen auch neue Fragen. Oder der Ortstermin nimmt eine andere Wendung als gedacht und Sie bekommen Dinge zu sehen, die Sie und die Kinder gar nicht erwartet haben. Hier ist es gut, auch für unerwartete Entwicklungen offen zu sein.

Für die Kinder ist das Mitschreiben eine große Herausforderung und oft mit einigen Anstrengungen verbunden. Der Vorteil von Teamwork liegt auf der Hand, denn erfahrungsgemäß kann sich ja kein Kind einen ganzen Vormittag lang gleichermaßen gut konzentrieren. Auch später bei der Ausarbeitung ist es für die kleinen Schriftsteller und Schriftstellerinnen motivierender, über einen überschaubaren Bereich bzw. Einzelaktionen innerhalb einer kurzer Zeitspanne zu berichten.

Sie selbst brauchen sich natürlich auch nicht jedes Detail zu notieren, außer natürlich die korrekte Buchstabierung von Namen oder genaue Berufsbezeichnungen. Für die Kinder sollte der Spaß am Unterrichtsgang nicht zu kurz kommen. Sie merken sich automatisch das am besten, was sie am meisten beeindruckt hat. Über diese Erlebnisse lassen wir sie erzählen.

Übrigens nutzen viele Kinder die Gelegenheit, ihren Artikel „wie die Großen“ auf dem Computer zu tippen und mit einem beachtlichen Layout zu versehen. In der Zeitung machen sich aber auch im Original abgedruckte Werke mit schönen oder zuweilen recht eigenwilligen Handschriften sehr gut.

Im Lehrplan der Unter- und Mittelstufe stehen die verschiedenen Textsorten auf dem Programm. Innerhalb des Projektes „Zeitung in der Schule“, dem großen Bruder von „Zeitung in der Grundschule“, werden journalistische Darstellungsformen wie

Nachricht, Kommentar, Reportage, Interview etc. im Unterricht eingeübt. Einige Grundelemente lassen sich schon problemlos in der Grundschule behandeln. Keine Sorge: Niemand verlangt von Ihnen einen klar definierten Texttypus. Entscheiden Sie sich für eine gesunde Mischung und nutzen Sie die folgenden journalistischen Werkzeuge ganz nach Bedarf:

Nachrichten gelten als das Kernstück der Zeitung. Ihre zentrale Aufgabe ist es zu informieren. Dabei werden die bekannten W-Fragen beantwortet: Wer war dabei oder daran beteiligt? Was ist passiert? Wann, wo, wie und warum ist es passiert? Woher stammen die Informationen (Quelle)? Lassen Sie die Kinder an ihrem eigenen Artikel prüfen, welche der Fragen sie berücksichtigt haben. Neu und damit informativ ist bei einer Nachricht oft nur das, was sich vom Alltäglichen unterscheidet. Folglich ist nach einem klassischen Beispiel die Meldung „Hund beißt Mann" keine Nachricht, aber umgekehrt verspricht die Schlagzeile „Mann beißt Hund" durchaus eine Neuigkeit.

Nachrichten in Form kurzer Meldungen oder ausführlicher Berichte kommen der noch sehr Ich-zentrierten Schreib- und Sichtweise der jüngeren Grundschulkinder nicht gerade entgegen. Manche Kinder haben allerdings großen Spaß daran, kleine Sensationsmeldungen zu imitieren. Vielleicht reizt ja ein außergewöhnlicher Zwischenfall auf der Wanderung oder eine kleine Anekdote, die man erzählt bekommen hat, zum Schreiben einer Meldung. Das Wichtigste: Eine knallige Überschrift!

Im Interview dürfen, ja sollen die Kinder ihrem Gegenüber ruhig Fragen stellen, die über die W-Fragen hinausgehen, etwa solche, die sie ganz persönlich interessieren (Lieblingsessen?, Haustiere?, Fan von welchem Fußballverein? usw.). Auch Umfragen unter Passanten, Nachbarn oder Eltern beispielsweise über Gebäude ihrer Stadt oder historische Ereignisse werden in Ergänzung zum Unterrichtsgang von den Schülerinnen und Schülern gerne unternommen.

Bei der Veröffentlichung darf das Gesagte gekürzt und der Inhalt sinngemäß wiedergegeben werden. Über die Hälfte aller Projektklassen hat neben anderen Textarten auch das Interview als Darstellungsform gewählt, oft als kleine Zugabe zu ihrem Beitrag. Betrauen Sie ruhig schreibschwächere Kinder damit, das Interview zu führen, und formulieren Sie Fragen und Antworten später noch einmal zusammen in der Klasse!

Die meisten Artikel, die bei mir eingereicht wurden, waren reportageähnliche Texte. Selten bekommen Leserinnen oder Leser die Gelegenheit, einmal hinter die Kulissen einer Institution, einer Firma oder einer Freizeitanlage zu gucken. Hier haben Sie und Ihre Klasse den Lesenden einige Informationen und Eindrücke voraus. Sie dürfen jetzt ganz subjektiv über das berichten, was sie selbst und andere erlebt haben. Der Stil einer Reportage ist viel abwechslungsreicher und kindgemäßer als der einer Nachricht. Die Kinder schreiben in der Wir- oder Ich-Form. Alles, was persönlich als spannend, neu und erzählenswert empfunden wird, darf zu Papier gebracht werden. Die kindliche Ausdrucksweise sorgt dabei für einen erfrischenden Wind in der Zeitung, frei nach Fynns Buch „Hallo, Mr. Gott, hier spricht Anna“: „Oh heiliger Kindermund, der du imstande bist alle Weisheit in einem Satz zusammenzufassen...“. Wir in der Redaktion konnten uns ein Lächeln oft nicht verkneifen!

Die Reportage bietet die Möglichkeit unterhaltend zu informieren. Erinnern Sie sich daran, dass das Verfassen eines Zeitungsartikels kein Aufsatztraining ist. 25 weitgehend identische Nacherzählungen sind als Ergebnis der Recherche wenig befriedigend. Zu vermeiden ist vor allem, dass die Zeitungsbeiträge phantasielos und schwerfällig wirken. Ein paar kleine Tipps, wie die Kinder ihre Texte ein bisschen auflockern können:

Ganz wichtig ist ein spannender Einstieg. Eine Szene, bei der die Kinder den Atem angehalten haben, einen Ausspruch, bei dem sie in lautes Gelächter ausbrachen oder eine Frage an die Lesenden, die diese sofort beantwortet wissen wollen. Wenig Spannung erzeugt zum Beispiel folgender Anfang:

„Wir, die Klasse 4a der Musterschule, sind am Dienstag Morgen mit unserer Lehrerin in den Zirkus gegangen. Als wir dort ankamen, haben wir erst einmal gefrühstückt. Nachdem uns der Zirkusdirektor die Tierkäfige gezeigt hatte,..."

Besonders gut machen sich auch Abschnitte, die mit wörtlicher Rede oder einem Zitat ausgeschmückt sind. Damit lassen sich auch schwierige Sachverhalte einfacher darstellen und man vermeidet umständliche Umschreibungen. Verdeutlichen Sie den Kindern, dass sie jetzt Expertinnen und Experten auf einem bestimmten Gebiet geworden sind und ihr Fachwissen anderen weitergeben können. Dabei gilt es, die Neuigkeiten ganz leicht und vor allem verständlich wiederzugeben. Manche Kinder haben Probleme, ein Ereignis, das ihnen in der Erinnerung ganz klar erscheint, zusammenhängend und nachvollziehbar zu beschreiben. Zuweilen hilft es, wenn sich die Kinder bewusst ihren Kreis von Leserinnen und Lesern vorstellen und Erwachsene und Kinder sogar direkt anreden.

„Ist euch eigentlich schon einmal aufgefallen, dass Kokosnusspalmen immer nur direkt an der Küste wachsen? Die Kokosnüsse können nämlich schwimmen und werden über das Wasser verbreitet ...".

Als „Chefredaktion" werden Sie Ihren journalistischen Nachwuchs wahrscheinlich in dieser Hinsicht am meisten unterstützen müssen, natürlich ohne dass Sie in Versuchung geraten, ihnen Ihre Worte in den Mund zu legen.

Apropos Expertenwissen! Ich begleitete eine Schulklasse bei der Aktion „Friedhöfe haben viel zu erzählen". Beim Schlendern durch die Anlage erzählte mir eine junge Griechin, dass die Gräber in Griechenland ganz anders aussehen, viel heller und freundlicher. Die Steine seien aus weißem Marmor und überall stünden Zypressen ... Ich bat sie, uns doch einen kleinen Artikel über diesen Vergleich zu schreiben, der ihr ganz vortrefflich gelungen ist. Fordern Sie Ihre Schülerinnen und Schüler aus anderen Herkunftsländern auf, von ihrem Zuhause zu berichten, wenn es sich im Zusammenhang mit der Aktion anbietet!

Nicht nur Kinder verlieren sich gerne in Details. Bauen Sie des halb vor der schriftlichen Ausarbeitung ein Gerüst: Welche Aktionen und Eindrücke sollen erwähnt werden? Wer möchte über was berichten? Ich habe es bei der Zusammenstellung der Artikel zu einem Thema immer als besonders angenehm empfunden, wenn sich ein oder mehrere Kinder kurz, in fünf bis fünfzehn Sätzen, zu einem Sachverhalt äußerten. Zum einen konnte ich viele Schülerinnen und Schüler zu Wort kommen lassen und namentlich erwähnen, zum anderen zeichneten sich diese Beiträge durch Abwechslung in der Sprache und der Interessenschwerpunkte aus. Mühselig wird es, wenn die Redakteurin versucht aus zwei Dutzend Aufsätzen einen Artikel zusammenzubasteln, der den Kindergedanken möglichst authentisch wiedergeben soll.

Nach einem Besuch bei der Polizeihundestaffel von Frankfurt hat eine vierte Klasse folgende Aufteilung gewählt: Einstieg über den Vergleich zweier Polizeihunde mit „Kommissar Rex", dem Fernsehhelden einer Krimiserie, die Ausbildung und der Werdegang eines Polizeihundes, die Aufgaben einer Polizeihundeprüfung, die Demonstration, wie ein Schutzhund einen Flüchtigen stellt (ein Schüler trug eine besondere Schutzkleidung, in die der Hund beißen sollte), ein Interview mit einem Polizeihundeführer über die Haltung und Pflege der Hunde, und als besonderes „Schmankerl" ein Kommentar von Labradorrüde Bobby, 8 Jahre alt und Rauschgiftspezialist.

Der „Rollentausch" bietet sich immer an, wenn man Informationen amüsant und unterhaltsam verpacken möchte. Er verlangt allerdings einiges an Einfühlungsvermögen und sprachlicher Kreativität. Hier ein Auszug aus einem Bericht über die Frankfurter Müllverbrennungsanlage aus der Sicht eines Haargummis (verfasst von zwei Schülerinnen der vierten Klasse):

„Ich war ein schöner Haargummi. Die Dilan fand mich nicht mehr modern und warf mich in den Mülleimer. Neben mir lag eine leere Capri-Sonne und auf der anderen Seite war ein stinkendes Käsebrötchen. Ich wusste nicht einmal, was für ein Tag es war. Irgendwann kam der Hausmeister und schüttete uns in eine große Tonne. Dann fuhr ein riesiges Auto vor. Die Tonne wackelte wie ein Erdbeben. Ich hatte total Angst und versteckte mich unter der Capri-Sonne. Später wurden wir mit dem anderen Müll in dem Auto gewogen. Es waren 42,30 Tonnen. Als ich abgeladen war, hat mich ein riesiger Greifer gepackt und hochgehoben und in ein großes Loch fallen lassen. Dann bin ich bestimmt fünf Minuten gerutscht und mir wurde immer heißer...

Ein Teil von mir liegt nun als Schlacke in einem alten Salzbergwerk. Der andere Teil ist beim Verbrennen zu Rauch geworden und nach dem Filtern durch den Schornstein in die Luft gegangen. Und jetzt suche ich die Dilan und sorge dafür, dass sie einen Keuchhustenanfall bekommt!"

Das soll als kleiner Leitfaden genügen. Ihren Ideen und den Einfällen der Kinder sind selbstverständlich keine Grenzen gesetzt! Zum Schluss möchte ich persönlich anmerken, dass ich begeistert war von dem Engagement, welches alle Beteiligten beim Schreiben und Ausarbeiten ihrer Artikel an den Tag legten. Viele Lehrerinnen und Lehrer gaben beim Abschluss des Projektes an, dass Ihre Kinder wahrlich über sich hinausgewachsen seien und keineswegs Hemmungen vor dem weißen Blatt Papier zeigten. Die Kinder waren so „wild" darauf, sich in Wort und Bild in der Zeitung wiederzufinden, dass ich von einigen Klassen über Wochen hinweg sogar mehrere Beiträge, Kommentare und Leserbriefe bekam und die Lokalredaktion mit der Veröffentlichung beachtlich hinterherhinkte ...

Schüler-Reportagen aus dem Palmengarten

Frankfurt. Einen Vormittag lang entwischte die Klasse 4c der Gruneliusschule dem kalten Regenwetter Frankfurts und ließ sich von Peter Fries und Astrid Steindorf in die Wunderwelt der Tropen im Palmengarten „entführen“.

Vorsicht, klebrig!

„Also, ein Wurstbrot würde die Venusfliegenfalle nicht gerade verspeisen“, erklärt uns unser Führer Herr Fries, „aber wenn sich eine kleinere Fliege in die Härchen verirrt, dann schnappt sie zu.“ Die Venusfliegenfalle gehört zu den fleischfressenden Pflanzen ebenso wie der Sonnentau. Der sieht lang und dünn aus und klebt. Wenn sich etwas draufsetzt, bleibt es kleben, und der Sonnentau rollt sich zusammen. Die Kannenpflanze hat nach innen geformte Härchen. Da setzten sich die Insekten drauf und rutschen rein. Manche Kannenpflanzen haben auch ein Blatt über ihrer Blütenöffnung, damit sich der Kelch nicht mit Regenwasser füllt und die Fliegen wieder herausgeschwemmt werden.

Alles Banane

Anschließend gingen wir ins Tropicarium, wo alle tropischen Pflanzen stehen. Es ist dort sehr warm und feucht. Wir staunten über die große Bananenstaude. Die war ungefähr fünf bis sechs Meter hoch und dabei nicht viel älter als ein Jahr. Sie trägt nur einmal in ihrem Leben Früchte. Danach stirbt sie, aber sie hat ja schon einen Ableger. Nachts werden Bananenstauden durch Fledermäuse bestäubt. Allerdings kann man die Bananen dann nicht mehr essen, weil die Kerne in der Frucht zu groß werden. Plantagenbesitzer versuchen, das Bestäuben der Blüten zu verhindern, indem sie ihre Bananenpflanzen mit Plastiktüten abdekken. Jeder von uns durfte ein Stück Banane probieren. Später haben wir auch eine Papaya gegessen. Die Kerne waren allerdings etwas scharf und bitter...

In der „Savanne“ zeigte uns Frau Steindorf den „Baum der Reisenden“. Er ist ein Verwandter der Bananenstaude und sieht ihr recht ähnlich. Das Regenwasser wird auf den großen Blättern aufgefangen und läuft an den langen Blattstielen herab. Im Boden sammelt sich das Wasser und kann von durstigen Wanderern getrunken werden.

Wer hat die Kokosnuss geklaut?

Ist euch eigentlich einmal aufgefallen, dass Kokosnusspalmen nur an der Küste wachsen? Die Kokosnüsse schwimmen auf dem Wasser und werden so verbreitet. Um heraus zu kriegen, wie weit ...

ANHANG

Auf den folgenden Seiten sind einige der im Hauptteil schwarz-weiß abgedruckten Arbeiten von Schülerinnen und Schülern in Farbe wiedergegeben. Darüber hinaus finden sich Zeitungsseiten, die im Rahmen von Zeitung in der Schule entstanden sind, und weitere Beispiele für Collagen mit Zeitungsmaterial, wie sie auf vorherigen Seiten vorgestellt wurden. Die Collagen sind größtensteils unter Anleitung der Künstlerin Ursula Spinner-Cerutti entstanden.

Hallo, ich bin der kleine Zisch!

Ich heiße so, weil ich mit Zeitungen in der Schule groß geworden bin. Seitdem weiß ich sehr viel über Zeitungen. Auch mit Zeitschriften und Anzeigenbeilagen kenne ich mich aus.
Jetzt möchte ich mit euch zusammen in meine Welt aufbrechen. Auf unserer Reise werden wir spielen, basteln und auch etwas lernen.
Alle, die mitkommen möchten, sind herzlich eingeladen, uns auf unserem Weg zu begleiten – vor allem eure Lehrerinnen und Lehrer, eure Eltern und eure Großeltern.
Eins will ich euch noch versprechen: Keinem von uns wird es langweilig werden! Jeder von uns wird nur das machen, was er spannend findet und woran er Spaß hat.
Wenn uns einmal ein Spiel nicht ganz gefällt, dann schreiben wir die Regeln neu.
Gute Reise!

Zisch

Helge und Werner Lehnhardt
Mit dem kleinen Zisch durch die Welt der Zeitungen und Zeitschriften
Hahner Verlagsgesellschaft mbH, Aachen-Hahn
64 Seiten, farbig, 17,50 €, ISBN 978-3-89294-314-3
www.hvg.de

SCHACHEN: 4. KLASSE VON FRANZISKA MEILE

Jede Nacht in Adligenswil

So entsteht die «Neue Luzerner Zeitung»

Die 4. Klasse Schachen auf Besuch in der Druckerei.

Ratternde Maschinen, körpergrosse Papierrollen, rasante Achterbahnfahrten sowie verblüffende Farbmengen veranlassten zum Staunen. Die 4. Klasse Schachen recherchierte, wie ihre Zeitung entsteht, und besuchte dabei die Druckerei der «Neuen Luzerner Zeitung». Nachfolgend ihre Eindrücke.

Während die meisten Leser schlafen, wird in der Druckerei emsig gearbeitet.

Per Knopfdruck nach Adligenswil

Um 23 Uhr ist es jeweils so weit. Die letzten Seiten der «Neuen Luzerner Zeitung» sind fertig und werden per Knopfdruck von Luzern aus in die Druckerei in Adligenswil geschickt. Während die Redaktoren sich danach ausruhen können, starten die Arbeiten der Druckerei erst richtig.

ANDREA, MARCO H.

Computer to plate

Die in Luzern abgeschickten Zeitungsseiten treffen im CTP-Raum der Druckerei ein. CTP ist eine Abkürzung für «computer to plate». Das ist englisch und bedeutet, dass die von der Redaktion über den Computer gesendeten Zeitungsseiten auf Aluminiumplatten gebrannt werden. Das passiert durch eine Art chemisches Verfahren in zwei langen weissen Schränken und ist so ähnlich, wie wenn man ein Foto machen würde. Anschliessend rollen die Platten durch einen braunen Kasten. Darin werden sie am oberen und unteren Rand gefalzt, damit sie später in der Druckmaschine eingesetzt werden können.

SINA, MANUEL K.

Haben die Journalisten geschlafen?

Schaut man eine solche fertige Platte genauer an, hat man das Gefühl, dass auf der Platte irgendetwas nicht stimmen kann. Da haben die Journalisten beim Schreiben wohl geschlafen. Ist die Platte doch noch halb leer. Doch weil für jede Farbe, die man drucken will, eine Platte benötigt wird, muss das so sein. Bei der Zeitung wird mit vier Farben gearbeitet. Pro Zeitungsseite braucht es daher auch vier Platten. Insgesamt sind das rund 400 Platten pro Ausgabe. Um bei so vielen Platten nicht den Überblick zu verlieren, werden die Platten in speziellen Gestellen in die richtige Reihenfolge gebracht. Nicht dass plötzlich der Seite 20 die Seite 5 folgt. Danach werden die Gestelle zur Druckmaschine geschoben.

SINA, MANUEL K.

Papier reicht bis nach Paris

Zum Drucken braucht es natürlich auch viel Papier. In der Druckerei benutzen sie zwei verschiedene Papierrollen. Sie sind riesig. Eine solche Rolle reicht uns bis zu den Köpfen, ist eine Tonne schwer und hat 30 Kilometer Papier darauf. Das Papier hat eine gräuliche Farbe, weil es aus 80 Prozent Altpapier besteht. Papiersammeln ist also sehr wichtig. Für die «Neue Luzerner Zeitung» brauchen sie pro Nacht 30 solche Rollen. Wenn man diese Rollen abwickeln und aneinanderhängen würde, könnte man wie auf einem Teppich bis nach Paris laufen. Glücklicherweise kommt an jedem Abend ein Lastwagen aus der Papierfabrik Perlen und bringt neue Rollen. So ging zum Glück das Papier noch nie aus.

CHRISTA, KAY-LEE, LINDA

Unsere Zeitung ist farbig

Da unsere Zeitungen schön farbig sind, geht es ohne Farben natürlich nicht. Es braucht zum Drucken vier Farben. Überall auf der ganzen Welt sind es dieselben Farben. Deshalb sind ihre Namen englisch. Übersetzt meint man jedoch Gelb, Rot, Blau und Schwarz. Durch Übereinanderdrucken entstehen später alle anderen Farben unserer Zeitung.

Im Jahr braucht es 100 Tonnen schwarze Farbe. Von den anderen Farben braucht es je nur 30 Tonnen. Das ist so, weil es in der Zeitung viel Text hat. Diese Farben kommen natürlich nicht in Eimern geliefert, sondern in riesigen Kanistern, in denen je eine Tonne Farbe Platz hat. Diese Kanister können direkt in die Druckmaschine hineingetan werden. Mit einer Pumpe wird die Farbe dann zur Walze hinaufgepumpt.

BETTINA UND PASCAL

Tag und Nacht ein lautes Dröhnen

Schon von weitem hörten wir ein lautes Dröhnen. Mit der Zeit übertönte das Geräusch sogar unsere Stimmen, und wir konnten uns nicht mehr verstehen. Vor uns tauchte eine riesige blaue Maschine auf. Es war die Druckmaschine. Sie druckt Tag und Nacht Zeitungen und ihre Beilagen. Jede Nacht entstehen so auch 130 000 Exemplare der «Neuen Luzerner Zeitung» und ihrer Regionalausgaben.

Eine kilometerlange Papierbahn wird dazu von riesigen Papierrollen abgewickelt und in die Druckmaschine eingeklemmt. Dort wird das Papier mit speziellen Farben bedruckt. Wenn man das Blatt in die Maschine einfädelt, muss man aufpassen, dass man nicht zu lange drückt. Sonst hat man die Hand in der Maschine, und das ist sehr gefährlich. Es musste auch schon eine Produktion gestoppt werden, weil ein Mann den Finger eingeklemmt hat.

MANUEL ST., REGULA

Zeitungen schnappen und wegwerfen

In einem Raum neben der Druckmaschine sahen wir viele Leute. Die Leute schnappten sich immer wieder eine Zeitung und warfen sie wieder fort. Diese Leute heissen Drucktechnologen. Sie lesen nicht etwa den ganzen Tag die Zeitung, sondern kontrollieren zum Beispiel, ob die Farben stimmen. Nicht, dass eine Frau mit braunen Haaren plötzlich knallrote Haare hat. Schliesslich sollen die Seiten am Schluss auch so erscheinen, wie es von der Redaktion in Luzern gewünscht wird.

Drucktechnologen arbeiten hinter Pulten mit vielen farbigen Knöpfen, einem Bildschirm und mit bester Sicht auf die riesige Druckmaschine. Von diesem Arbeitsplatz aus kontrollieren sie die Druckmaschine. Sie können die Farbe und die Geschwindigkeit einstellen. Am Anfang wird ein Andruck gemacht. Erst wenn alles stimmt, lassen sie die Maschine schneller drucken.

Ein Drucktechnologe erzählte uns, dass während des Druckens auch schon ein Maschinenteil herausgespickt sei und die ganze Walze kaputtgemacht hat. Diese musste dann den ganzen Tag repariert werden. Noch schlechter wäre es, wenn ein Stromausfall wäre. Die Druckerei hat nämlich keine Notstromanlage. Doch weil der Strom aus vier verschiedenen Orten kommt, kann das fast nicht passieren.

CHANTAL, NOAH

In der Achterbahnhalle

Wenn die Zeitung nach dem Drucken getrocknet ist, geht es weiter zu den Falz- und Schneidemaschinen, wo aus der bedruckten Papierbahn die einzelnen Zeitungen herausgeschnitten und gefaltet werden. Danach kommt die Zeitung in den ziemlich grössten Raum. Dort hängt an der Decke eine Art Achterbahn. Sie adressiert die Zeitungen und macht, dass sie die täglichen Beilagen erhalten. Danach transportiert sie die Zeitungen durch den ganzen Raum zur Verladestation. Schade, dass wir keine Zeitungen sind. Das Achterbahnfahren würde bestimmt Spass machen.

DOMINIK, RAPHAELA

Auf schnellstem Weg in die Briefkästen

Wenn die Luzerner Zeitung fertig gedruckt ist, dann verschwinden einige der frisch gedruckten Exemplare in Postsäcke, und andere in Lastwagen. Die ersten Zeitungen gehen auf direktem Weg zum Bahnhof. Denn auch Leute in anderen Kantonen wollen die «Neue Luzerner Zeitung» lesen. Die meisten Zeitungen werden jedoch direkt in den Briefkästen verteilt. Auch wir erhalten jeden Morgen einen Stapel davon. Spätestens um 6.30 Uhr sollten die Zeitungen an ihrem Ziel eintreffen. Schliesslich möchte man die Neuigkeiten möglichst schon beim Frühstück lesen können.

NADIN, ROMEDI

EXPRESS

- 130 000 Exemplare der «Neuen Luzerner Zeitung» und ihrer Regionalausgaben pro Nacht.
- 400 Druckplatten pro Ausgabe.
- 190 Tonnen Druckfarbe pro Jahr.

Umfrage

Zeitung – wie viel wissen Erwachsene darüber?

Acht Punkte, kleine Löcher sowie nicht mischbare Farbtöne warfen Fragen auf. Wir suchten nach Antworten.

Haben Sie auch schon gemerkt, dass Ihre Zeitung unten kleine Löcher hat oder oben jeweils acht kleine farbige Punkte aufgedruckt sind? Diese und andere Fragen haben uns beschäftigt, und wir begannen zu forschen. In einer Umfrage befragten wir rund 80 Erwachsene aus unserem Dorf und der Umgebung. Auch fragten wir genauer in der Druckerei nach. Drei dieser Fragen möchten wir hier beantworten.

Acht farbige Punkte

Beim Stöbern in der Zeitung entdeckten wir, dass es acht kleine Punkte am Rand hat. Zuerst dachten wir, diese Punkte seien ein Versehen und kämen nur in einer Ausgabe vor. Doch die Tage darauf merkten wir, dass sie wieder da waren.

Die Erwachsenen hatten ebenfalls keine Ahnung. Einzelne meinten, es hätte vielleicht mit der Echtheit zu tun, sei eine Art Blindenschrift oder die Farbskala der Zeitung. Die Antwort darauf erfuhren wir in der Druckerei: Eigentlich sollten die Punkte für das Auge unsichtbar sein. Die Farbpunkte zeigen das Bildregelsystem an. Dieses System ist für die Farbabstände verantwortlich und schaut, dass die Farben genau übereinandergedruckt werden.

Zeitung mit Löchern

Wunder nahm uns auch, weshalb es am unteren Rand der Zeitung Löcher hat. Einige der Befragten konnten uns mehr oder weniger eine Antwort darauf geben. Ganz genau erfuhren wir es auch hier in der Druckerei: Die Löcher am Rand heissen Punktionslöcher und entstehen nach dem Schneiden beim Weitertransport der Zeitung. Sie braucht es, damit die Zeitung vom Förderband gehalten werden kann.

Weisser als das Papier

In der Druckerei wird nur mit den Farben Schwarz, Gelb, Blau und Rot gedruckt. Welcher Trick steckt wohl dahinter, dass einzelne Sportler auf Bildern schneeweisse T-Shirts anhaben? Das Zeitungspapier ist gräulich, und weisse Farbe lässt sich nicht aus den Druckfarben mischen. Aus der Druckerei erhielten wir folgende Antwort: Leider gibt es keinen Trick, etwas weisser aussehen zu lassen als das Papier.

Es ist jedoch möglich, dass unsere Augen getäuscht werden, wenn ein weisser Punkt von Farbe umgeben ist. Durch diese Täuschung haben unsere Augen dann das Gefühl, dass das T-Shirt eines Sportlers schneeweiss ist, obwohl dieses in Wirklichkeit gar nicht weisser als das Zeitungspapier ist.

FABIENNE, JANICK, NATALIE, MARCO W.

Mit rasantem Tempo sausen die am Förderband hängenden fertigen Zeitungen an Pascal vorbei zu den Verladestationen. BILD BETTINA

Die Papierrollen der «Neuen Luzerner Zeitung» sind riesig. Sie reichen den Viertklässlern bis zu den Köpfen. BILD KAY-LEE

ERKLÄRS MIR ...

Nachfolgend versuchten die Schülerinnen und Schüler, Wörter zu erklären, über welche sie beim Stöbern in der Zeitung immer wieder gestolpert sind.

Was bedeutet «Asyl»?

Asyl ist ein griechisches Wort und bedeutet Zuflucht.

Ein Asyl ist ein Haus, in dem Menschen ohne Geld und Wohnung die Nacht verbringen können.

Asyl nennt man auch den Schutz für Menschen, welche in ihren Ländern verfolgt werden, weil sie eine bestimmte Religion oder Meinung haben und deshalb in ein anderes Land fliehen müssen. Die Personen, die Schutz suchen, nennt man Asylsuchende.

MARCO HUSMANN

Was ist die UNO?

UNO ist eine Abkürzung für United Nations Organization. Es ist eine Gemeinschaft aus vielen Ländern. Diese Länder versuchen, Probleme von anderen Ländern zu lösen. Zum Beispiel beim Krieg zwischen dem Irak und Iran schaut die UNO, dass wieder Frieden herrscht und die Schäden behoben werden.

Die UNO hilft auch den Menschen aus der Dritten Welt. Sie versucht, dafür zu sorgen, dass sie genug zu essen haben.

NATALIE LÖTSCHER

Was ist eine Demission?

Demission kommt aus der französischen Sprache und heisst so viel wie Rücktritt. Zum Beispiel wenn jemand aus einem Verein, aus dem Bundesrat, aus einem politischen Amt oder aus dem Geschäft geht.

MANUEL STUDER, MARCO WEBER

Was sind Konventionen?

Konventionen sind Vereinbarungen wie auch Abmachungen. Sie können stillschweigend zu Stande kommen oder auch ausgehandelt werden.

CHANTAL STÖCKLI, REGULA WALTHER

Was ist ein Derby?

Derby ist eigentlich ein Ort in England.

Es gab aber auch einen Mann, der Eduard Derby hiess. Er hatte 1780 in London das erste Vollblutpferderennen namens Derby gegründet.

Unter Derby versteht man heute jedoch auch ein bedeutendes sportliches Spiel von grossem Interesse.

NOAH HEITZMANN

Die Artikel auf diesen Seiten sehen nicht nur ungewöhnlich aus, sie sind es auch. Geschrieben haben sie nämlich Jungjournalisten der besonderen Art. «Zeitung in der Schule» heisst das Leseprojekt des «Landboten», an dem gegenwärtig über 50 Klassen aus der Region teilnehmen. Während drei Monaten erhalten die 1100 Primarschülerinnen und -schüler «ihren» Landboten ins Klassenzimmer geliefert. Die Kinder entdecken so den Umgang mit der Tageszeitung und die Welt, die diese spiegelt. Dazu schreiben sie je einen Zeitungsbeitrag. Bis zu den Sommerferien werden wir jede Woche eine oder sogar zwei Ausgaben des «chliine Landbot» abdrucken. So wird an dieser Stelle bald von Winterthurer Erdbebenforschern zu lesen sein, von Dressurreitern beim Zirkus Knie, von der Arbeit eines Bademeisters ... Viel Vergnügen. *(jpg)*

Ein Ort, wo man sich sogar wohl fühlt

Wie helfen die «Grossen» den «Kleinen» im Spital? Um es herauszufinden, besuchte unsere Klasse die Kinderklinik des Kantonsspitals Winterthur.

WINTERTHUR – Was denken sie beim Wort PAN? Vielleicht an eine Panflöte? Aber im Spital bezeichnet PAN die Notfallstation der Kinderklinik (Poliklinik – Ambulatorium – Notfall). Dorthin werden die Kinder meist von ihren Eltern begleitet, selten kommen sie mit der Ambulanz. Wer kein dringender Notfall ist, kommt in ein Wartezimmer mit vielen Spielsachen und Bilderbüchern. Die Leiterin der Pflege dieser Abteilung, Frau Schelling, führte uns in eines der Aufnahmezimmer und zeigte uns, wie eine Aufnahme erfolgt.

Als erstes schreibt die Pflegefachfrau auf, wie der Patient heisst, und fragt nach dem Grund, weshalb er hier ist. Dabei sind die Beobachtungen der Eltern meistens hilfreich. Die Grösse und das Gewicht müssen sie für die Dosierung der Medikamente wissen. Der Blutdruck, das Fieber und der Puls werden gemessen, um den Zustand des Kindes festzustellen.

Arzt kommt in Zivil

Wenn diese Daten notiert sind, kommt der Arzt. Damit die Kinder weniger Angst haben, ziehen die Kinderärzte oft keine weissen Kittel an. Der Oberarzt, Herr Straub, berichtete uns einiges über den Betrieb in der Abteilung: Ein Grundsatz, den man sich merken könnte, ist, dass die Fachleute in jeder Situation cool bleiben müssen. Hektik hilft weder dem Patienten, noch ihnen bei der Arbeit. Morgens kommen nicht so oft Notfälle, die meisten Eintritte gibt es abends oder nachts. Plötzlich gab es zwei «echte» Notfälle im warmen Raum: Zwei unserer Mitschüler kippten fast aus den Socken, es wurde ihnen schlecht und schwindlig. Dank unseren Massnahmen unter fachkundiger Anleitung waren sie jedoch bald wieder fit.

Wie lebt es sich im Spital?

Geht es einem Patienten nicht so gut, dass er wieder nach Hause gehen kann, wird er in ein Patientenzimmer verlegt. Der Patient darf das Zimmer nicht selber auswählen, aber er darf sein Bett so einstellen, wie es im wohl ist. Wenn ein Patient Hilfe braucht, kann er den über dem Bett hängenden Knopf drücken, dann kommt Hilfe. In den Zimmern kann man ein Klappbett aufstellen, damit die Eltern ihre Kinder über Nacht betreuen können. Kinder, denen es besser geht, können sich in einem Kindertreff oder im Spielraum treffen. Eine Spitallehrerin sorgt dafür, dass Kinder, die länger im Spital bleiben, nicht zuviel von ihrem Schulstoff verpassen. Einmal in der Woche kommt Dr. Jo, ein Clown vorbei, der für Abwechslung und Spass sorgt und versucht, die Kinder aufzumuntern.

Nach dem leckeren Mittagessen, aus der Spitalküche serviert, genossen wir einen kurzen Rundgang um das Klinikgelände und durch den gut gepflegten Park. Nach einer kurzen Verschnaufpause machten wir uns auf den Weg, die kleinsten in der Kinderklinik zu besuchen.

In der Neonatologie werden Babys behandelt, die zu früh geboren wurden oder medizinische Probleme haben – Atemprobleme, Krankheiten usw. Nur wenige Besucher, zum Beispiel die Eltern der Patienten, dürfen diese Abteilung betreten. Herr Hegi, Oberarzt der Neonatologie, zeigte uns die Abteilung, nachdem wir die Hände mit Desinfektionsmittel grosszügig gewaschen hatten, das uns in den ersten Sekunden stark in die Nase stieg. Hier bewunderten wir die verschiedenen Arten, wie die Säuglinge betreut werden: Es gibt offene Wärmeeinheiten, das sind offene Baby-Betten, die mit einer Wärmelampe beheizt werden. Dann geschlossene, gewärmte Minibetten, die einem Gewächshaus ähneln und von unten beheizt werden. In diesem Bett kann das Kind behandelt, gewogen oder sogar geröntgt werden, ohne dass man es rausnehmen muss. Ein weiterer Clou des neusten Gerätes mit Name Giraffe ist, dass man den Deckel per Knopfdruck hochfahren kann, worauf eine Wärmelampe erscheint.

Anschliessend bestaunten wir eine Isolette, ein wahres High-Tech-Gerät. Die voll klimatisierte Isolette hat alles eingebaut, was eine optimale Überwachung und Unterstützung des Säuglings ermöglicht, wenn nötig auch seine Beatmung. Sie ist fahrbar und kann für den Transport in die Ambulanz oder den Helikopter geschoben werden. Diese Abteilung mit den kleinen Säuglingen und den vielen Apparaten, Schläuchen und Kabeln wird uns noch lange in Erinnerung bleiben.

Vom Erlebten beeindruckt

Am Schluss des mega interessanten Besuchs setzten wir uns mit Herrn Zimmermann, dem leitenden Arzt der Kinderklinik, und seinem Team zusammen. Hier konnten wir noch verschiedene Themen ansprechen, zum Beispiel: Wie geht man mit unheilbaren Krankheiten um, wohin mit dem vielen Abfall, wie erkennt man misshandelte Kinder.

Nach einem spannenden Tag hatten wir nun einen Eindruck davon, was die Grossen für die Kleinen in der Kinderklinik tun, und waren sehr beeindruckt. Vielen von uns hat der Besuch geholfen, Bedenken vor einem Spitalaufenthalt zu zerstreuen.

KLASSE 4/5a, DINHARD

Interessiert an weiteren Fakten?
Auf unserer Homepage sind weitere Infos und Fotos zu unserem Klinik-Besuch sowie Ausschnitte aus den Interviews und Umfragen zu finden.

www.schule-dinhard.ch

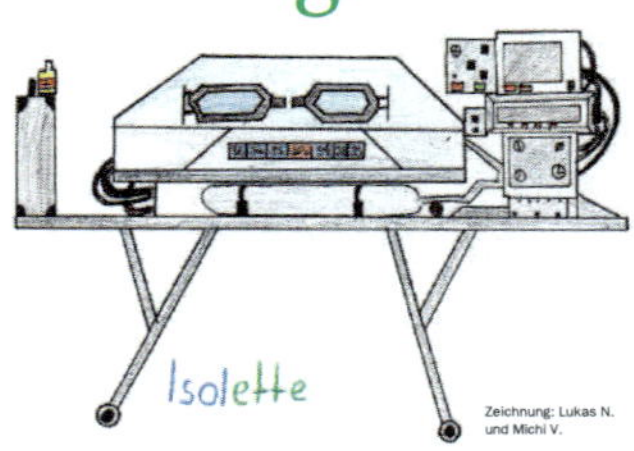

Zeichnung: Lukas N. und Michi V.

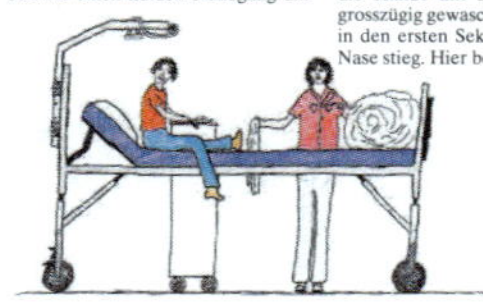

Zeichnung: Sandra B. und Philipp M.

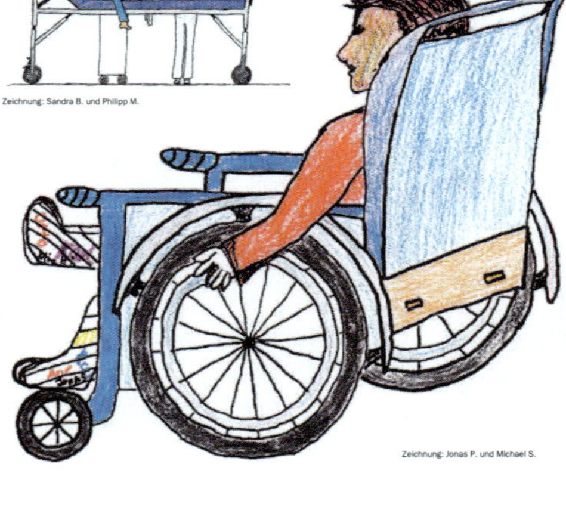

Zeichnung: Jonas P. und Michael S.

Spitalerfahrung

Von 106 Kindern, die wir in Dinhard zu ihren Spitalerfahrungen befragt haben, waren 44 schon einmal im Spital, die meisten sogar mehrmals. Der Grund war je zur Hälfte Unfall und Krankheit. 25 Kinder waren sehr kurz dort, 12 bis zu einer Woche und 9 länger als eine Woche. Fast alle kamen mit den Eltern ins Spital, nur 5 mit der Ambulanz. Viele Kinder haben trotz mühsamer Zeit auch gute Erfahrungen gemacht, wenige haben nur schlechte Erinnerungen.

Ins Spital? Nur keine Panik!

- Niemand geht gerne ins Spital. Unsere Umfrage im Schulhaus hat jedoch gezeigt, dass die meisten Kinder auch positive Erinnerungen nach Hause nehmen.
- Ärzte und Pflegefachpersonen geben sich alle Mühe, dich gut zu betreuen.
- Dein Vater oder deine Mutter kann über Nacht bei dir bleiben.
- Das Essen ist sehr gut, wir haben es selber ausprobiert. Du kannst auch auswählen, was du essen möchtest.
- Du bist nicht der Einzige, der ins Spital muss. Rund 6000 Kinder werden jährlich in der Kinderklinik Winterthur behandelt, und 2000 davon bleiben eine Zeit lang auf der Station.

SPITAL-**TIPPS** FÜR ELTERN

- Unter Tel. 052 266 28 28 erhalten Sie telefonische Auskunft und Beratung durch Pflegefachpersonen und Ärzte der Kinderklinik.
- Melden Sie sich telefonisch, bevor Sie mit Ihrem Kind ins Spital fahren.
- Geht es Ihrem Kind nicht so gut, warten Sie nicht bis am Abend oder in der Nacht.
- Am Morgen sind die Wartezeiten meist kürzer.
- Bei Fragen über Vergiftungen gibt das Tox-Zentrum in Zürich, Tel. 145, Auskunft.

2. KLASSE, PRIMARSCHULE DÜRRENAST, THUN

Im Feuerwehrauto

Zu Besuch bei der Feuerwehr: «Wir haben in ein Auto dörfen», schreibt eine Zweitklässlerin. BILDER ZVG

Die Zweitklässler der Primarschule Dürrenast haben die Thuner Feuerwehr besucht. Sie berichten in Wort und Bild.

◆ Ramona Hänni, 2. Kl., Thun

Die Thuner Feuerwehr ist keine Berufsfeuerwehr. Sie haben ganz viele verschiedene Feuerwehrautos. Wir durften in ein Paar Autos sitzen und Helm und Jacke anziehen. Helm und Jacke waren ganz schön schwer. Sie haben zwei riesige Waschmaschinen für wenn ihre Kleider schmutzig sind, wenn sie ein Feuer gelöscht haben. Sie waschen auch die Schläuche. Es hat auch einen Turm, an dem sie die gewaschenen Schläuche aufhängen können.

Wir bekamen auch noch sehr guten Kuchen, weil von einem Knaben aus unserer Klasse dem sein Vater macht als Hobby-Feuerwehrmann. ◆

PROJEKT

Das Projekt «Zeitung in der Schule» soll die Lust der Schülerinnen und Schüler am Lesen wecken. Die Artikel auf dieser Seite wurden von den «Jungjournalisten» aus zwei Projektklassen verfasst. *eho*

Weitere Infos: www.espace.ch/zeitunginderschule

Luca: «Feuerwehr ist gross.»

Celina: «Die Feuerwehr ist cool. Und sie ist ganz gross.»

Rebekka: «Die Feuerwehr ist cool. Die Feuerwehr hat viel zu tun.»

Valon: «Das Hotel brennt fest.»

Sara: «Die Feuerwehr ist gross.»

Michelle: «Feuer ist nicht sehr gut. Denn es trägt Kohle und Glut.»

KLASSE A5, PRIMARSCHULE SCHLOSSMATT, BURGDORF

Reise selbst gebucht

Hinter dem Billettschalter: Mit Herrn Salvisberg drucken wir unser Billett nach Olten aus. BILD ZVG

Die Klasse A5 reiste von Burgdorf nach Olten. Das Billett für die Reise durften die Schülerinnen und Schüler selbst ausdrucken. In Olten staunten Knaben und Mädchen über die vielen Knöpfe im Stellwerk.

◆ A5, Schlossmatt Burgdorf

Die Klasse A5 ist am Montag, 3. Mai, mit dem Zug nach Bern gefahren. Im Bahnhof Bern sind wir zuerst zu Herrn Salvisberg an den Schalter gegangen. Er hat uns ein Plakat gezeigt, wo draufsteht, was die Leute bei ihm alles kaufen können. Darauf stand: Billette international und Gruppenreisen. Nach zehn Minuten hat Herr Salvisberg gefragt, ob jemand den Lehrer spielen möchte. Yannick Zumstein hat sich gemeldet. Er durfte sagen, wo er hinfahren will. Da hat Yannick gesagt, dass er von Bern nach Olten fahren will. Herr Salvisberg hat uns noch gezeigt, wie man die Billette verarbeitet.

Plötzlich kam eine Frau mit einem Tablar voller Ballone, Einkaufsmünzen und einem Spiel. Wir durften die Gegenstände als Geschenke entgegennehmen! Nachdem wir uns bedankt haben, verabschiedeten wir uns.

Im Büro hinter dem Perron

Nach dem Verkauf ging es in ein anderes Büro. Ich und Simon mussten dort Reservationen machen. Ein Mann hat uns dabei geholfen. Er hat uns gezeigt, wie man am Computer Reservationszettel macht. Der Mann erklärte uns, dass es mit Schulreiseklassen manchmal Probleme gibt.

Das Reservationsbüro befindet sich unmittelbar neben den Geleisen. Öffnet man die Türe, steht man auf dem Perron. Nachdem die Reservationszettel gedruckt sind, werden sie im entsprechenden Zugabteil an das Fenster geklebt. Das ist eine schöne Arbeit. Wir, die A5, haben die Nummer 2528 erhalten. Zum Schluss haben wir dem Mann zwei Fragen gestellt:

Wer ist verantwortlich, dass die Zettel kleben?
Der Kondukteur und die Abfertigung.

Wie erleben Sie Schulklassen?
Mit den Schulklassen haben wir praktisch keinen Kontakt.

Wir sind dann mit dem Zug von Bern nach Olten gefahren. Im Zug haben wir mit vier Fahrgästen ein Interview gemacht.

Guten Tag! Wir heissen Michael, Kübra und Denis, kommen aus Burgdorf und besuchen die Klasse A5 des Schulhauses Schlossmatt in Burgdorf. Dürfen wir Ihnen drei Fragen stellen? Macht es Ihnen Spass, Zug zu fahren?
Herr Staub: Ja, es macht Spass, weil man sitzen kann, die Landschaft anschauen, schlafen und Zeitung lesen kann.
Fabienne Hirzel: Ja, es macht Spass, Zug zu fahren. Man hat viel Platz und sitzt bequem.
Anja Stämpfli: Ja, es macht Spass, Zug zu fahren. Es gefällt mir.
Herr Pulver: Ja, es macht Spass, Zug zu fahren.

Unser Begleiter: Reto Staub, Personenverkehr SBB. ZVG

Fahren Sie jeden Tag Zug?
Herr Staub: Ich fahre nicht jeden Tag Zug.
Fabienne Hirzel: Ja, aber nur von Montag bis Freitag.
Anja Stämpfli: Ja, ich fahre jeden Tag Zug, jedoch nur von Montag bis Freitag.
Herr Pulver: Ja, meistens fahre ich jeden Tag Zug. Ich habe das Generalabonnement.

Gibt es für Sie Verbesserungsvorschläge an die SBB?
Herr Staub: Ich wünsche mir mehr Platz im Zug und noch regelmässigere Zugverbindungen.
Fabienne Hirzel: Die Züge sollten fleissiger fahren, im Zwanzigminutenrhythmus. Zudem wünsche ich mir immer gleich Anschluss an den nächsten Zug.
Anja Stämpfli: Es dürfte sauberer sein im Zug. Mich stört, wenn «Fötzeli» auf dem Boden liegen.
Herr Pulver: Manchmal ist es etwas laut im Abteil.

Im Stellwerk in Olten

In Olten hat uns ein sympathischer Mann empfangen, der uns über das Stellwerk erzählte. Dieses ist riesengross und faszinierend. Der Mann erklärte, dass es rund 1000 Knöpfe gebe. Man muss 2 Knöpfe gleichzeitig drücken, sonst geht gar nichts. Es funktioniert so: Es gibt ein rotes Licht, das heisst: Der Zug muss anhalten, es darf kein Zug entgegenkommen, sonst gibt es einen Unfall. Jeder Zug hat eine Nummer, das ist wichtig für den Computer, damit klar ist, wo sich der Zug aufhält. Es arbeiten 13 Leute als Betriebsdisponenten dort, davon 4 Frauen. Der Chef heisst Herr Zaugg, er ist Bahnhofüberwacher. Jedem Mitarbeiter ist ein Abschnitt zugeteilt, für dessen Überwachung er zuständig ist. Im Stellwerk wird rund um die Uhr gearbeitet.

Nach der Besichtigung bekommen wir ein Glas Wasser. Dann gehen wir nach Hause. ◆

Die Schüler beim Brennen der Teller mit Leo Ruffieux (r.). Bild 6. Klasse, Plasselb

Raku mit Leo Ruffieux

Das Wort Raku bedeutet Glück oder Zufriedenheit. Genau das erlebten wir Sechstklässler im letzten Frühjahr, als wir mit Leo Ruffieux, dem «Rakumeister» aus Plasselb, Teller herstellten.

Von der 6. KLASSE, PLASSELB

Raku ist eine keramische Brenntechnik aus Japan. Bereits im 16. Jahrhundert hat man mit dieser Technik Teeschalen hergestellt. Die Teezeremonie war in Japan etwas sehr Wichtiges.

Ein Koreaner wurde erster Rakumeister. Bereits die 17. Generation dieser Familie stellt in Tokio noch heute Raku her.

Im 16. bis ins 18. Jahrhundert wurden Rakustücke durch portugiesische und holländische Handelsschiffe nach Europa gebracht. In England und Amerika verbreitete sich Raku erst ab 1940.

Leo Ruffieux

Wichtig ist, dass Raku von Hand gemacht wird. Ganz spektakulär ist das Brennverfahren. Der Ton wird zweimal bei 1000 Grad gebrannt. Das erste Mal ohne, das zweite Mal mit Glasur. Anschliessend wird die Keramik aus dem Ofen geholt und ins Sägemehl gelegt. Hier brennt es weiter, dabei entwickelt sich eine Russschicht und man hört die Glasur reissen, es entstehen die typischen Craquelé. Das Stück ist jetzt rabenschwarz. Im Wasser wird es abgekühlt und vom Russ befreit.

Unser lang ersehnter Raku-Teller sahen wir erstmals, als die Glasur zum Vorschein kam. Unter dem Russ versteckten sich wahre Meisterwerke.

«Es ist immer wieder überraschend»

Neun Fragen an den Raku-Künstler Leo Ruffieux aus Plasselb

Leo Ruffieux erzählt, wie er Raku für sich entdeckte, woher er seine Ideen nimmt und wie schwer sein grösstes Kunstwerk wiegt.

Mit LEO RUFFIEUX sprach die 6. KLASSE, PLASSELB

Wann hast du mit Raku angefangen?

Ich habe vor 15 Jahren das erste Mal von Raku gehört. Ich arbeite aber bereits seit 30 Jahren mit Ton. Hier in Plasselb habe ich übrigens schon nach Ton gegraben und gute Qualität gefunden.

Wo hast du die Raku-Technik gelernt?

Zuerst habe ich selber experimentiert. Mein Rakumeister war aber ein bekannter Schweizer Künstler aus dem Tessin, Renato Domiczek. Ich besuche ihn noch heute in seinem Atelier in Rasa.

Was gefällt dir besonders an Raku?

Mir gefällt, dass jedes Rakustück ein Unikat wird. Es ist immer wieder eine Überraschung, wenn man es aus dem Ofen nimmt und den Russ wegwäscht.

Woher nimmst du deine Ideen?

Ich treibe viel Sport. Es kann passieren, dass mir die besten Ideen sogar auf dem Velo kommen. Oft kommen sie aber unerwartet, mitten im Alltag. Ich besuche auch andere Künstler oder Ausstellungen.

Hast du dich auf etwas spezialisiert?

Ich spezialisierte mich auf die Kombination Raku–Holz und Raku–Eisen.

Wie gross ist dein grösstes Stück?

Es ist ein Meter auf ein Meter, wiegt 15 Kilogramm und heisst «Charlys Eiche». Es ist eine Raku-Holz-Kombination.

Wo hast du schon ausgestellt?

Meine erste Ausstellung war in Tafers im Sensler Museum. Es folgten die Galerie Cathédrale in Freiburg und andere. Einmal durfte ich sogar in New York ausstellen.

Wo kann man heute deine Werke sehen?

Im Internet unter www.kunst-ruffieux.ch und in der Art Gallery 2000 in Giffers.

Hast du Wünsche oder Pläne?

Ich möchte mich mit 60 pensionieren lassen und mich dann nur noch der Kunst widmen. Ich möchte jeden Tag besser werden.

Kein Streit, coole Schuhe und ein Joghurt

Eine sechste Klasse aus Murten befragt eingeladene Politiker

Die Klasse 6b aus Murten interviewte Politiker aus acht Parteien. Bei Wasser und Kuchen gab es heisse Fragen und friedliche Antworten.

Von der KLASSE 6b, MURTEN

«Sind Sie nervös?», lautete die erste Frage, die am Nachmittag des 11. Septembers im Projektionssaal der Primarschule Murten fiel. Einige Politiker waren noch nie in einer Schule, anders als Susanne Rüfenacht (EVP), die selbst Lehrerin war, oder Bernadette Mäder (CSP), die Schulpräsidentin von Schmitten. Auch José Lorente (EDU) meinte, dass ein Schulbesuch für ihn unüblich, ungewöhnlich sei. Kleine Bedenken wegen der deutschen Sprache hatte Gilberte Demont (SVP). Die Klasse hatte 65 Fragen vorbereitet. Da die Politiker die Fragen ernst nahmen und sehr ausführlich beantworteten, konnten die Kinder nur um die 20 Fragen stellen.

Kleidervorschriften?

Als junges Mädchen schon begann sich Eliane Fiedler (CVP) durch den Golfkrieg und die Diskussionen in ihrer Familie für Politik zu interessieren. Bernadette Mäder (CSP) wurde von ihrem streikenden Bruder inspiriert. Josef Haag (SP) bemerkte auch schon bald: «Das ganze Leben besteht aus Politik.» So diskutierten die 22 Schüler und die Politiker unter anderem über Kleidervorschriften. Die Polit-Profis waren verschiedener Meinung. José Lorente (EDU), der ursprünglich aus Spanien stammt und dort selbst eine Schuluniform trug, war dafür. «Als Mutter fände ich eine Uniform praktisch. Doch die Kinder sollten auch lernen, sich anständig zu kleiden», so Yolande Peisl-Gaillet (Grüne). Susanne Rüfenacht (EVP) würde es vermissen, die Kinder so bunt zu sehen. Auch Gilberte Demont (SVP) meinte zu einem Schüler: «Du hast ein schönes T-Shirt an, aber nur dein Inneres zählt.»

Spannende Fragen und interessante Antworten: SchülerInnen der 6b im Gespräch mit Bernadette Mäder, Eliane Fiedler, José Lorente, Susanne Rüfenacht-Schenk, Christine Jakob-Steffen, Yolande Peisl-Gaillet, Josef Haag und Gilberte Demont (v. l.) Bild Martina Hans

Keiner der acht Anwesenden würde Kinder bereits im dreizehnten Lebensjahr abstimmen lassen. Sie würden viele Themen nicht richtig verstehen, wären noch am Lernen oder könnten die Meinung der Eltern übernehmen.

Englisch, Deutsch, Französisch?

Da die Sechstklässler ebenfalls Fremdsprachen lernen, wollten sie erfahren, was für Sprachen die Politiker beherrschen müssen. Christine Jakob-Steffen (FDP) findet Englisch ebenso wichtig wie Deutsch und Französisch, vor allem in der nationalen Politik. «Es ist sicher ein Vorteil, wenn man die Sprache des anderen spricht, damit macht man einen ersten Schritt aufs Gegenüber zu. Politisieren ist viel Kommunizieren», so Yolande Peisl-Gaillet (Grüne).

Über Spielplätze, (überflüssige) Gesetze, die vierte Turnstunde und noch vieles mehr wurde an diesem Treffen auch noch geredet. Erstaunt waren die Schüler der 6b auch über das mitgebrachte Joghurt, eine junge Politikerin mit «stylischen» Schuhen und dem friedlichen Gespräch ohne «Schlammschlacht».

Eindrücke aus dem Leben einer Honigbiene

Wenn die Blüten anfangen hervorzuspringen, fängt die Arbeit voll für mich an. Ich bin nämlich eine ganz normale Honigbiene. Deswegen fliege ich von Blüte zu Blüte und sammle Nektar.

Meistens bin ich den ganzen Tag auf Nektar-Suche. Meine Königin besitzt mehr als 30 000 Drohnen. Sie legt im Sommer unglaublich viele Eier. Es ist schön, wenn man bei strahlender Sonne herumfliegen kann. Bei Regenwetter verziehe ich mich in unser Haus. Von einem Sammelflug bringe ich mindestens 35 Milligramm Nektar mit.

Eklig ist das Weitergeben des Nektars mit der Zunge. Herrlich ist das Tanzen, das Tanzen in eine Richtung. Alle zusammen. Das macht Riesenspaß, ist aber auch sinnvoll, denn so verrate ich meinen Artgenossen, wo es die schönsten Blüten gibt. Wenn mich komische menschliche Wesen ärgern, steche ich zu, und schon ist mein Leben beendet.

Viktoria Kübler-Tesch, Susanne Berger, Merve Tigli

Jede Menge Fragen

Zisch: *Was gefällt euch an der Bienen-AG und was nicht?*

David: Mir gefallen die Stiche nicht!

Marvin: Mir gefällt alles!

Zisch: *Wie viele Kinder seid ihr?*

Alle: Wir sind neun Kinder.

Zisch: *Wo findet die AG statt?*

Mark: Im Klassenzimmer, im Werkraum, im Zeichenraum und im Schulgarten.

Zisch: *Welche Schutzmaßnahmen müsst ihr beachten?*

Alle: Ruhig bleiben, nicht zu nah an die Stöcke gehen! Manchmal sind die Bienen nervös oder aggressiv. Dann müssen wir Imkerhüte aufsetzen.

Zisch: *Wie wird Honig hergestellt?*

David: Aus den Stöcken die Waben heraus holen, mit einer Gabel die obere Wachsschicht abziehen und dann schleudern. Der Honig läuft durch ein Doppelsieb in einen Edelstahlbehälter.

Lisa Langjahr, Lily Daigle, Aye Ghalib Abdulamir

Hobby-Imker der Klasse 4a vor einem Bienenstock. Bild: Kurt Merkle

Nicht nur die Bienen sind fleißig bei der Arbeit

Neckarweihinger Zisch-Reporter wissen, was ein Imker zu tun hat

LUDWIGSBURG

Bienen können Honig, Wachs und Gelee Royal erzeugen. Doch dazu müssen die Kinder aus der Imker-AG eine ganze Menge beitragen.

Im Frühjahr muss man schauen, dass die Bienen genug Honig und Blütenstaub haben. Im Frühsommer muss man Honig schleudern, eine Woche lang durchrühren und in Gläsern abfüllen. Im Herbst muss man die Bienen mit Ameisensäure schützen, damit sie nicht von Milben befallen werden. Das geht so: Man nimmt einen mit Ameisensäure getränkten Lappen und legt ihn unter eine Folie im Bienenstock. Für den Winter muss man außerdem schauen, dass die Bienen genug Futter haben. Deswegen gibt man feste Zuckerlösung in den Bienenstock.

Ansonsten gibt es im Winter nicht so viel an der frischen Luft zu tun. Deswegen sitzen die Hobby-Imker im Warmen und schmelzen Bienenwachs ein, stellen Kerzen oder Weihnachtsbaum-Anhänger her oder bauen neue Rähmchen. Die tauscht man gegen alte aus. In die Rähmchen bauen dann die Bienen ihre Waben. So bringt man die Bienen über ein Jahr. Wir freuen uns, wenn es wieder so viel Honig gibt, wie dieses Jahr.

David Tiscia, Mark Hamann, Dominik Alexidis

Im Bienenvolk hat jeder seine Aufgabe

Ein Bienenvolk hat eine perfekte Arbeitsteilung: Es gibt Drohnen, Bienenkönigin und Arbeiter. Die Drohnen haben die Aufgabe, die Königin zu begatten. Das geschieht im Flug. Außerdem haben sie keinen Stachel. Die einzige Aufgabe der Königin ist das Eierlegen. Die Arbeiterinnen bauen Waben und erzeugen Honig. Eine Biene hat zwei Augen und in jedem Auge etwa über 4000 Augenzellen.

Im April und Mai war es sehr heiß und deshalb haben die Bienen sehr viele Blumen besucht, so dass die Imker-AG bis jetzt rund 60 Kilo Honig herstellen konnte. Für 300 Gramm Honig muss die Biene 2000 Mal ausfliegen.

Bienen stechen nicht, weil sie Hunger haben oder böswillig sind. Sie stechen einzig und allein, um sich zu verteidigen oder ihren Stock zu beschützen. Wenn sie nicht gestört werden, stechen sie auch nicht. Deshalb kann man den Bienen ruhig bei der Arbeit zuschauen. Bienen erzeugen die Waben aus körpereigenem Wachs.

Die kleinen Bienen lieben den Frühling, weil es dann überall blüht. In jeder Blüte steckt nämlich Nektar, ein leckerer süßer Sirup. Um sich nicht zu verirren, markieren Bienen ihren Stock.

Luisa Sperling, Dilara Emlik, Feyza Aktas, Laura Strauch, Angelina Kühnle, Jasmin Zipp, Hilal Ulusoy

„Zisch"
Zeitung in der Schule 2006/2007.
Mit freundlicher Unterstützung der Projektförderer:
S-Bahn Stuttgart DB
Süwag Gruppe

LUDWIGSBURGER KREISZEITUNG

Die Imker-AG

Die **Klasse 4a der Neckarweihinger Friedrich-von-Keller-Schule** hat ein spannendes Hobby: die Imkerei. In einer AG lernen die Kinder alles, was sie dazu wissen müssen. Für Zisch berichten die Kinder darüber:

Die Imker-AG an unserer Schule wurde von Rainer Flindt, einem Biologieprofessor der PH Ludwigsburg, und Fritz Kubin, einem ehemaligen Lehrer, 2001 gegründet. Seit September 2006 betreut unser Klassenlehrer, Kurt Merkle, mit Herrn Flindt zusammen die AG.

Am Anfang gab es zwei Bienenstöcke, jetzt sind es vier. Der erste Bienenstock wurde gespendet und der andere wurde gekauft.

Zuerst machte die Imker-AG Verluste, jetzt hat sie keine Geldprobleme mehr, weil durch den Honig- und Kerzenverkauf immer etwas Geld in die Kasse kommt.

Die Bienen-AG ist eine entspannende Freizeitbeschäftigung. Im Mai beginnt die Honigernte. Herr Kubin und Herr Flindt mussten das Schulgarten-Gelände erst erkunden, wo sie die Bienenstöcke am besten aufstellen, damit sich die Bienen bei uns auch wohl fühlen.

Jana Redelius, Jannik Lassahn, Helena Roth, Tomes Kaag

Die Stiche tun nicht mehr so weh wie am Anfang

Ein Interview mit dem AG-Leiter Rainer Flindt

Er weiß alles über die Imkerei und Bienen: Rainer Flindt, der seit sechs Jahren die Imker-AG leitet. Den Zisch-Reportern stand er Rede und Antwort.

Zisch: *Wie viel wiegt eine Biene ?*

Flindt: Nur 0,1 Gramm.

Wie viele Bienen sind in einem Schwarm?

Es sind bis zu 25 000.

Wie viel Honig stellen Bienen in einem Jahr her?

Im Durchschnitt 30 Kilo, sie brauchen aber auch noch Honig für sich selbst.

Wie alt kann eine Biene werden?

Im Sommer 40 Tage, im Winter fünf Monate.

Welche Aufgabe hat ein Imker?

Er muss seine eigenen Völker gut versorgen.

Wie viele Eier bekommt eine Königin?

Im Sommer sind es bis zu 2000 Eier täglich.

Was gefällt Ihnen an der Bienen-AG und was nicht ?

Es macht Spaß, zu zeigen, wie interessant Bienenvölker sind. Mir gefällt nicht, wenn jemand nicht richtig mitmacht.

Wieso haben Sie mit diesem Hobby angefangen?

Weil ich bei anderen gesehen habe, dass es Spaß macht.

Welche Feinde hat eine Biene?

Spechte, Spitzmäuse und Varroamilben.

Wie viele Bienen-Arten gibt es?

In Europa gibt es nur eine Art: die Honigbiene.

Wie oft wurden Sie schon gestochen und tut es Ihnen weh?

Das zähle ich gar nicht mehr, aber einmal waren es an einem Tag so 40 bis 50 Stiche. Weh tut es noch immer, aber nicht mehr so sehr wie am Anfang.

Stirbt eine Biene tatsächlich, wenn sie den Stachel verliert?

Ja, das ist wirklich so.

Der Dreck muss weg: Und so wird's richtig gemacht

Zisch-Reporter der Klasse 4a der Lichtenbergschule informieren sich beim Bauhof und der AVL über das Thema Abfallbeseitigung

OBERSTENFELD

„Schau mal, diese riesige Garage!" „Und die Waschanlage!" Aufgeregt stehen die Kinder der Klasse 4a der Lichtenbergschule Oberstenfeld mit ihren Lehrerinnen Gertraud Bambach und Beatrice Lovell auf dem Vorplatz des Bauhofs. Sie recherchieren hier für das Zisch-Projekt.

Vermutungen über Sinn und Zweck der einzelnen Geräte in den Garagen werden angestellt. Bevor sie jedoch weitere Mutmaßungen anstellen können, werden die Besucher in den Versammlungsraum des Bauhofs gebeten. Zum Sitzen wird es hier knapp, doch nachdem jeder verfügbare Stuhl und sogar ein riesiger Chefsessel aus den Nebenräumen hergebracht sind, findet jeder ein Plätzchen.

Müll ist nicht gleich Müll

Gespannte Stille herrscht im Raum als Kirsten Xander von der AVL sich vorstellt. Sofort melden sich einige Kinder und fragen, was AVL bedeutet. Das steht für Abfallverwertungsgesellschaft Kreis Ludwigsburg – und damit erfahren die Kinder auch gleich, dass Müll nicht gleich Müll ist. Ein Großteil des im Haushalt anfallenden Abfalls kann wieder verwertet werden. Am deutlichsten lässt sich dies an der braunen Tonne, der Biotonne, erkennen. Hier wird alles gesammelt, was verrottet. Später kommt es in eine große Kompostieranlage und kann dann wieder auf den Feldern und Gärten verwendet werden. Der Kreislauf ist geschlossen.

In Oberstenfeld und im ganzen Kreis Ludwigsburg gibt es jedoch noch drei weitere Tonnen, zwei grüne Tonnen und eine braune. In die eine grüne kommt alles, was flach ist, und in die andere alles, was rund ist. Kirsten Xander weiß, dass es oftmals schwierig ist zu entscheiden, ob ein Gegenstand flach oder rund ist. Aber mit der Eselsbrücke: grüner Punkt bedeutet rund, klappt es in den meisten Fällen, meint sie.

Wohin mit dem Tintenkiller?

Der Inhalt dieser Tonnen wird in der Wertstoffsortieranlage nach Folie, Styropor, Alu, Glas, Kunststoff und mehr sortiert und wieder verarbeitet. „Wohin werfe ich einen aufgebrauchten Tintenkiller?" möchte Kirsten Xander nun von den Kindern wissen. „In die grüne Tonne!", ist die fast einstimmige Antwort der Schüler. Doch wie groß ist ihr Erstaunen, dass Tintenkiller zusammen mit Batterien und anderen giftigen Dingen zum Schadstoffmobil gebracht werden müssen. „Alles mit einem Kabel gehört zum Elektroschrott", erklärt die AVL-Vertreterin weiter.

Viele Dinge, die Leute auf den Müll werfen wollen, sind aber noch voll funktionstüchtig. Für diese Sachen gibt es in Ludwigsburg in der Nähe des Breuningerlands das Gebrauchtwarenkaufhaus der AVL „Warenwandel" in der Maybachstraße 10. Unter dem Motto ‚Ich bin ein Bringer' kann jeder hier alles abgeben, was noch funktioniert, aber was er nicht mehr braucht. In diesem Laden kann jemand anderes diese Gegenstände dann wieder günstig erwerben.

Jede Menge Müll müssen die Bauhof-Mitarbeiter einsammeln. Bild: Klasse 4a

„Habt ihr noch Fragen zum Müll in Oberstenfeld?" will Kirsten Xander nun noch wissen. „Was ist mit dem Kaugummi, den wir auf dem Gehweg und auf der Straße finden?" „Das ist kein Müll, das ist eine Sauerei", wird die Fragerin belehrt. Damit ist das Eis gebrochen und die Kinder berichten von ihren eigenen Erfahrungen mit Müll.

Alte Stiefel und Bratpfannen

Nun meldet sich der Chef des Oberstenfelder Bauhofs Martin Schwarz zu Wort. Er will den Kindern die riesigen Mengen Abfall zeigen, die trotz Müllabfuhr jede Woche in der Gemeinde von den Mitarbeitern eingesammelt und zur Wiederverwertung gebracht werden. Die Kinder staunen nicht schlecht, als sie auf der Bauhofsammelstelle für Müll Fahrräder, Kühlschränke, Computer, alte Stiefel und Bratpfannen finden.

Dieser Müll wird von manchen Leuten einfach in der Natur abgeladen. Dieser Unrat ist eine große Gefahr für frei lebende Tiere und muss unbedingt aus den Bächen, Wiesen und Wäldern weggeräumt werden. Die Kinder sind bestürzt über diese Rücksichtslosigkeit und beschließen, darauf zu achten, dass sie keinen Abfall mehr auf den Boden werfen. Gegen Ende ihres Besuch bekommen alle noch eine Tasche mit nützlichem Inhalt geschenkt und vom Bauhof dürfen sie einen alten Fahrradreifen mitnehmen.

An ihm können sie im Unterricht üben, wie man ein Loch flickt. „Jetzt ist sogar ein kaputter Reifen noch für etwas gut", lacht ein Schüler.

Zum „Bodycheck" in den Rettungswagen des BRK

Die 3a der Volksschule Wilting weiß, wie ein Sanka von innen aussieht / Schuhe, über die ein Auto fahren kann

WILTING. Manchmal schläft Markus Hunger nur zwei Stunden am Tag. Ein Problem ist das für den Rettungsassistenten vom Kreisverband Cham des Bayerischen Roten Kreuzes (BRK) nicht. Richtig glauben konnten wir das nicht, als er und sein Kollege, Rettungssanitäter Andreas Bucher, uns in der Leonhard-Stettner-Volksschule in Wilting besuchten. Wir – die Schüler der Klasse 3a – schlafen meistens acht, manchmal sogar zehn Stunden. Zwei Stunden schlafen und dann in die Schule gehen? Unmöglich wäre das. Aber dem Rettungsassistenten macht das nichts aus. So wenig Schlaf ist ja auch nur die Ausnahme. Zum Beispiel, wenn viele Notfälle sind. Dann geht bei Markus Hunger der Piepser an seinem Gürtel los und er fährt etwa zu einem Verkehrsunfall. Sogar im Urlaub oder wenn er einkaufen geht, kann er angepiepst werden. „Mir macht das nichts aus", hat er uns erzählt. Auch nicht, dass er oft mitten in der Nacht aufstehen muss, weil er zu einem Einsatz gerufen wird. „Entweder man liebt oder man hasst diesen Job."

Markus Hunger und sein Kollege Andreas Bucher haben uns auch erzählt, was so alles an einem Unfallort passiert. Als erstes wird kontrolliert, ob der Verletzte ansprechbar ist. Wenn ja, dann ist ganz wichtig, dass „wir uns vorstellen, ihm sagen, dass wir vom BRK sind und ihm helfen wollen".

Markus Hunger fragt den Verletzten dann nach seinem Namen, Alter, Adresse und Telefonnummer und was eigentlich passiert ist. Dann untersucht der Rettungsassistent den Verletzten – das heißt „Bodycheck" – und der Verletzte wird dann so schnell wie möglich ins Krankenhaus gebracht. Das heißt aber nicht, dass der Krankenwagen besonders schnell fährt – nicht, wenn ein Verletzter transportiert wird. Markus Hunger aber muss schnell arbeiten – und gründlich. „Wenn wir einen Fehler machen, kann das tödlich sein."

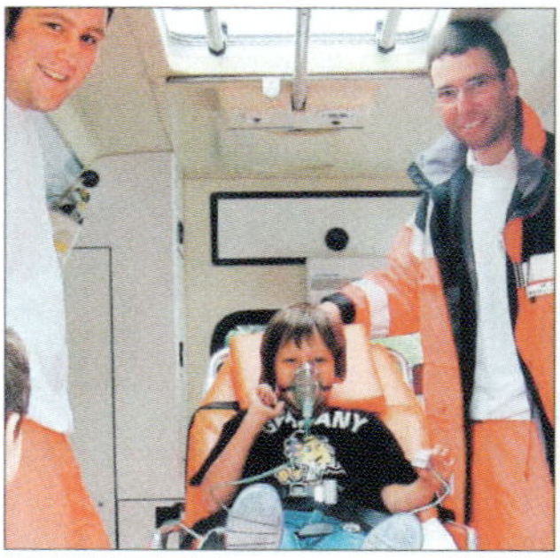

Pascal testete die Sauerstoffmaske. *Fotos: Klasse 3a*

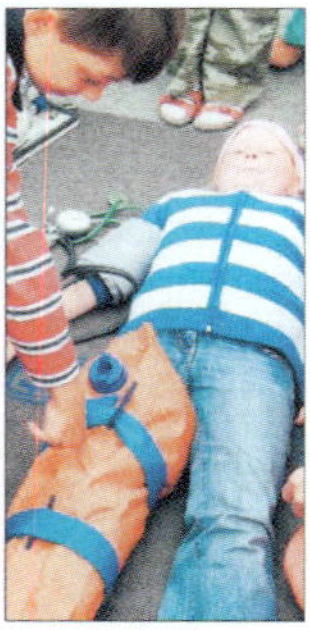

Magdalena als „Verletzte"

Für seinen Job hat er die beste Ausrüstung. Früher, erzählt Hunger, hätten sie weiße Hosen wie Ärzte getragen. Jetzt zieht er orange Hosen mit Leuchtstreifen an, die reflektieren. Seine Schuhe haben Stahlkappen, schauen wie Winterstiefel aus und „da kann sogar ein Auto drüber fahren". Sein Oberteil ist weiß, vorne ist ein rotes Kreuz abgebildet, hinten steht „Rettungsdienst" drauf. Wenn ein Einsatz in einem einsturzgefährdeten Haus ansteht, trägt er einen Rettungshelm. Und: Ohne Aidshandschuhe arbeitet Markus Hunger nie.

Damit wir uns vorstellen konnten, wie es in einem Rettungswagen aussieht, durften wir uns einen von innen ansehen. Pascal meldete sich freiwillig, durfte sich auf die Liege legen und wurde dann rausgefahren. Auch Lisa durfte auf die Liege, „da ist mir richtig Angst geworden, weil das so gescheppert hat". Magdalena wurde der Blutdruck gemessen. Pascal hat die Sauerstoffmaske aufgesetzt (hinter einer Schutzklappe stehen die Sauerstoffflaschen) und Jonas wurde auf die Trageschaufel „aufgeschaufelt". Ob die Medikamente im Wagen wild durcheinander geworfen werden, wenn schnell gefahren wird? Nein: Denn alle Türen und Schubladen im Sanka werden mit Magneten verschlossen. In jedem Krankenwagen ist auch ein Transportstuhl, falls ein Patient im Sitzen gefahren werden muss. Es gibt im Wageninneren am Kopfteil der Liege eine Art Beifahrersitz, damit auch Angehörige des Patienten mitfahren können. Damit verletzte Kinder nicht zu viele Angst haben, gibt es im Wagen auch einen Teddybär, der trösten soll.

Wir haben Markus Hunger und Andreas Bucher auch gefragt, wie man zum Rettungsdienst kommt. Sie haben uns erklärt, dass es drei Stufen gibt: Rettungsdiensthelfer, Rettungsassistent, Rettungssanitäter. Dann folgt der Notarzt. Und eine Sache hat uns dann sehr erstaunt: Die meisten Einsätze der Männer vom Roten Kreuz sind Krankentransporte. Also keine Angst, wenn ihr mal einen Sanka auf der Straße sieht: Es muss nicht immer gleich ein Unfall passiert sein!

Markus Hunger (links) und Andreas Bucher besuchten die Klasse 3a.

DIE AUTOREN: DIE KLASSE 3A

Jonas Haydn, Tizian Hermansky, Bastian Hölzl, Philipp Rädlinger, Thomas Schetschorke, Marco Schollerer, Lukas Schröder, Julius Schwarz, Pascal Schwarz, Andreas Stocker, Lukas Szörenyi, Benedikt Zollner, Daniela Janker, Kerstin Janker, Jessica Muth, Lisa Pressler, Teresa Schiegl, Ramona Simml, Julia Stahl, Magdalena Stahl, Annalena Stelzl, Laura Stillich, Lisa Urban, Sarah Wagner.

Wie Flusskrebs Hansi Rundinger Schülern die Haare schnitt

Zu Besuch im Further Wildgarten / Viertklässler der Wolfram-von-Eschenbach-Schule erlebten Abenteuer in der Natur

RUNDING. Plötzlich lässt Hansi nicht mehr los. Er packt mit seinen Scheren einige Haare von Tobias und reißt sie ihm aus. Hansi hört erst auf, als Uli Stöckerl an ihm zieht. Hansi ist ein sieben Jahre alter Flusskrebs, etwa 15 Zentimeter groß und von rotbrauner Farbe. Eigentlich heißt er Hansi Nummer 12 – schließlich ist er nicht der einzige Flusskrebs im Further Wildgarten. Und weil Wildgarten-Betreiber Uli Stöckerl – er hat das Sumpfgebiet mit Unterwasser-Beobachtungsstation vor 17 Jahren angelegt – mittlerweile viele Flusskrebse im Wildgarten hat und die alle Hansi heißen, hat er die Tiere einfach nummeriert. Neben Hansi gibt es im Wildgarten noch viele andere Tiere – insgesamt 150 – und Pflanzen zu sehen. Bienen zum Beispiel. Wir sahen ein Bienenvolk in einem hohlen Baumstamm hinter einer dicken Glasscheibe. Ein Bienenschwarm hatte vor kurzem das Volk verlassen und hing als dicke Traube im Gipfel eines hohen Baumes daneben. Wir erfuhren viel Interessantes über den Bienenstaat, die Königin – sie wird vier Jahre alt –, die Arbeitsbienen und die männlichen Bienen, die Drohnen heißen. Die Drohnen arbeiten nichts, die Königin schon: Sie legt pro Tag bis zu 3000 Eier. Noch einmal zum Mittelpunkt des Nachmittags, zu Hansi. Der hat nicht nur an Tobias' Haaren gezogen, sondern auch unseren Lehrer Walter Köppel in den Finger gezwickt. Ein Flusskrebs hat zwei unterschiedlich große Scheren. Was uns Uli Stöckerl noch alles zu seinen Hansis erzählt hat? Wenn man Krebse kocht, werden sie rot. Und mit ihren Scheren beeindrucken sie die Weibchen. Ramona, die so getan hat, als ob sie ein Flusskrebs-Weibchen wäre, war aber wenig von Hansis Scheren beeindruckt. Hansi lebt zusammen mit einer Teichmuschel in einer Art Wohngemeinschaft in einer der Pflanzenkläranlagen auf dem Gelände des Wildgartens. Die Muschel ist eine Art Filter und spült täglich etwa 800 Liter Wasser durch sich. Dabei reinigt sie das Wasser und findet gleichzeitig Nahrung für sich. Uli Stöckerl hat uns auch einen Feuersalamander gezeigt, den wir streicheln durften. Unter anderem durfte Christina die etwa ein Meter große Ringelnatter halten – leider verrichtete sie in diesem Moment ihr Geschäft. Wir erfuhren auch einiges über Bisamratten und Biber. In zwei Teichen wimmelte es nur so vor lauter Kaulquappen. Bei den Pflanzen fanden wir die Herkuleskeule, auch Bärentatze genannt, sehr interessant. Diese sieht aus wie eine Keule und ihr Gift wirkt nur, wenn die Sonne scheint. Fasst man die Pflanze an, bekommt man einen Hautausschlag, ähnlich wie Brandblasen. Wie Brennnessel ungefährlich werden, hat uns Uli Stöckerl gezeigt: Einfach mit der Hand von innen nach außen zur Spitze über das Blatt streifen – dann kann man Brennnessel sogar essen! Simon hat's probiert und es hat ihm sogar geschmeckt. Trotzdem: Wir werden auch weiterhin keine Brennnessel mehr essen. Dann gab es noch einen Pflanzenirrgarten mit Gräsern, Sträuchern und Büschen, durch den wir den richtigen Weg finden mussten. Das dauerte nur ein paar Minuten – und verlaufen hat sich auch keiner. Natürlich waren wir auch in der Unterwasserbeobachtungsstation, die 2,50 Meter unter dem Wasserspiegel ist. Die Station ist eine Art Bunker mit einer Glasscheibe, durch die man in den Teich sehen kann. Wir haben einen der zehn Hechte gesehen, Rotfedern und Rotaugen, Muscheln und Sumpfdeckelschnecken. Durch die Scheibe hat alles größer und näher gewirkt, als es wirklich war. Es war, als ob man durch ein Fernglas blicken würde.

Tobias und der Flusskrebs

Christina hielt die Ringelnatter.

Uli Stöckerl brachte den Schülern viel Wissenswertes über die Natur bei.

Der Wildgarten

Noch einige Infos zum Wildgarten: Dieser ist zehn Hektar groß und außer Uli Stöckerl arbeiten dort noch vier Angestellte. Insgesamt macht Uli Stöckerl im Jahr 600 Führungen, darunter mit 300 Schulklassen. Bevor Uli Stöckerl den Wildgarten angelegt hat, hat er als Soldat gearbeitet. Nach seiner Dienstzeit wollte er in der Wildnis leben,

GUT ZU WISSEN

hat er uns erzählt. Und er wollte mit Kindern arbeiten. So sei er auf die Idee des Wildgartens gekommen. Nicht immer war der Wildgarten so groß, er wurde nach und nach vergrößert. Auch jetzt hat Uli Stöckerl „kleine Ausbaupläne". Das Sumpfgebiet wurde technisch nachgebaut. Aber wie es entstand, ist ein Betriebsgeheimnis. Uli Stöckerl will noch mehr Tiere anlocken, die im Wildgarten eine neue Heimat finden sollen.

KLASSE 4

Stefan Bauer, Lukas Bräu, Tobias Bräu, Dennis Ertl, Jonas Fischer, Markus Kolbeck, Stefan Koller, Florian Meier, Simon Weinfurtner, Lena Amberger, Marina Bierl, Christina Bräu, Silke Gall, Sabrina Gutsch-Pongratz, Stefanie Janetschek, Martina Kolbeck, Christina Mühlbauer, Kerstin Mühlbauer, Ramona Nelz, Lena Riederer, Jessica Schlüter, Melanie Treimer, Maria Vogl, Kristina Wanninger, Katrin Wensauer, Lena Zitzelsberger.

6.
1.298,-

100
HUNDERT DEUTSCHE MARK
20
ZWANZIG DEUTSCHE MARK
500
FÜNFHUNDERT DEUTSCHE MARK
200
ZWEIHUNDERT DEUTSCHE MARK
Geldnote

COROLLA
Autoreifen
AVENSIS
Autobahn

LATERNE

Laub

Apfel

Tee trinken

Erntedank

Rauch

Nüsse

EiSkalt

Can you find the words ? ⇄ ↓ ↙ ↘

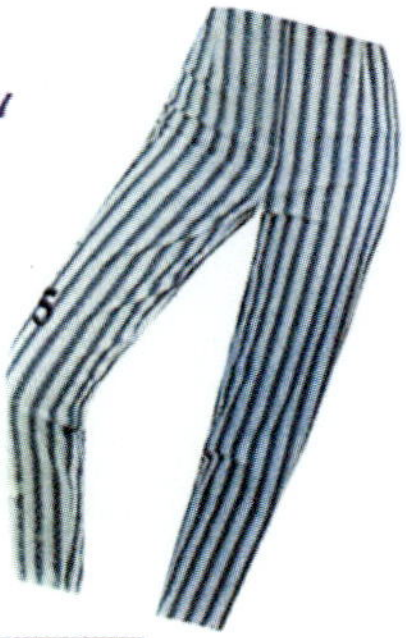

S	K	B	M	E	D	E	R	O	J	N	U
F	O	J	U	W	A	T	C	H	S	H	G
G	T	V	E	V	O	B	Y	P	W	F	I
I	D	S	H	A	L	S	T	R	I	K	S
B	U	Y	H	K	N	P	I	L	M	A	H
J	E	T	R	O	U	S	E	R	S	C	F
W	A	G	S	I	E	U	W	O	U	J	A
U	S	T	R	O	H	S	C	T	I	M	S
B	N	P	D	V	O	B	E	L	T	H	C
N	R	K	T	C	W	G	L	O	I	C	T
J	A	C	K	E	T	A	N	R	U	P	W
E	U	S	Y	T	D	I	T	K	M	R	H

AZ lokal
Eine Stadt bewegt sich
des Festivals auf.
AZ Sport

Der Auslöser: Das Collagenbild „Sonnenwind" von Ralph Petschat, das in der Park Villa hing. —ARCHIVFOTO STEINMETZ

Studie in Rot: Gemalt von Kai Wirchau, umrandet von Zeitungspapier.

Studie in Grün: Gemalt von Melina Hoffmann, ebenfalls mit Zeitungspapier-Rahmen. —FOTOS STEINMETZ

Mutter
Appell
Sensationelle
Ohne
zum
Klares
wir
Nein
vorgestern.
Zeitung
Spenden
wären
Hier
Hessen:
Fliegen
Aktuelle
Sonntag
Gefährliche
Schildkröte
Verkehrsminister
allen
Wettbewerb.
Medizin
noch
Kommen
Liebe
Mit Amerika
Gespenster
TV-Vorschau
Nachrichten
Aktion
schwarz
Picknick-Vergnügen!
Der
Spende
für die
Der neue Golf

IN·FRIEDEN·LEBEN

FRIEDEN

HUMMEL KÜCHEN
FLOHMARKT BEI SCHORN
WIR HABEN REDUZIERT
PORZELLAN, GLAS u. WMF
BIS ZU 50 %
NIX WIE HIN ZU
SCHORN
Brother-
Strickmaschinen
Aachen
Gelegenheitskäufe

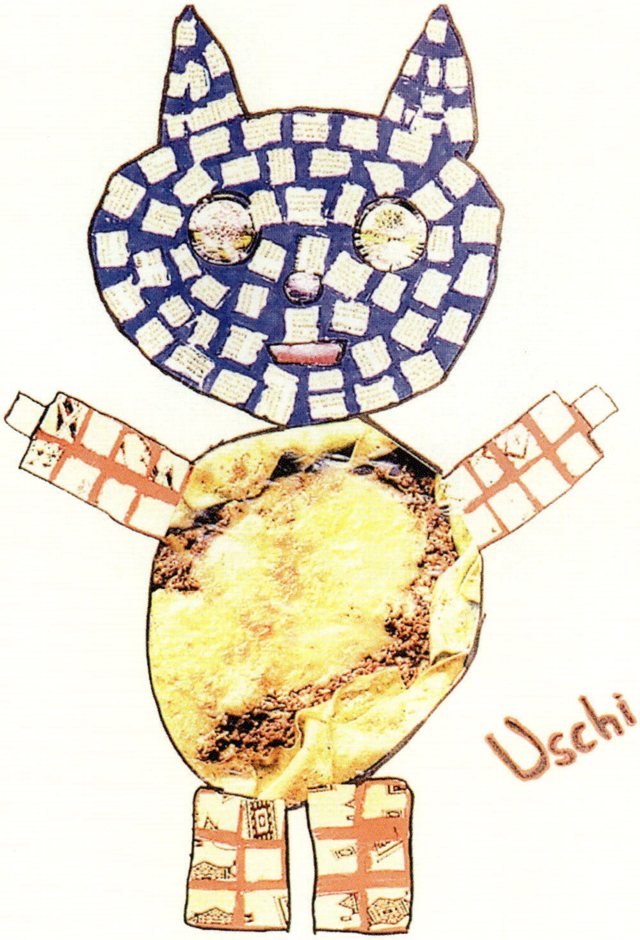
Uschi

ZOFINGER
TAGBLATT